자아초월영성상담의 실제

황임란 · 박상규 · 이정기 · 김재성 공저

학지사

머리말

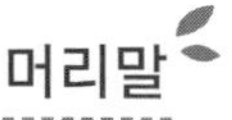

"과거와 현재 그리고 미래를 통합하는 자아초월영성상담으로의 초대"

지나온 시간과 아직 오지 않은 시간은 현실이라는 연결고리로 이어진다. 인간은 과거를 되돌아보고, 이를 현재에 적용하여 바람직한 미래를 맞이하고자 한다. 이런 노력이 의미와 가치를 갖도록 도와주는 인성적 덕목을 우리는 희망이라고 표현한다. 희망이란 그 누구도, 그 무엇으로도 빼앗아 갈 수 없는 인간만이 갖는 고유의 덕목이다. 희망이 있는 사람은 생기와 기쁨 그리고 젊음과 활력을 가지고 생활하며 전반적인 삶의 평화를 유지한다. 이때 우리는 '인간 안에서 희망이라는 덕목의 역동을 불러일으키는 근원적인 힘은 어디에서 오며, 그것을 무엇이라고 표현할 수 있을까?'라는 질문을 하게 된다. 이 책의 저자들은 그 답을 인간이 가지는 몸성과 감성 그리고 지성을 포함하면서도 더 높고 큰 그 무엇을 향해 나아가게 하는 영성에서 찾고자 한다. 영성은 인간을 과거로부터 구원하고 현재를 극복하는 의지를 발현하게 도우며, 미래를 향해 나아가게 하는 희망의 근원이다. 영성은 희망이라는 통로를 통해 우리에게 현재는 과거를 초월하여 더 성장한 상태이며, 미래에는 현재보다도 더 나은 삶이 우리 앞에 펼쳐질 것임을 알게 해 준다.

자아초월영성상담에서는 상담자와 내담자의 공동 작업을 통해 영성의 에너지가 내담자들의 삶에서 발현되기를 추구한다. 그동안의 전통적인 상담에서는 내담자의 과거 또는 현재에 집중함으로써 미래라는 시간을 다루는 데 관심을 덜 기울인 경향이 있었다. 상담은 역사(history)와 매우 밀접한 관련을 갖고 있다. 상담은 한 인간이 속한 사회적 상황과 개인적 역사를 다룬다는 측면과 내담자의 과거와 현재 그리고 미래의 연속성에 유의미한 관심을 가진다는 점에서 역사 탐구와 공통적인 속성을 가지고 있기 때문이다. '역사란 무엇인가?'라는 물음에 역사학자들의 정의는 다양하지만 역사란 과거에 대한 회고와 미래 전망의 상호작용이라는 데는 어느 정도 합의를 한다. 현재의 문제나 주제들은 이를 연결하는 매개체의 역할을 한다. 역사를 보는 관점이 이렇듯이, 상담도 개인의 과거를 회고하고 미래를 전망하며 현재 당면한 과제의 바람직한 해결 방안을 도출하기 위해 상담자와 내담자가 상호 교류하는 것이라고 할 수 있다. 자아초월영성 상담자들은 전통적인 상담적 접근에서 과거나 현재에 과다한 에너지를 쏟느라고 미래를 향한 희망이라는 문제에는 시간과 노력을 덜 들였다는 데 유의한다. 이제는 전통적인 상담에서 한 발 앞으로 나아가 과거를 직면하고 현재를 발판 삼아 미래의 더 큰 나에 대해 관심을 갖는 통합적이고 균형 잡힌 상담을 진행해야 한다는 것이 자아초월영성 상담자들의 입장이다. 이 책은 이런 취지에 공감하는 상담학자들이 모여 자아초월영성상담의 실제를 소개함으로써 앞으로 자아초월영성상담을 이론적 · 실천적으로 더 체계화하고 활성화하기 위한 시범적 작업인 셈이다.

주요 주제어인 자아초월(transpersonal)과 영성(spirituality)에 대해서는 기존의 자아초월심리학과 종교 분야에서 많은 연구가 진행되었다. 자아초월과 영성은 상호작용하며 교집합을 이루어 서로를 공유한다. 어떤 사람들은 영성을 종교의 영역이라고 생각한다. 영성을 가장 활발하게 연구하는 분야도 종교이다. 실제로 영성은 종교적 속성을 가지기도 한다. 그렇지만 일련의 설문 조사나 연구 결과들을 보면 종교가 없다 하더라도 자신이 스스로 영성적이고 영성을 추구한다는 사람들이 70%를 넘어선다. 이는 영성이 일상적 성격과 종교적 성격을 모두 가지고 있음을 말해 준다. 이 책의 저자들은 자아초월과 영성이 가지는 이러한 복합적인 성격을 수용해서, 자아초월영성상담의 실제를 인간과 삶에 대한 심리학적 측면과 종교적 측면에서 이해하고자 하였다. 이를 위해 저자들은 자아초월영성 상담자로서 평소 관심을 가지고 연구해 온 주제에 따라 이 책을 나누어 집필하였다.

제1부는 '자아초월심리학과 초월영성상담'에 대해 그동안 매슬로와 윌버 그리고 에니어그램을 주제로 초월영성상담을 연구하고 실천해 온 황임란 박사가 저술하였다. 제2부 '가톨릭에서의 영성상담'은 중독과 영성을 연구하며 가톨릭 영성상담을 실천해 온 박상규 박사가, 제3부 '기독교적 관점에서 초월영성상담'은 평생을 신학자로 살면서 메타실존치료를 연구한 이정기 박사가 집필하였다. 제4부 '불교에서의 초월영성상담'은 마음챙김과 자비명상을 연구 · 실천해 온 김재성 교수가 집필하였다.

이 책을 기획하고 출판이 이루어지기까지 생각보다 시간이 꽤나 걸렸다. 저자들은

2021년 10월 '초월영성상담의 다양한 접근 모색'이라는 주제로 열린 한국상담학회 초월영성상담학회의 추계 학술대회에서 책에서 다룬 주제들을 같이 발표한 경험이 있다. 그 당시 우리는 발표자이자 한국상담학회 초월영성상담학회의 운영위원들로서, 초월영성상담의 이론과 실천을 적절히 소개한 책이 없다는 현실을 감안하여 학술대회 발표를 기점으로 그 내용을 보완하여 한 권의 책으로 내자는 데 상호 동의하였다. 특히 한국의 상황에서는 초월영성상담의 정체성을 어떻게 정립할 것인지에 대해 아직도 의견이 분분하고, 학자들에 따라 조금씩은 다른 지향점을 가지고 있는 경우가 많다는 데 유념하였다. 그래서 저자들만이라도 초월영성상담의 현실적 주제들을 다루는 책을 공동으로 저술하는 것만으로도 함께 토론하고 같이 사유함으로써 논의를 더 활성화하고 깊이 있는 연구를 진전시킬 수 있는 계기가 되리라고 의견을 모았다. 이 책을 통해 저자들이 연구해 온 주제 안에서라도 앞으로 상담학이 통합적 접근으로 나아가는 데 기여할 것이라고 믿는다. 이 책의 출판이 시발점이 되어 초월영성상담과 관련된 다양하고 깊이 있는 연구와 실제 상담의 결과가 지속적인 출판으로 이어지기를 기대한다.

책의 출간 과정에서 안타깝게도 이정기 박사는 건강이 악화되었다. 이에 제자인 윤영선 박사가 이정기 박사를 도와 제3부 '기독교적 관점에서의 초월영성상담'의 교정 작업에 동참해 주었다. 이정기 박사의 건강 회복을 기원하며 교정 작업에 노고를 아끼지 않으신 윤영선 박사께도 감사를 드린다.

끝으로 이 책의 출간에 관심을 기울여 주신 학지사의 김진환 대표께 감사드리며 출간 과정의 긴 시간 동안 인내심을 가지고 최선을 다해 교정 및 편집을 진행해 주신 이영봉 과장께도 진심으로 감사를 전한다.

'인간과 역사 너머–함께 하는 교육 공간' 집필실에서

저자 대표 황임란

차례

제2부

가톨릭에서의 영성상담

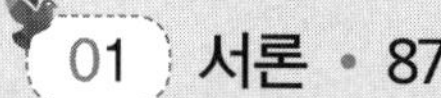

제 3 부

기독교적 관점에서 초월영성상담

03 영성 • 145

04 영성심리치료 • 155

05 그리스도 요법 • 167

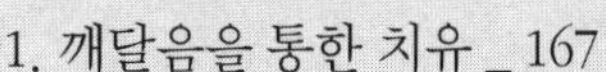

제4부

불교에서의 초월영성상담

01 선치료 상담을 중심으로 • 211

02 심리치료로서의 불교 • 235

제1부

자아초월심리학과 초월영성상담

황임란

01 서론

1. 자아초월심리학의 소개

자아초월심리학(transpersonal psychology)은 기존의 전통적인 심리학적 연구들에 그 기초를 두지만, 한편으로는 그것을 넘어 인간의 더 높고 확장된 의식발달과 자기초월 그리고 영성의 측면까지 다루고 있다. 자아초월심리학은 상호 연결되어 있으며 진화하고 있는 세계와 긴밀한 관계 안에 있는 전인적 인간의 변용을 위한 심리학이라고 할 수 있다. 자아초월심리학에서는 영적, 신비적인 인간 경험이나 그 밖의 예외적인 인간 경험들뿐만 아니라 개인과 집단의 자기확장적 상태에 특별한 관심을 갖는다(Hartelius et al., 2013). 즉, 인간이 가진 상위 단계의 욕구, 가치, 상태, 잠재력에 초점을 두며, 인간으로 존재한다는 의미의 중심으로 의식을 다루는 것으로, 자신의 정체성 구조 내에 있는 인지, 정서, 행동을 포함하는 개인 자신의 의식적 경험에 초점을 맞춘다. 이때 개인의 정체성은 의식의 표현이자 주요한 경험 조직자(main experience organizer)이며 일상적으로는 자의식, 자기 개념이라는 통합적 패턴 반응으로 나타나기도 한다.

자아초월심리학에 대한 연구자들의 정의를 몇 가지 소개하면 다음과 같다.

> 자아초월심리학은 인간성의 가장 높은 잠재력과 의식의 통합적, 영적, 초월적 상태들을 연구한다(Lajoie & Shapiro, 1992).

> 자아초월심리학은 자아초월 과정을 통합, 구체화, 적용하고 자아초월 주제들을 주의 깊게 탐구하는 학문을 의미한다(Rowe, 2011).

> 자아초월심리학은 통합적/전체론적 추구로서 자아뿐 아니라 더 큰 맥락에서 정신 현상을 면밀히 조사한다. 여기에는 전체로서 살아있는 신체, 치료적 관계, 사회적 및 생태적 상황 또는 인간보다 더 큰 모체(matrix)와 같은 것들이 포함된다(Hartelrius et al., 2007).

> 자아초월 정신의학은 모든 수준에서 발달을 장려하고 발달의 정체를 교정 및 극복하고, 외상을 치유하고자 하며 표준적인 생물심리사회학적인 모델을 생물심리사회-영적 모델로 확장한다(Scotton et al., 1996).

이와 같이 자아초월심리학에 대한 정의나 서술은 다양하다. 그렇다면 이러한 자아초월심리학에 대한 관심과 연구들이 나오게 된 역사적 배경은 어떠한지를 간략히 살펴보기로 하자.

2. 자아초월심리학의 전개 과정

자아초월을 심리학 분야에서 공식적으로 언급한 학자는 윌리엄 제임스(William James)이다. 그는 1905년 하버드 대학교 강의계획서에서 '자아초월'이라는 개념을 최초로 사용했다. 그 후 1942년 융(C. G. Jung)의 자아초월 개념이 제시되었고, 1960년대 이르러 자아초월심리학이 다른 학문적 영역과 구분되는 하나의 분야로 등장하게 되었다. 이 시기에는 인본주의의 확장과 종교적 영성의 관점을 넘어서서 반성적이며 과학적 입장에서 초월과 영성이라는 주제에 접근하려 했다. 1968년 매슬로(Maslow)를 주축으로 하는 일군의 학자들이 심리학의 제4세력으로서 자아초월심리학(transpersonal psychology)의 독립을 선언하고 자아초월 연구소(Transpersonal Institute)

를 설립하였으며 1969년『자아초월심리학 저널』이 처음 발간되었다(정인석, 2009; Daniels, 2013). 당시 매슬로는 1967년부터 1968년까지 미국심리학회의 회장이었으며, 자신이 제시한 자아실현의 인간성 모델에 한계가 있음을 시인하고 1969년 인간 본성의 최상의 가능성에 눈을 돌려 연구를 전개하였다. 매슬로는 후속 연구들에서 자아초월심리학이 자아실현을 넘어설 수 있는 가능성을 발견함으로써 그 선도자가 되었다.

자아초월과 영성 관련 주제는 1998년 미국심리학회 회장이었던 셀리그먼(M. Seligman)의 긍정심리학으로 이어진다. 셀리그먼(Seligman)은 회장 연설에서 심리학의 영역이 질병 이론을 넘어 건강한 사람들이 어떻게 살아가는지에 대한 연구를 장려하는 것이 그의 희망이라고 강조하였다. 그 후 셀리그먼의 연구는 학습된 무기력(leaned helplessness)으로부터 탄력성과 회복력(resilience)으로 이어지며 긍정심리학의 꽃이 피어나는 계기를 만들었다. 셀리그먼의 긍정심리학 관련 연구의 주된 주제인 잘 사는 삶은 "자기 자신보다 더 큰 무엇인가—높은 수준의 초월적 의미"에 연결되는 것을 의미한다(Seligman et al., 2006).

20세기 후반과 21세기에 이르러 자아초월 중심의 심리와 상담 및 심리치료 분야와 다른 여러 학문의 통합이나 융합이 모색되고 있다. 그 예로 인도의 오로빈도(Sri Aurobindo, 2007)는 통합 요가(integral yoga)와 통합 철학을 통합심리학이라 주창하였으며, 자아초월심리학의 주요 인사였던 미국의 윌버(K. Wilber)는 자신의 '온상한, 온수준'(All Quadrants, All Levels: AQAL) 모델을 중심으로 '초월(transcend)과 포함(include)'의 이론을 통합이론(integral theory)으로 정리하였다. 근래 자아초월적 관점은 또 다른 이름인 다문화적 관점(multicultural perspective)으로도 표현되며 그에 따른 다문화적 상담 및 심리치료를 제시한다. 더불어 각 기성의 종교 단체들에서도 종교에 소속된 구성원들을 위하여 종교지향적인 영성상담이나 자아초월상담을 확대해 나가고 있는 추세이다.

이러한 역사적 배경과 학문적 분위기를 참조하며 2장에서는 자아초월심리학적 연구들을 초월영성상담에서 어떻게 이해하고 응용할 것인지를 살펴보고자 한다. 특히 자아초월심리학과 관련하여 다양한 학자의 폭넓은 연구들이 여러 방법과 절차로 광범위하게 제시되고 있지만 차후 여기에서는 전통적인 심리학과 자아초월심리학의 가교 역할을 하는 매슬로와 심리학의 통합적 관점을 강조하는 윌버, 그리고 인간 발달에서 태내기까지의 시기에 관심을 보이는 그로프(S. Grof), 그리고 현재적 의미에서 자아초월의 방향과 범위 그리고 확장을 설명하는 다니엘스(M. Daniels)와 프리드먼(H. Friedman)의 관점들을 알아본다. 또한 고대부터 전해 내려오는 우주와 인간이해의 지혜인 에니어그램(Enneagram)을 통해 인간이해와 변형의 실천적 연구에서 선도적 역할을 한 리소(D. R. Riso)의 에니어그램 성격유형과 인간 의식의 발달수준 및 그의 이론적 접근과 방법론을 초월영성상담에서 어떻게 적용할 것인지에 대해 관심을 가지고 살펴보고자 한다.

02

자아초월심리학 분야의 학자들과 인간 의식 및 자기 이해

1. 매슬로의 자아초월과 절정경험

에이브러햄 매슬로(Abraham H. Maslow, 1908~1970)는 인간학적 심리학에는 '대우주 안에서 인간의 위치를 파악하는 관점'이 빠져 있다는 문제의 측면에 대해 자아초월 개념과 트랜스퍼스널 심리학을 제창하면서 우리에게 초월영성상담을 통해 그 문제를 해결하도록 문을 열어 주었다.

매슬로는 통합적 존재(integrated being)인 인간의 주체성과 전체성에 기초한 인간의 잠재적 가능성(human potentiality)을 존중하면서 자기실현(self-actualization)을 꾀하는 이른바 인간의 인간다운 본성을 추구하고 이해하며, 인간의 성장과 행복에 기여하는 인간과학을 지향하는 심리학 이론의 기초를 확립하였다(정인석, 2009). 그러나 매슬로는 이에 안주하지 않고 자기실현의 인간성 모델에 한계가 있음을 시인하고 1969년 인간 본성의 최상의 가능성에 눈을 돌렸다. 매슬로는 그 후 자기실현을 초월할 수 있는 가능성을 발견하여 제4세력(the fourth force)의 트랜스퍼스널 심리학의 선도자가 되었다.

매슬로 심리학의 특징은 절정경험(peak experience)이다. 절정경험은 인간학적 심리학과 트랜스퍼스널 심리학을 연결하는 매우 중요한 핵심 개념의 하나이다. 매슬로(1971)에 의하면 절정경험이란 용어는 인간 존재의 최고 순간, 삶의 가장 행복한 순간, 무아경, 환희, 최대의 기쁨을 일반화한 것이다. 즉 절정경험을 하는 동안과 경험을 한 후에는 진실, 아름다움, 전체성, 이분법의 초월, 생기, 독특함, 완벽, 피할 수 없음, 완성, 정의, 질서, 단순함, 풍요로움, 있는 그대로, 쾌활, 자기충만 등이 동시에 존재할 수 있다고 설명했다. 이런 절정경험은 자아실현을 이룬 사람뿐 아니라 일시적이라 할지라도 대부분의 사람들도 경험할 수 있는 개념이다. 특히 이 개념은 초월영성상담의 측면에 시사하는 바가 매우 크다. 이 입장에서는 대부분의 사람들이 일시적이라 할지라도 절정경험의 순간을 자각하고 그 상태를 충분히 체험하면서 일시적 경험을 반복적인 체험으로 전환할 수 있다. 절정경험이 반복되어 내재화되면 대다수의 사람이 자아초월을 자연스럽게 지향하며 자신의 성장에 의식적 주의를 기울일 것이라는 메시지를 전달한다. 매슬로는 초월적 자기실현자, 즉 자기초월자는 일상적 생활에서 신성함이나 인생의 초월적 측면을 빈번히 지각하며, 모순에 찬 인생의 배후에 존재하고 있는 일체성을 인식할 수가 있고 매사를 전체적(holistic)으로 대하며, 과거 · 현재 · 미래, 선악의 고정적인 관념의 틀을 넘어설 수 있는 사람이라고 보았다. 이렇게 매슬로는 종래의 심리학이 무관심했던 의식현상을 설명할 수 있는 절정경험이라는 개념을 만들어 냄으로써 이 현상을 구체적인 연구대상으로 부상시켰다(정인석, 2009). 특히 매슬로는 일상적 절정보다 더 높은 수준의 비일상적인 신비체험과 우주의식까지도 심리학의 연구 대상으로 삼았으며, 이를 부분적인 현상으로서가 아니라 포괄적 · 연속적 체험인 고원체험(plateau experience)이라고 칭하였다. 매슬로는 또한 영적인 성장은 긍정적이고 아름답고 사랑스러운 것에 대한 확인에서 나오는 것이 아니라, 공통적으로 고통스럽고 어려운 자기 직면에서 비롯된다는 점을 지적하고 있다. 이점을 강조하기 위해 매슬로는 밑바닥 경험(nadir experience)이라는 용어를 만들어 냈다(Scotton et al., 2008).

매슬로는 자아실현을 지속적으로 지향하는 사람 그리고 자아실현인과 일반인은 어떻게 다른가에 관심을 갖고 연구한 결과를 욕구 위계설로 제안하였다. 매슬로는 결핍욕구(D: deficiency needs)와 존재욕구(B: being needs)를 대비하였는데, 결핍욕구의 계층적 배열을 생리적 욕구, 안전과 안정의 욕구, 소속과 사랑의 욕구, 자존감의 욕구로 제시하였다. 존재욕구는 일반적인 경우 결핍욕구를 위계적으로 적절히 충족한 후에 추구하게 된다고 하였다. 매슬로는 결핍욕구가 존재욕구로 전환하기 위해서는 최하위 계층에서 각 상위계층을 뛰어넘는 작은 자기초월이 있고 그 후 결핍욕구

에서 존재욕구로 넘어가는 큰 자기초월의 발견이 필요하다고 했다. 여기서는 큰 자기초월이 필요한 존재욕구에 대해 좀 더 살펴보고자 한다. 존재욕구는 전체적으로는 자아실현의 욕구로도 설명되는데 앎에 대한 욕구, 심미적 욕구, 자아실현의 욕구인 하위 위계들로 구성된다. 그러나 매슬로(1968, 1971)는 자아실현에 관한 후기 연구에서 종래의 욕구 위계 모델의 한계를 발견하고 자아실현의 욕구도 인간의 최상의 욕구가 아니라고 했다. 인간의 자아실현은 현 존재를 중심으로 전개되기에 차후로 이어질 앞으로가 필요하다는 측면에서 자아실현에서도 만족할 수가 없고, 이를 뛰어넘어 우주의식과 고원체험의 욕구를 향하여 자기를 초월하려는 자기초월(transcendence of self) 욕구가 존재함을 제시하였다(Maslow, 1968). 매슬로는 생애 후기에 자신의 욕구 위계설과 관련하여 결핍동기가 중심인 개인(X이론)과 자기실현적 동기가 중심인 개인(Y이론) 그리고 자기초월적 동기가 중심인 개인(Z이론)으로 자신의 이론을 정교화하였다. 차후 매슬로(1971)는 자아실현의 욕구를 넘어서서 자아초월의 욕구가 있다면 인간이 그 다음으로 도약을 추구할 어떤 욕구가 더 있을 것에 대한 가능성을 활짝 열어 두었다.

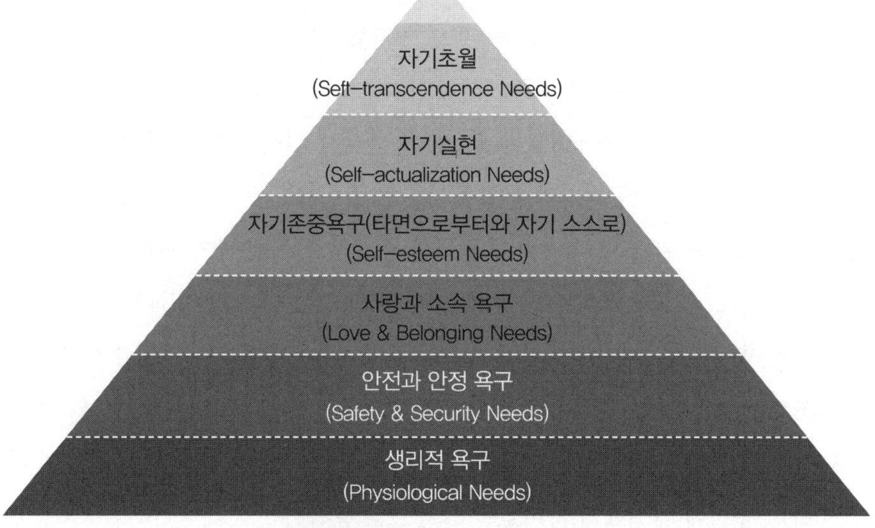

그림 1-1 매슬로의 욕구 위계

매슬로는 존재욕구를 성장욕구(growth needs)라고도 하였다. 또 통상적 일반 욕구를 넘어섰다는 뜻에서 메타욕구(meta-needs)라고도 하였는데, 이 욕구가 충족되지 못할 때 나타나는 증상을 메타병리(meta-pathology)로 보았다. 현대인의 정신건강에서 메타욕구가 충족되지 않아 메타병리를 앓고 있는 경우를 '영혼앓이'라고도 표현한다. 영혼앓이의 증상에 대해서는 그 동안 일반적으로 잘 알려져 있지 않았는데, 매슬로의 연구로 인하여 초월영성상담에서 메타병리를 이해하고 도울 수 있게 되었다. 매슬로는 인간 조력이 이 영혼의 병까지도 도울 수 있어야 한다고 주장했다.

초월영성상담에서 매슬로의 연구는 인간이 자기실현을 초월할 가능성을 발견함으로써 기존 심리학의 전통적 관심과 내용에 인간의 정신적 · 영적 측면을 첨가하였으며 이를 계기로 트랜스퍼스널 심리학의 길을 열었다는 데 그 큰 의의가 있다. 또한 매슬로는 1960년대 이후 지적되어 왔던 것으로, 그 동안 대부분의 인간학적 심리학자들이 실현하고자 했던 자기(self)가 프로이트가 말하는 자아(ego)나 '피부에 감싸인 자아(skin-encapsulated ego)' 또는 '분리된 나(separated I)'와 큰 차이가 없으며 그로 인해 인간학적 심리학 가운데 무언가가 빠져 있다는 문제를 해결하는 데 중요한 기여를 하였다(정인석, 2009). 특히 매슬로의 연구의 가치는 지금까지 일반적으로 알려진 것처럼 자기초월을 자기부정이나 욕망의 부정으로부터 자기초월로 나아가는 소수의 사람들만이 가능한 그런 길이 아니라는 것을 제시했다는 것이다. 매슬로는 자기 생존(basic needs)의 긍정적 욕구의 충족에서부터 자기치유(self-healing)−자기실현(self-actualization)−자기초월(self-transcendence)에 이르는 길이 모든 사람에게 열려 있고 그 길을 가는 이해 가능한 원리와 자연스러운 방법이 있다는 것을 제시하였다. 매슬로의 임상적 실천의 원리 역시 기본적 욕구의 긍정적 인식에 근거하여 행해지는 것으로 건너 뛴(leap across) 초월이 아닌 포함하는(beyond) 초월을 강조한다.

매슬로 심리학은 상담 분야의 임상 실천에서 그 어떤 방법보다도 치료자의 자질이 매우 중요하다는 것을 밝히고자 하였다. 매슬로가 말하는 자기초월을 도울 수 있는 상담자는 권위를 가진 전문치료자일 뿐만 아니라 인간적으로 진실한 참 만남과 관계를 제공하며 동시에 개인에게 자비로운 스승으로 봉사하는 자이다. 따라서 매슬로는 자신이 메타 욕구라고 칭한 영혼의 병을 다룰 상위의 상담자를 훈련하고 개발하는 것이 필요하다고 제안하였다(Scotton et al., 2008). 즉, 상담자는 치료자로부터 영적 스승의 역할까지를 모두 감당할 수 있어야 하다는 것인데, 정인석(2009)은 이와 같은 치료

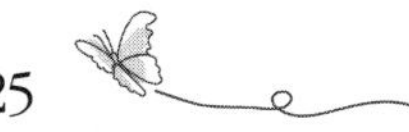

자의 자질을 갖추었다는 것을 완전하게 보증하는 방법이란 현재로서는 아직 없는 것이 사실이라고 했다. 하지만 상담분야에서도 최근에는 초월영성상담의 필요성과 초월영성 상담자 양성에 많은 관심이 쏠리게 되었고 사회적으로도 관심이 높아지는 실정이다. 이런 시점에서 매슬로의 이론을 다시 점검하고 발전시키는 노력이야말로 큰 의미가 있다고 할 수 있다.

초월영성상담에 주는 매슬로의 또 다른 시사점은 매슬로가 스스로 절정 체험과 자아실현을 경험하였으며, 그의 인생에서 훌륭한 스승들과 교류하면서 그들의 고매한 인격에 끌려 무한한 존경심을 가졌고 그 스승들의 인격을 연구하고자 하는 동기에 의해 '자아실현된 퍼스낼리티(self-actualized personality)'를 연구하였다는 데 있다. 이런 측면에서 볼 때 매슬로의 연구는 내담자의 욕구와 발달의 수준을 확장하고 고양하는 데 도움을 주고자 하는 초월영성 상담자는 우선 자신의 욕구와 의식 발달의 수준을 확인하고 자신의 자기초월성까지를 숙고하는 자여야 한다는 시사점을 준다. 또한 초월영성 상담자는 지속적으로 그 자신을 돕는 스승이나 모델이 필요하다는 점도 숙지할 필요가 있다는 것을 제안한다는 데 의의가 있다.

2. 윌버의 의식의 발달수준과 AQAL

켄 윌버(Ken Wilber, 1949~)는 현대 트랜스퍼스널 심리학계의 가장 영향력 있는 사상가이며 심리학 이론가이다. 윌버는 트랜스퍼스널 심리학과 밀접한 관련이 있지만 1990년대 후반부터 자신의 심리학을 통합심리학(Integral Psychology)으로 설명하면서 일가를 이루어갔다. 그렇지만 통합심리학은 트랜스퍼스널 심리학의 연장선에 놓여 있기에(문일경, 김명권, 2008) 윌버의 통합심리학과 트랜스퍼스널 심리학을 공용하면서 그의 '온상한, 온수준'(All Quadrants, All Levels: AQAL) 모델 중 좌상상한에 중점을 두고 의식의 발달수준을 살펴볼 필요가 있다.

윌버는 그의 첫 저서인 『의식의 스펙트럼(The Spectrum of Consciousness)』에서 의식을 스펙트럼에 비유해서 설명한다. 즉, 인간의 의식이 의식과 무의식에서 다양한 수준과 상태의 스펙트럼을 펼친다고 주장한다(Wilber, 1977). 또한 윌버는 서로 다른 심리학파들은 이 스펙트럼의 서로 다른 수준에 대해 설명한다고 주장한다. 여러 심리학파는 상반되거나 대립하는 것이 아니라 상호보완적 관점을 제공하며 각각은 모두 부분적으로 옳다는 것이다(Scotton et al., 2008; Wilber, 1977).

윌버는 인간의 의식세계를 개인적 영역과 초개인적 영역으로 나누었고, 후에 개인적 영역을 그림자(shadow/persona)와 자아(ego) 및 실존(existence)이라고 하는 세 가지 수준으로, 초개인적 영역을 초개인과 마음(우주심) 두 가지 수준으로 나누어 '의식의 스펙트럼'이라고 하는 의식의 계층성과 구조도를 만들게 되었다. 좀 더 설명하자면 윌버는 의식의 전체성을 계층모델로 설명하기 위하여 상위수준에서 하위수준으로, 즉 '영원(eternity)－무한(infinity)－우주(universe)－마음(mind)'의 수준, 초개인의 대역(transpersonal bands), 실존의 수준(existential/Centauric level), 생물·사회적 대역(biosocial bands), 자아의 수준(ego level), 철학적 대역(philosophic bands), 그림자의 수준(shadow/persona level) 등 일곱 계층구조의 모델을 제시하였다.

그림자의 수준은 자신의 극히 일부분을 자신의 모든 것이라고 생각하는 수준이다. 이 수준에서는 자신의 일부에 지나지 않는 자기 이미지에 자기 자신을 동일시하여 그 밖의 것은 자기가 아니라고 믿는다. 철학적 대역은 자아를 가면과 그림자로 분리시키는 이원론을 만드는 데 한 역할을 맡으며 또한 그 유지에 기여한다. 자아의 수준은 통상의 자각적인 의식 수준으로 인간의 그림자를 어느 정도 시인하고 통합하지만 신체와는 분리되어 있다. 생물·사회적 대역은 자아·역할·가치·정황 등이 생활기능의 단위가 되며, 이 영역은 사회과학·구조주의·기호론·언어론 등이 대상으로 삼는 영역이다. 실존의 수준은 인간의 근저에 있는 어떠한 분열도 없는 심신일여의 상태에 모종의 이원론이 끼어들어 유기체와 환경 사이에 분열이 일어나는 것으로 윌버는 이 수준을 상체는 인간, 하체는 말의 모습인 그리스 신화의 괴물 이름을 따서 '켄타우로스의 수준'으로도 불렀다. 이 경우에 유기체는 항상 환경과 격리되어 존재하는 의식 상태를 체험하게 된다. 초개인의 대역에서는 개인성이 초월되고, 유기체와 환경과의 분리도 초월되며, 시간과 공간도 초월되는 이른바 '초상현상(paranormal occurrences)'이나 '신비체험(mystic experiences)'을 할 수 있는 영역이다. 마음의 수준은 분리·분열이나 이원적 대립(dual opposites)이 없는 상태일 뿐만 아니라 세계·우주와의 일체화(unification)된 비이원적(nondual)인 상태, 전우주와 자기와의 분열이 없고, 내가 우주이며 우주가 나인 우주심(Universe mind)의 상태를 말한다. 슈레딩거(Schrödinger, 1964)는 마음(Mind)의 수준은 이상스러운 의식상태도 변성의식상태도 아니고 유일진실한 의식 상태이며, 그 밖의 모든 상태는 환상에 지나지 않는다고 보았다. 이러한 윌버의 이론이 특히 초월영성상담에 기여한 바로는 궁극적 마인드의 수준과 초개인적 수준의 구분 및 관계를 분명히 한 점이다. 그 동안 많은 경우 자아의식을 잃은 일종의 도취 · 황홀상태로 변환되기만 하면 트랜스퍼스널 수준이나 마인드 수준의 현상으로 착각하는 경우가 많았기 때문이다(정인석, 2009).

의식의 스펙트럼 이후 윌버(1986)는 인간의 의식 발달이 전개인적 단계(pre-personal stage) → 개인적 단계(personal stage) → 초개인적 단계(transpersonal stage)로 나아가며 이런 과정에서 전초오류(pre-trans fallacy)가 발생한다고 했다. 전초오류란 아주 간단히 말하자면 자아초월자를 미숙한 사람으로 오해하거나 미숙한 사람을 자아초월자로 오인하는 현상을 말한다. 자아초월자와 미숙한 사람은 일반인들이 보기에 비슷해 보이는 현상들을 공유한다. 예로는 순박하고 솔직하고 자유롭고 거침없는 특성들이 미숙한 사람과 자아초월자에게 유사하게 나타남으로써 일반인들이 이들에 대해 구분과 변별을 하지 못해 오류를 만들게 된다는 것이다. 또한 발달이 적절하게 진행되지 못하면 특정 유형의 병리가 나타내는데 윌버(1986)는 그것도 전개인적, 개인적, 초개인적인 영역으로 나누어 설명한다. 이와 같은 윌버의 이론은 서구의 심리학이 대부분 개인적인 수준의 발달을 인간 발달의 정점으로 보기 때문에 초개인적 수준을 무시하거나 병리적으로 간주하는 오류를 범할 수 있음을 초월영성상담에 시사해 주었다.

윌버(1982)는 어떤 하나의 단계를 토대로 더 발달된 단계로 나아갈 수 있다고 주장하였는데 더 발달된 단계는 시간적으로는 나중에 나타나며, 낮은 단계와 그 전의 역량을 포함하고, 이전의 단계에서는 활용할 수 없었던 부가적 능력을 갖게 된다고 하였다. 그러나 윌버는 발달적이거나 진화적인 연속선 상의 단계들이 반드시 가치 면에서 위계적이지는 않다고 강조하였다. 즉, 이후의 단계가 반드시 이전의 단계보다 낫다는 것은 아니다.

윌버(1993)의 중심 사상 중 하나는 현실이 다층적이며 존재의 수준은 존재론적 위계, 즉 홀라키(holarchy)를 형성한다는 것이다. 윌버는 발달의 여러 수준은 상응하는 존재의 대사슬(great chain of being)의 수준과의 동일시를 포함한다고 보았다. 인간은 먼저 몸과 동일시하고, 다음에 자아와 동일시하고 그 후 명상 수련의 결과로 더 섬세한 마음의 영역에 동일시하며 마지막에는 순수의식 자체와 동일시한다. 발달과 진화는 이러한 위계를 올라가는 움직임으로 이루어지며 이 움직임이 진행됨

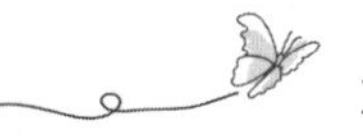

에 따라 의식은 계속해서 정제되고 확장되고 자유로워진다. 각각의 수준은 서로 다른 세계관, 철학, 종교, 정신병리 및 그에 상응하는 치료법과 연결된다(Scotton et al., 2008). 윌버의 의식 진화의 메커니즘은 융합(union)과 분화(differentiation) 또는 동일화(identification)와 탈동일화(dis-identification)의 반복으로 설명된다.

윌버 사상의 핵심은 인간 의식은 발달하고 진화하며, 이런 발달과 진화가 일어나는 구조와 수준, 질서의 방향이 존재한다는 것이다. 윌버(2000)는 이상적 심리학 연구가 신체에서 마음, 혼에 이르는, 잠재의식에서 자의식, 초의식에 이르는, 그리고 수면에서 반각성, 완전한 각성에 이르는 모든 것에 대한 연구가 되어야 함을 강조한다. 따라서 윌버는 통합적 관점은 신체, 마음, 혼, 영의 진실을 포함하며, 이들을 물질적 과시, 디지털 비트, 실증적 과정 또는 객관적 시스템으로 환원시키려 하지 않는다고 하였다.

윌버는 의식의 기본 수준에서 구조(감각, 충동, 인상, 규칙, 형식적 조작, 비전-논리, 심령, 정묘 등)와 의식의 발달 라인상의 구조(인지, 정서, 욕구, 도덕, 등의 준 단계적) 두 가지만을 가장 빈번히 사용하였다. 간단히 말하자면, 윌버의 의식 수준에서 구조란 발달수준과 발달 라인 모두에서 발견되는 전체적 패턴이다. 윌버는 AQAL로 불리는 '온상한, 온수준'에서 '온상한'은 나, 우리, 그것의 차원을 의미한다고 하였고 '온수준'은 물질에서 신체, 마음, 혼, 영에 이르는 존재의 파동을 의미한다고 하였다. 따라서 윌버에게 '온상한, 온수준' 수행은 자아와 문화, 자연 속에서 육체적, 감정적, 정신적, 영적 파동을 수련하는 것을 의미한다(Wilber, 2015). 윌버는 좌상상한이 개인적인 내면, 의식의 주관적 측면 혹은 개인적 의식을 나타내므로 비전-논리까지만 표현하였다(Wilber, 2000). 그러나 이 절에서는 윌버의 초개인적 발달수준까지를 포함하여 기본 구조의 최종 수준인 비이원(nondual)까지 다룰 필요가 있다.

윌버의 의식 수준에서 기본 구조는 감각운동(sensorimotor) 단계, 환상-정서(phantasmic-emotional) 단계, 표상적 마음(representational mind) 단계, 규칙/역할 마음(rule/role mind) 단계, 형식-반성(formal-reflexive) 단계, 비전-논리(vision-logic) 단계, 심령(psychic) 단계, 정묘(subtle) 단계, 원인(causal) 단계, 비이원(nondual) 단계라는 10단계로 나뉜다(Wilber, 2000; 조옥경, 2013). 각 단계의 특징을 살펴보면 다음과 같다.

1단계(감각운동 단계) 감각과 지각이 단순하게 운동과 연결되는 단계이며 신체 중심이다.

2단계(환상-정서 단계) 정서-성 단계라고도 하는데 환상과 현실의 구분이 모호한 상태이며 정서가 중심이다.

3단계(표상적 마음) 상징과 개념이 출현하고 인지적 조작이 가능한 시기로 정신적 자기 개념이 나타난다.

4단계(규칙/역할 마음 단계) 역할 자기(페르소나)가 나타나며 타인의 입장을 고려하고 타인의 역할을 취할 수 있다.

5단계(형식-반성 단계) 자신의 사유를 객관화시킬 수 있고 가설 설정, 추론이 가능하며 자아는 점차 합리적이고 반성적이게 된다.

6단계(비전-논리 단계) 전체적이기는 해도 아직 정신적 영역에 머물러 있는 단계이다. 이 단계의 초기에는 상대성과 다원주의의 인지가 시작되며 개념, 상징, 이미지들의 연결고리를 통합적으로 파악할 수 있다. 비전-논리 단계의 중기에서 후기에는 보편적 통합주의로 나아간다. 이 단계는 정신적 영역의 가장 높은 범위까지 걸쳐 있지만 그 너머에는 초정신적, 정확히 말하면 초이성적 발달이 있다.

7단계(심령 단계) 인지적, 지각적 역량이 개인적 조망과 관점을 넘어서며 초이성적 구조의 발견으로 심층의 심령적 존재가 출현한다.

8단계(정묘 단계) 초월적 통찰과 몰입에서 원형, 정묘한 소리나 빛을 만난다. 혼 전체는 신과 합일을 이루고 자연의 근원으로서의 신 또는 영을 만난다. 이때 신은 아직도 대상으로 체험된다. 정묘 단계에 있는 사람은 전형적으로 전초오류에 대해 다소 부주의하다. 왜냐하면 전개인 상태와 초개인 상태는 둘 다 심상이 풍부하여, 전환에 대한 자각 없이 하나에서 다른 하나로 빠지기가 아주 쉽기 때문이다.

9단계(원인 단계) 모든 하위 구조의 원천과 근원을 만나는 단계로 의식은 신성이라는 원초적 정체성을 취하며 신과 혼 모두가 초월된다. 윌버는 이 단계를 현시된 만물의 목표이자 정점이며 근원이라 하였다. 원인 단계에서는 이분적 분열이 해소되고 신과 나는 하나로 녹아든다.

10단계(비이원 단계) 무형의 공이 현시된 현상의 세계와 하나로 통합되는 비개념적 순수의식이다.

표 1-1 발달 수준의 분기점과 병리적 특징 및 치료 양식

자기발달의 분기점	병리적 특성	치료 양식
10. 비이원 수준		
9. 원인 수준	원인적 병리	현자의 길
8. 정묘 수준	정묘적 병리	성자의 길
7. 심령 수준	심령적 장애	요기의 길
6. 비전-논리 수준	실존적 병리	실존치료
5. 형식-반성 수준	신경증적 정체성	내관
4. 규칙/역할 마음 수준	각본 병리	각본 분석
3. 표상적 수준	정신신경증	정신분석요법(잠재의식 노출)
2. 환상-정서 수준	자기애-경계선 장애	구조화-건립기법
1. 감각운동 수준 무차별 매트릭스	정신증	생리적/안정요법

출처: Wilber et al. (1986).

1~6단계까지는 독립된 물질적 신체와 마음의 수준으로, 윌버는 초기 발달과정의 손상에는 약물치료와 구조를 세워 가는 치료가 중요함을 강조하고 실존적 위기의 경우에는 실존치료를 제안하였다. 7~10단계는 초합리적, 초개인적 수준인 초월 단계로, 심령, 정묘, 원인, 비이원의 단계들이다. 윌버는 1986년의『의식의 변용』(Wilber, Engler, & Brown, 1986)에서 각 발달단계에 따른 주요 정신병리 유형과 치료 양식을 〈표 1-1〉과 같이 제안하였다. 윌버는 각각의 주요단계를 의식 변용 또는 다음 단계로 성장하는 자기의 이정표인 '분기점'으로 구분하였다. 윌버는 이들 수준의 어려움을 돕기 위해서는 명상적 전통의 접근법이나 초개인적 감수성을 가진 전문가에 의한 심리적 접근을 혼합할 것을 제언하였다.

초월영성상담에 주는 윌버의 시사점은 매슬로가 제시한 욕구 위계에 따른 자아실현의 단계들을 의식의 수준에서 어떻게 이해할 것인지 밝히고, 이를 서로 연계하여 인간 의식 성장의 지향점들을 구조화하는 것에 상담자들이 관심을 기울이게 하였다는 점이다.

3. 그로프의 홀로트로픽 접근과 기본적 분만 전후 매트릭스 BPM I–IV

스타니슬라프 그로프(Stanislav Grof, 1931~)는 체코 출신의 정신과 의사이며 임상가로 1969년 매슬로가 창설한 자아초월심리학회 창립 회원으로 활동하였으며 1977년 국제 초개인 협회 초대회장을 역임했다. 그로프는 LSD를 중심으로 환각 물질의 임상적 효과를 연구하다가 환각제와 인간의식에 깊은 관심을 갖게 되었다. 그러나 1960년대 미국에서 LSD의 사용이 금지되면서 LSD를 사용한 연구를 계속하기 어려워지자 그로프는 그 대체요법을 개발하였는데, 그것이 홀로트로픽 접근법(holotropic therapy)이다. 그로프의 홀로트로픽 상담접근은 과호흡과 음악 및 보디 워크를 결합하여 LSD 복용 때와 같은 심리체험을 유발하여 치료하는 것으로, 그로프는 이런 임상 경험에서 의식의 보다 깊은 층에 출생에서 수반했던 심리체험의 영역이 유발되는 것에 관심을 가지게 되었다. 그로프는 임상 경험들을 학문적으로 기술하여 자신만의 의식이론을 정립하였는데, 그중 분만 전후의 인간 심층 영역을 '기본적 분만 전후의 매트릭스 BPM I–IV: Basic Perinatal Matrices'로 설명하고 있다. 그로프는 출생 시 태아가 자궁(womb) 속에 있다가 출산의 과정으로 산도(parturient cannel)를 통과하고 탄생(delivery)이라는 체험을 하는 것이 차후의 삶에 매우 의미 있게 작동된다고 역설한다. 그로프는 BPM 체험이 인간 성격 형성의 결정적인 원형이라고 설명하는데 이는 종래의 심층 심리학이나 윌버의 관점과는 또 다른 그로프만의 독특한 이론으로 심리적 퇴행을 통한 치료를 위해 동원된다(정인석, 2009; Grof, 2013).

그로프의 기본적 분만 전후의 매트릭스 과정은 4단계를 거치는데, 첫 단계는 분만 이전 상태로 후기 자궁 내의 상태이다. 이때 태아가 경험하는 것은 어머니의 복중에서 모체와의 원초적인 일체화와 융합 그리고 공생을 누리며 이상적인 지복의 상태를 체험한다. 충분한 보호와 안전 속에서 해결할 난제가 없는 시간을 경험한다. 태아는 어머니의 자궁 속을 부유하면서 필요한 모든 것을 지원받으며 더 필요한 것이 없는 전능함의 상태를 누린다. 두 번째 단계는 자궁이 수축하는 출산 과정의 시작 시기로 자궁 내의 지복상태에 도전을 받으며 그동안의 평화가 깨지는, 자궁 내에서의 길항 작용이 일어난다. 이때 태아는 그동안 누리던 지복의 상태를 상실하면서 불편과 자극 그 경험을 스스로 해결해야 한다는 중압감에 시달리며, 해 본 적이 없는 대항이나 대처를 지속해야 한다는 압박에 절망과 지옥의 경험을 온몸으로 겪게 된다. 세 번째 단계는 자궁문이 열리고 산도를 통과하는 단계로 이 시기 태아는 모체와 상호작용을 하며 당면 문제를 해결해 나가는 일련의 과정에서 죽음과 재탄생의 고투를 경험한다. 자궁의 좁은 문을 열고 나와 산도라는 끝나지 않을 것 같은 터널을 지나야만 한다. 이때 고군분투하는 태아의 노력에 산모의 조력이 도달하면서 태아는 의지를 지속시켜 산도를 빠져나오는 노력을 계속하게 된다. 네 번째 단계는 출산의 단계이다. 이 단계에서 태아는 산도를 빠져나오며 모체와의 분리를 경험하고 당면 문제를 해결하면서 절망과 고통 그리고 죽음의 위협으로부터 해방되는 경험, 어둠에서 빛으로, 만족, 충만을 누리는 새로운 탄생을 체험하게 된다. 그로프는 분만 전후의 체험이 그 이후의 인생체험의 모형이 된다는 점을 강조한다.

BPM I: 어머니와의 원초적 융합 상태

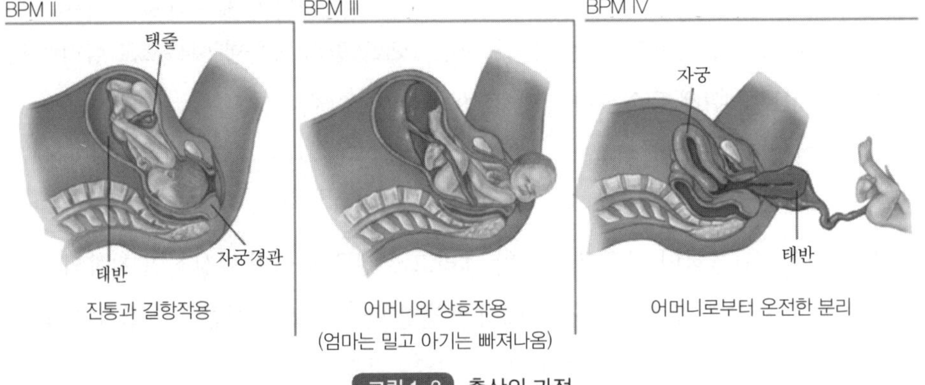

그림 1-2 출산의 과정

출처: Arnett (2018).

그로프는 매우 힘들고 좋지 않았던 BPM 체험은 많은 정신의학적 문제의 원천이 된다는 것을 강조한다. 만약 BPM 과정에서 문제가 있었다면, 좋은 의미의 죽음과 탄

생, 새로운 삶의 시작 과정을 재체험하고 재처리함으로써 출생외상이 치유되거나 증상도 극적으로 완화되거나 제거되기도 한다는 것이다. 그로프의 분만 전후에 대한 기술은 우리 모든 인간이 삶에서 예견하지 않았거나 기대하지 않았던 감당하기 어려운 당면 문제로 난관을 이어갈 때 스스로를 재인식하는 데 필요한 재처리 작업의 주제이기도 하다. 그로프의 BPM 작업은 어떤 상황과 시기를 극복해 나가기 위해 분만 직전에 경험하는 자궁에 갇힌 압박의 체험 속에서 죽음과 같은 위기를 극복하고, 산도를 지나 자궁 밖으로 나오는 재탄생을 경험함으로써 새로운 세상을 경험한 기원을 기억하도록 돕는 데 유용하게 활용될 수 있다. 그로프는 각종 증상을 심적인 에너지가 어디에선가 저지받고 있다는 점과 의식의 심층에 있는 응축된 체험이 의식의 표면으로 부상하려 하고 있다는 것으로 설명한다. 그로프의 심리치유의 접근에서는 발현하는 심리현상이 아무리 이상하게 보여도 이를 억제하지 않고 철저하게 유발–해방–체험시킨다고 하는 기본방침이 강조되고 있다. 이는 그로프가 임상에서의 현장체험을 통해서 인간문제의 근원적 깊이와 정신에 잠재하고 있는 놀라운 자기치유력을 발견했기 때문일 것이다. 의식의 표면으로 부상한 개인 심층의 응축된 체험은 분만 전후나 트랜스퍼스널의 체험을 통해서 왜곡된 삶의 한 형태가 바로잡아지게 되고, 자기의 잠재력을 살리면서 지금 이곳을 살아가는 능력을 회복하는 계기로 전환되게 도움받으며, 동시에 자기를 넘어선 타인이나 자연에 대한 관심을 갖는 확장된 인식을 얻는 힘으로 거듭나게 된다. 즉, 심리적 치유의 과정에서 때로는 지옥을 보는 듯, 어둡고 고통스러운 단계를 거치면서 그 과정을 감내하지 않으면 안 되는 경우가 있다. 그러나 그런 경우라 할지라도 비일상적인 자아초월적 체험을 충분히 하게 되면, 최종적으로는 환희로 충만하고 모든 존재에 대한 일체성을 실감하게 되며, 인생의 공허함이나 죽음의 공포를 근본적으로 극복할 수 있게 된다고 그로프는 역설한다.

분만 전후 과정에서 생겨나는 응축기억에 대한 그로프의 이런 설명은 초월영성상담에서 내담자의 심층적 기억의 의식화를 돕는 데에 시사하는 바가 크다. 초월영성상담자들은 내담자들이 일상의 자기로 알고 있는 자아 구조에 대해 초월적 경험을 할 수 있게 돕는 모든 기억이 분만 전후의 응축기억(COEX)으로 각 개인에게 내재되어 있다는 것을 확인하게 도울 수 있다. 이를 통해 내담자들이 자신의 역경 극복 능력에 대한 재평가와 재구조를 해 나가게 하는 데에도 기여할 수 있게 되었기 때문이다. 그로프의 이론에 비추면 현대인들이 잘못된 BPM에 지배되어 처리되지 않은 응축기억에 사로잡혀 자신의 가능성을 저버린 채 질곡을 헤매는 데에 삶의 에너지를 쓰고 있다고도 할 수 있다.

4. 다니엘스의 자아초월적 발달의 관점과 세 가지 방향성

마이클 다니엘스(Michael Daniels, 1950~)는 영국의 자아초월심리학자이다. 인본주의 심리학을 중심으로 자아실현과 도덕성 발달 등을 연구하던 그는 정신역동을 기반으로 한 전문가 훈련을 받았으나 추후 자아초월심리학 분야의 주요 인사로 활동했다. 영국심리학회의 자아초월심리분과 학회지의 편집자로 활동하면서 자아초월의 발달 방향과 그 내용에 대하여 다수의 연구를 발표했다. 다니엘스(2013)는 자아초월심리학에서는 발달의 통합적 관점이 중요한데, 통합적 측면에서 방향성이 있는 자아초월 이론과 실제를 위해서는 상승, 하강, 그리고 확장 관점과 함께 구원학의 결합과 조화를 이루는 것이 필요하다는 것을 강조한다. 구원학과의 결합 및 조화를 하는 데 필요한 통합적인 세 가지 접근 방향은 지혜와 믿음(상승), 심리적 통합과 희망(하강) 그리고 연민과 자선(확장)의 촉진이다. 자아초월심리학에서 다니엘스의 제안이 강조하는 것은 이 세 가지 방향성의 발달을 통하여 자아중심주의를 극복하고 본질적인 자아초월 작업을 증진시켜야 한다는 것이다. 그러나 각 방향성으로 드러난 미덕이 중요하고 모든 것이 통합적 실천에서 양성되어야만 한다고 하더라도 확장 방향성의 미덕을 우선적으로 고려해야 한다고 주장한다(Daniels, 2013).

다니엘스가 제시하는 주된 자아초월의 발달 방향은 상승, 하강, 확장의 세 가지 개념에 기초하여 이루어진다. 첫 번째 방향은 상승(ascending)이다. 상승의 은유는 높아짐으로, 중심적 특성은 깨달음이다. 이때 필요한 주요한 미덕은 지혜인데 이것은 인간이 더 높이 성장하고 상승할 수 있다는 믿음에 근거를 둔다. 전통적으로는 종교에서 이런 미덕을 강조하여왔다. 종교뿐 아니라 각 개인이 깨달음의 수준에 도달할 수 있게 각 단체나 모임 등에서는 그들이 만든 체계적인 과정을 제시하면서 개인들이 깨달음에 도달하도록 수행을 돕는다. 이 경우 깨달음의 주 관점은 상위의 마음으로, 초의식이다. 상승이 관심 갖는 주 초점은 더 높은 곳을 향하는 의식 상태의 고양이다. 이런 상위의 마음에 관심이 적은 개인들은 하위 의식에 머문다고 할 수 있는데 대표

적으로는 자아와 자기라고 생각하는 것에 집착한다. 물론 이것도 중요하지만 취하고 나면 뛰어넘어야 할 본능과 생존 중심의 하위 본성에 지속적으로 머무르는 상태라고 설명할 수 있다. 상승에서 전반적으로 추구하는 것은 개인과 신성의 합일이다. 신성과 일치되는 자기에 도달하기 위한 지속적인 상승 노력이 자아초월적 지향점의 중요한 방향이 된다. 상승에 대한 자아초월상담의 접근은 전통적인 접근으로서 종교 분야를 떠올릴 수도 있지만 여기서는 매슬로의 인간 욕구 위계설과 윌버의 의식의 발달 수준이 자아초월적 상승을 돕는 기초 이론으로 적용될 수 있을 것이다.

두 번째 방향은 하강(descending)이다. 하강은 깊이라고 은유할 수 있는데 중심적 표현으로는 개별화이다. 하강의 주요 미덕은 자신에 대한 확신으로 스스로를 통합하는 노력으로, 전통적인 심리학에서 주로 도움을 주려고 노력해 왔던 측면이다. 주로 무의식에 대해 역동적인 기반을 가지고 이해하려고 노력하며 자신에 대한 의식화를 추구하는 방향이다. 일반적으로 개인들은 부분적으로 의식화된 영역의 자아를 자기라고 피상적으로 알고 있는 경우가 많은데, 하강에서는 피상을 뚫고 부분을 넘어서서 심층적 이해를 통한 통합적 자기 확립을 추구하는 데 초점을 둔다. 하강이 추구하는 궁극의 목적은 심층의 수준에서 의식과 무의식의 합일이 이루어지는 것이다. 하강에 대한 자아초월상담에서의 접근은 전통적인 접근으로서 프로이트의 무의식, 융의 원형과 집단 무의식, 그리고 그로프의 분만 전후 매트릭스 이론 등이 내담자의 하강 방향을 심층적으로 안내하고 통합을 돕는 데 기여할 수 있을 것이다.

나머지 세 번째 방향은 확장(extending)으로 은유로서는 넓이를 제시할 수 있다. 확장에서의 중심 주제어는 참여로 사회화와 공동체에 밀접한 관련이 있다. 인간은 사회적 존재이고 사회에 대한 참여와 상호작용은 한 개인의 삶에 매우 의미있게 작동한다. 공동체와의 상호작용과 교류에서 가장 중요한 덕목은 연민과 사랑이다. 다른 말로는 타인과 존재하는 것들을 향한 존재의 수용과 측은지심이라고도 할 수 있다. 이는 전통적으로는 인본주의에서 주로 강조하고 다루어 왔던 주제들이다. 확장의 방향에서 탐구하고자 하는 것은 인간과 세상에 존재하는 모든 것들과 개인의 관계이다. 흔히 개인들은 자아 중심의 세계관 속에서 타인이나 공동체 그리고 나아가 존재하는 것들과 관계를 맺고 해체하는 이합집산의 경험들을 반복하고 있다. 확장에서 초월해야 하는 것으로는 반복되는 패턴과 순환고리라고 할 수 있는 자기중심적인 자기회로이다. 확장을 통해 개인은 타자와 존재하는 다른 것들의 시선을 의식하고 자신과 타자를 통합하여 합일에 이르는 진정한 초월적 풍성함을 경험하게 된다(Daniels, 2009, 2013). 확장에 대한 자아초월상담의 접근은 전통적인 접근으로서 로저스(C. Rogers)의 인간중심 상담이론, 아들러(A. Adler)의 개인심리학, 가족상담, 여성주의 상담이나 생태 상담 등이 내담자의 확장 방향을 폭넓게 안내하고 통합하도록 돕는 데 기여할 수 있을 것이다.

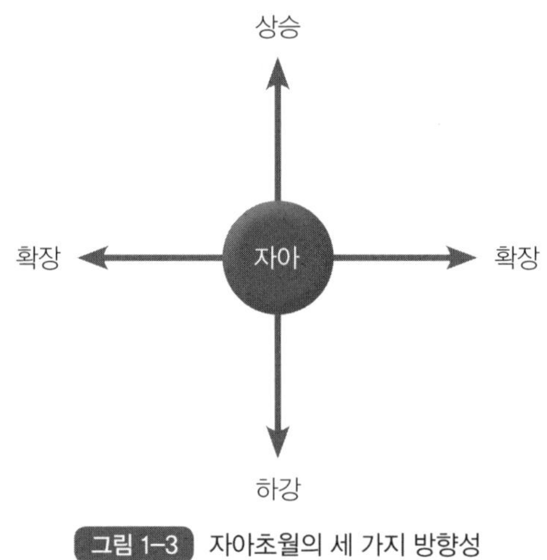

그림 1-3 자아초월의 세 가지 방향성

출처: Daniels (2009).

다니엘스가 제안하는 자아초월심리학에서의 세 가지 성장 방향은 가야 할 길이 어디인지를 통합적으로 알려 주는 지침으로 작동할 수 있다. 다니엘스의 자아초월적 발달의 관점과 세 가지 방향성에 대한 연구는 자아초월상담에서 내담자가 지금까지 어느 방향의 길을 찾고 있었는지 또는 잃어버리거나 잊고 지내고 있는지도 알아차릴 수 있도록 구체적으로 도울 수 있으리라고 여겨진다. 초월영성상담에서 상담자가 내담자를 도울 때, 초라하고 건조한 시간들 속에서 말라비틀어져 버린 축소된 영혼을 펼치고 확장하고 풍성하게 성장하도록 돕기 위해서는 세 방향의 의미를 알고 있어야만 할 것이다. 성장과 확장 그리고 심오함을 향하여 함께 가는 상담을 추구할 때, 다니엘스의 제안이 그것을 이루는 데 지향점을 제시해 줄 수 있을 것으로 기대된다.

5. 프리드먼의 자아초월적 자기확장

해리스 프리드먼(Harris Friedman)은 자기확장성 수준 양식이란 주제에서 자아초월적 자기 개념 측정을 위한 구성과 타당화를 연구하여 박사학위를 받았으며 이후 자아초월의 과학적 접근법과 측정에 관심을 가지고 연구를 지속하였다. 미국심리학회의 32분과에서 수여하는 에이브러햄 매슬로상을 2016년에 수상했다. 이 상은 인간 정신(human spirit) 연구 분야의 기여도와 그 업적에서 최우수 연구자로 선정된 심리학자에게 주는 것으로 자아초월심리학자인 프리드먼이 수상자로 선정되었다는 것은 의미있는 일이라 할 수 있다. 프리드먼은 자아초월적 자기확장(transpersonal self-expansiveness)을 공간과 시간이라는 두 가지 차원에서, 임의대로 그려진 세 가지 수준, 즉 자아(person) 수준, 중간(mid-range transpersonal) 수준, 자기초월적(transpersonal) 수준을 거쳐서 일어나는 과정으로 설명했다. 프리드먼은 자기확장이 지금–여기의 현재에서 고립된 개인적 경계에 한정된 상대적으로 좁은 자기 개념의 관점에 근거할 수도 있고, 좁은 자기개념을 넘어서 타인들과 자연, 심지어는 자아초월적으로 구성된 정체성으로 모든 존재와 경계 없는 동질성을 허락하는 확장된 자기 개념의 관점에 근거할 수도 있다고 설명한다. 프리드먼에 의하면 일상적으로 사용되는 자기 개념은 생명을 지닌 자기에 비교한다면 한계가 있는 구성개념으로, 자기확장이라는 구성개념이 일상의 자기 개념에 통합되기 위한 기회를 더욱 부과할 것이라고 강조했다. 프리드먼의 자기초월적 자기확장은 자기에 대한 분리되고 축소된 인식을 넘어서서 자기가 확장될 수 있다는 믿음에서 시작된다. 우리가 갖고 있는 자기 개념은 변할 수 있고 보완될 수 있으며, 이 자기 개념은 개인이 세상을 보는 인식의 틀에 영향을 미치고, 자기와 세상 사이의 경계를 변화시켜 나가는 주역이기도 하다는 것이다. 그러므로 자기 개념을 확장한다는 것은 개인이 기존의 자기를 초월하는 주요 전환점이라고 할 수 있다.

자기확장의 세 가지 수준 중 첫 번째는 자아 수준이다. 자아 수준은 개인이 현재의 자신을 자기라고 동일시하는 수준으로 지금 현재의 신체, 행동, 정서, 인지 등을 말한다. 이 수준은 지금 여기라는 시공간 속에 존재하는 고립된 한 유기체로서의 개인을 강조하는 것으로 일반적인 전통적 심리학의 자기 개념에 대한 지식이나 설명으로 이해 가능한 범위이다. 두 번째는 중간 수준으로 첫 번째 자아개념에서 자기 개념이 좀 더 확장된 수준이다. 이 수준에서는 고립된 한 개인을 넘어서서 여러 관계와 자신을 동일시하는 특성이 나타난다. 시간적 측면에서는 자신의 과거 개인적인 어린 시절의 경험과 기억뿐만 아니라 현재의 자기 그리고 과거나 현재가 투영된 상태에서 자기중심적으로 상상해 보는 자신의 미래 등이 포함된다. 뿐만 아니라 신체적 발달과 가족 구성원들과의 관계와 사회적 맥락도 개인 정체성에 포함한다. 사회적 관계, 생태나 환경과의 관계, 시간의 흐름에 따른 자아개념 등으로, 여러 관계들이 좀 더 유기적으로 중간 수준의 자기와 연결되어 자아가 확장된 상태를 나타낸다. 마지막으로는 자아초월적 수준으로, 이 수준의 자기확장은 자아 수준의 자기확장과 확연하게 구분된다. 자신의 신체 내의 세포나 원자들과도 자각과 연결을 이루는 정도이며 나아가 먼 조상들과의 관계까지 그리고 나타나지 않은 미래의 후손까지도 연계가 되는 자기확장이라고도 표현할 수 있다. 즉, 극단적 축소와 극단적 확대의 모든 스펙트럼상에서 자기를 자각하고 경험하고 연결해 나가는 확장성이 나타나는 것이다. 또한 모든 생명들, 존재들과 동일시하면서 확장해 나가는 측면이 두드러지지만 동시에 그 모든 것은 어떤 식으로든지 개인과 연결되어 있다.

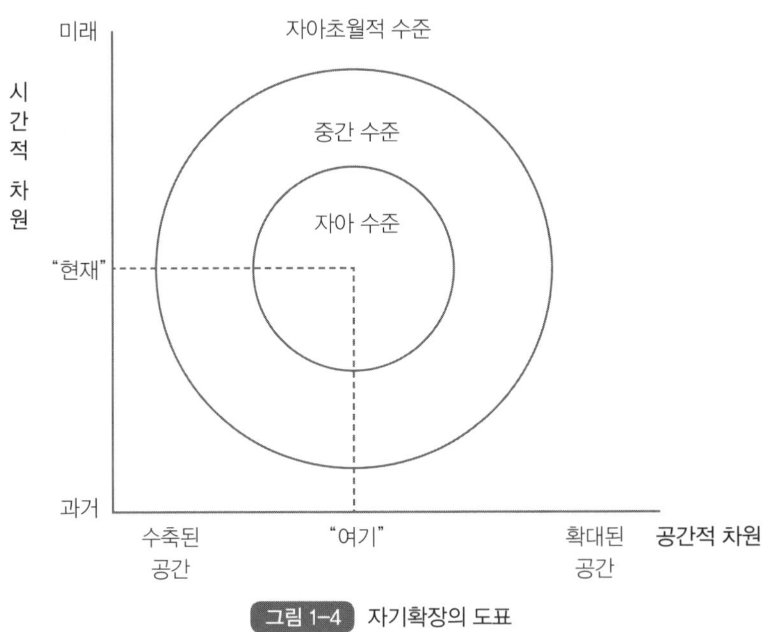

그림 1-4 자기확장의 도표

출처: Friedman (2013).

프리드먼의 이런 설명은 윌버의 AQAL의 사상한 설명과 연계하여 이해할 수도 있다. 우리가 작은 동일시의 나를 확장하기 위해 작은 동일시를 탈동일시하고 더 큰 동일시로 자신의 정체성을 세워나가는데, 이때 일어나는 현상은 물방울이 떨어지면서 만든 호수의 동심원이 커지듯이 자기확장이 일어나는 것이다. 그때 확장되는 동심원들의 경계에서는 탈동일시가 동시에 진행되는 것으로 해석할 수 있다. 점차 자기확장이 진행되는 과정은 시간이 지나면서 변하는 최초의 물방울이 만든 동심원과 비유할 수 있는데, 가장 안쪽의 최초의 물방울로 인해 만들어진 동심원의 시작과 확장된 가장 바깥 동심원의 경계는 시간이 지나면서 하나로 합쳐지고 궁극적으로는 사라져 가는 그런 현상으로 설명할 수 있다. 자기확장에서의 동일시와 탈동일시가 반복되면서 자기확장의 범위는 시간과 공간의 개념을 날실과 씨실로 교차하는 것처럼 입체적으로 드러나는 것이다. 마치 풍선이 점점 커지듯이, 탁구공이 농구공의 크기로 점차 확장되듯이 자기확장이 나타나며 궁극에는 경계를 뚫고 나아가 합일이 되는 자기확장이 일어나는 것이다. 자기확장은 생명 있는 것과 없는 것 그리고 과거와 현재와 미래, 나아가 여기부터 그 어느 곳까지의 시간과 공간을 초월하는 현상으로 이어진다. 프리드먼의 자기확장 이론이 초월영성상담에 주는 시사점은 현실적인 확장의 근거를 제시해 준다는 데 있다. 초월영성 상담자들은 내담자들이 좀 전/어제의 나와 지금/오늘의 나 그리고 직후/내일의 나로 부터 작은 단계(small step)들을 위험과 부담 없이 확인하며 자기 변형의 확장 단계를 밟아 가도록 도울 수 있다. 또한 나의 사적인 공간부터 시작하여 집 밖을 벗어나 이웃과 사회 그리고 집단과 조직에 연결된 연결감을 미세하게 알아차리며 안전하게 자기확장을 해 나갈 지표를 갖게 도와 줄 수 있다 (Friedman, 1983).

6. 리소의 에니어그램과 성격유형 그리고 의식의 발달수준 및 통합의 길

돈 리처드 리소(Don Richard Riso, 1946~2012)는 에니어그램(Enneagram)이라는 고대로부터 전수되어 내려온 인간이해의 지혜를 현대 심리학적 해석과 설명으로 현대인들에게 소개한 선구자이다. 그는 에니어그램 성격유형을 통해 인간 변형과 성장의 촉진을 선도하였다. 리소는 에니어그램을 통하여 개인과 집단의 수행과 초월을 돕는 연구와 연수를 진행한 에니어그램 지혜의 탁월한 지도자였다. 에니어그램이 어떻게 개인의 자아초월에 기여할 수 있는지에 대해 리소의 에니어그램 성격유형과 의식의 발달수준 연구를 중심으로 살펴보자.

리소에 의하면 인간은 빛의 존재로 물질세계에서 육체를 입고 태어난 영적 존재이다. 그리고 그 빛을 덮고 있는 껍질이 에니어그램에서 말하는 성격이라고 보았다(Riso & Hudson, 1999). 리소가 보는 보통의 사람은 자신의 성격을 자신이라고 동일시함으로써 본성의 빛을 가리고 있는 상태에 놓여 있다. 따라서 보통 사람에게 필요한 작업은 성격에 대한 잘못된 자기 동일시를 멈추고 본질과의 연결을 통해 자신의 본성인 빛의 존재로서의 영성을 회복하는 것이라고 말한다. 리소는 에니어그램이 인간이 자신의 영적 존재로서의 근원적인 모습을 재발견하도록 해 준다고 본다. 리소가 에니어그램에서 말하는 인간관은 인간이 본질적으로 우주적이고 빛과 영적인 존재로 성격을 초월(transcendence)한 존재라고 정리할 수 있다. 따라서 현대 에니어그램에서 말하는 이상적인 인간은 자신의 본성을 깨닫고 우주적 존재로서의 본성과 영성을 회복하여 자기초월적인(self-transcendent) 존재로 거듭나는 인간이라 할 수 있다. 그러므로 우리가 에니어그램에 대해 알고 이해하는 것은 현실의 자기를 아는 것에서 멈추는 것 그 이상이다. 즉 자신의 본성을 알고 스스로가 우주의 법칙을 찾아 그 법칙에 지배당하지 않고 해방되어 자신의 영성을 회복하는 지혜를 얻는 것이라 할 수 있다.

에니어그램에서는 인간의 성격을 기본적으로는 세 가지 힘의 중심(the triad of centers)으로부터 분류한다. 세 가지 힘의 중심에는 장/본능 중심(gut/instinct triad), 가슴/감정 중심(heart/feeling triad), 머리/사고(head/thinking triad) 중심이 있다. 인간은 본질과 연결을 잃을 때 그 공백을 메우려 하고 이때 가장 먼저 작동하는 것이 세 가지 힘의 중심으로, 심리적 자아경계(ego boundary)를 만든다(Riso & Hudson, 1999).

장 중심은 본능 중추를 사용하는 8번, 9번, 1번이며 현실에 대한 저항을 유지하고 자신의 영역을 지키는 데 관심을 갖는다. 장 중심은 자기 밖 세상의 통제를 받지 않고 세상에 영향을 미치기 원하며 이를 위해 자신의 의지를 사용할 수 있도록 경계를 만든다. 자아 경계에 대한 유지욕구가 채워지지 않으면 분노하게 된다. 가슴 중심은 감정 중추를 사용하는 2번, 3번, 4번이며 자아 이미지에 관심을 갖는다. 이들은 자신들의 특성이 자신의 실제 정체성이라 믿으며 이것을 좋게 꾸미려고 끊임없이 노력하고 그

렇지 않으면 수치심을 갖는다. 머리 중심은 사고 중추를 사용하는 5번 6번 7번이며 정신적 불안과 안전에 관심을 갖는다. 이들은 안전을 보장받기를 원하며 이를 위해 안내와 지원을 끊임없이 구하고 그렇지 못하면 두려움을 갖고 외부 세계로부터 도망친다(Lewis, 2012; Riso, 1992).

따라서 힘의 중심을 기본으로 개인이 성장과 통합을 하는 데 도움을 받을 수 있는 전략은 각 중심들이 기존의 습관적 힘의 중심 사용에서 변화를 일으키는 것이다. 그들이 가야 할 성장 방향으로는 장 중심은 가슴 중심의 특성을, 가슴 중심은 머리 중심의 특성을, 머리 중심은 장 중심의 특성을 지향하면서 에니어그램 상징의 시계 방향으로 순환적인 변형을 일으키는 것이다. 시계 방향으로의 이동은 자기 자각을 촉진시키며 이렇게 수련을 하는 것이 개인의 고착된 기존의 중심 사용을 유연하게 하면서 동시에 나선형의 상승적인 성장 방향으로 발전해 나갈 수 있게 돕는다.

에니어그램에서는 힘의 중심을 기초로 좀 더 세분하여 인간의 성격을 아홉 가지 성격유형으로 제시하는데 기본적으로는 숫자로 표현되며 이해를 돕기 위해 별칭을 사용하기도 한다. 아홉 유형들은 1번은 개혁가, 2번은 조력가, 3번은 성취가, 4번은 예술가, 5번은 사색가, 6번은 충성가, 7번은 낙천가, 8번은 지도자, 9번은 중재자의 별칭으로 표현되기도 한다. 그러나 근본적으로 에니어그램의 성격유형은 숫자로 표현하는 것이 적합하다. 별칭을 사용할 경우 별칭에 대한 개인이나 사회적 편견, 선호도가 작용할 수 있고 그러면 성격과 자신에 대한 근본적인 인식과 이해에 방해받을 수도 있기 때문에 주의를 요한다. 이들 아홉 유형들은 각각의 기본적인 두려움(basic fear)과 욕망(desire), 미덕(virtue)과 악덕/열정(vice/passion), 신성한 사고(holy idea)와 자아고착(ego fixation)으로 그 특성이 설명되며 구체적으로는 다음과 같다.

1번 유형은 순수주의자로서 원리 원칙적이고 매사에 완벽을 기하고 항상 옳고 그름에 대해서 강한 분별력을 가진 윤리적이고 양심적인 사람들이다. 이들은 항상 어떤 것이 잘되도록 노력하지만 실수를 저지를까 봐 두려워한다. 매우 조직적이고 까다로운 이들은 높은 기준을 유지하려고 하지만 이런 노력이 비판적이고 완벽주의로 기울 수 있다. 이들은 억압된 분노와 조바심의 문제를 안고 있다. 건강한 1번 유형은 도덕적으로 용맹하며 현명하고 통찰력이 있으며 현실적으로 고귀하다. 이들이 본성을 회복하는 데 필요한 것은 침착이란 미덕과 완전이란 신성한 사고이다.

2번 유형은 이타주의자로서 봉사적이고 대인관계적인 유형이다. 이들은 감정이입

적이고 진실하며 따뜻한 가슴을 가지고 있다. 친절하고 헌신적이지만 또한 감정적이고 아첨하는 경향과 사람들을 기쁘게 하려는 경향이 있다. 이들은 다른 사람들에게 가까이 가려고 노력하지만 종종 자신이 원하기보다는 다른 사람들의 필요로 인해 어떤 일을 하기도 한다. 이들이 교만에 빠진 경우, 자신을 돌보는 것과 자신의 필요를 인식하는 것에 대한 어려움을 겪는다. 최상의 상태일 때의 건강한 2번 유형은 헌신적이고 이타적이며 그들 자신과 다른 사람들에 대해 무조건적인 사랑을 준다. 이들이 본성을 회복하는 데 필요한 것은 겸손이란 미덕과 자유라는 신성한 사고이다.

3번 유형은 수행자로서 적응력이 뛰어나고 성공지향적인 유형이다. 이들은 자기 만족적이고 눈에 띄는 사람들이며 매력적이다. 야망이 있고 경쟁적이며 정력적인 이들은 또한 우월 의식과 개인적인 출세를 강하게 좇을 수 있다. 이들은 종종 그들의 이미지와 다른 사람들이 그들에 대해 어떻게 생각하는지에 대해서 염려한다. 이들은 일중독과 경쟁심 그리고 기만의 문제를 가지고 있다. 자신감에 넘치는 인상으로, 주위 사람들에게 좋은 인상을 심어주려 하며 '성공했다.' '일을 효율적이고 성공적으로 완수해 냈다.'는 것에 가장 큰 만족을 얻는다. 최상의 상태일 때의 건강한 3번 유형은 자기 수용적이고 믿을 만하며 그들이 보여 주는 모든 역할은 다른 사람들을 고무시키는 본보기가 된다. 이들이 본성을 회복하는 데 필요한 것은 정직이란 미덕과 희망이라는 신성한 사고이다.

4번 유형은 개인주의자로서 낭만적이고 내향적인 유형이다. 이들은 자기 인식적이고 민감하며 말수가 적고 조용하다. 이들은 우울해하고 자의식이 강할 수 있다. 상처 입기 쉽고 결함이 있다고 느끼기 때문에 다른 사람들로부터 스스로를 움츠리며 또한 삶에 대해 경멸적이고 보통의 길에서 제외되었다고 느낄 수도 있다. '특별한 존재를 지향하는 사람'으로 자신은 특별한 사람이라고 자부하고 있으며 무엇보다도 감동을 중시하고 평범함을 싫어한다. 이들은 방종과 자기 연민의 문제를 가지고 있다. 최상의 상태일 때의 건강한 4번 유형은 그들 자신이 새로워지고 그들의 경험을 변형시킬 수 있는 높은 직관력과 창조력이 있다. 이들이 본성을 회복하는 데 필요한 것은 마음의 평정이란 미덕과 근원이라는 신성한 사고이다.

5번 유형은 탐구자로서 집중력이 강하고 사색적인 유형이다. 이들은 조심성이 있고 통찰력이 있으며 호기심이 강하다. 이들은 집중해서 복잡한 사고와 기술을 개발하는 데 초점을 모을 수 있다. 이들은 초연하지만 반대로 매우 신경질적이고 격렬해지기도 한다. 이들은 탐욕, 고립, 기괴함, 허무주의로 어려움을 겪는다. 지식을 쌓아 가는 것을 좋아하며 항상 현명하게 판단하려고 노력한다. 어리석은 판단을 내리는 것을 두려워하며 일을 시작하기 전에 정보를 열심히 수집해 상황을 정확하게 파악하려고 한다. 또한 고독을 즐기는 경향이 강하고 자신만의 시간과 공간을 아주 중요하게 여긴다. 최상의 상태일 때의 건강한 5번 유형은 예언적인 선구자로서 때때로 현재보다 앞서 나가고 전혀 새로운 방식으로 세상을 볼 수 있다. 이들이 본성을 회복하는 데 필요한 것은 무애착의 미덕과 전지라는 신성한 사고이다.

6번 유형은 충실한 사람으로서 헌신적이고 안전을 추구하는 유형이다. 이들은 믿을 만하고 근면하며 책임감이 있지만 또한 스트레스 상황에 있을 때는 어떤 것에 대해서 불평하면서 방어적이고 회피적이며 매우 불안해할 수 있다. 이들은 종종 조심성이 있고 결단을 내리지 못하지만 반대로 반발적이고 도전적이며 반항적이 될 수도 있다. 이들은 자기 회의와 의심의 문제로 어려움을 겪는다. 최상의 상태일 때의 건강한 6번 유형은 내적으로 안정적이고 자기 확신이 있으며 자기 의지적이고 약자와 무능한 자를 용기 있게 지지해 준다. 이들이 본성을 회복하는 데 필요한 것은 용기란 미덕과 믿음이라는 신성한 사고이다.

7번 유형은 열정가로서 늘 바쁘고 생산적인 유형이다. 이들은 다재다능하고 낙관적이며 밝고 명랑하며 자발적이다. 놀기 좋아하고 원기 왕성하며 주변에서 즐거움을 찾아내는 능력이 뛰어나다. 이들은 끊임없이 새롭고 흥미로운 경험들을 추구하지만 쉼 없는 활동 상태로 산만하고 지쳐 버릴 수 있다. 또한 피상성과 충동성, 무절제와 낭비성에 의해 어려움을 겪기도 한다. 최상의 상태일 때의 7번 유형은 가치 있는 목표에 그들의 재능을 집중시켜서 매우 즐거운 상태에서 일을 하며 또한 감사의 마음으로 가득 차게 된다. 이들이 본성을 회복하는 데 필요한 것은 절제란 미덕과 계획의 실행이라는 신성한 사고이다.

8번 유형은 도전자로서 강력하고 지배적인 유형이다. 이들은 자기 확신적이며 강하고 단정적이다. 방어적이고 전략이 풍부하며 결단성이 있고, 자존심이 강하고 거만할 수 있다. 권력구조를 파악하는 능력이 뛰어나며 자신의 강한 힘을 발휘할 수 있는 위치를 확보하는 능력도 갖추고 있다. 이들은 그들의 환경을 통제하고 때때로 대립적이고 협박적으로 되곤 한다. 이들은 다른 사람들에게 가까이 다가가는 것에 어려움을 겪는다. 최상의 상태일 때의 건강한 8번 유형은 극기심이 있어서 다른 사람들의 삶을 향상시키기 위해 자신의 힘을 사용하고 용맹하면서도 관대해서 때때로 역사적으로 위대한 인물이 된다. 이들이 본성을 회복하는 데 필요한 것은 관대함이란 미덕과 진리라는 신성한 사고이다.

9번 유형은 조정자로서 평온하고 자기를 내세우지 않는 유형이다. 이들은 수용적이고 믿음직하며 안정적이다. 마음이 넓고 동요되는 일이 없으며 인내심이 강하다. 편견이 없고 다른 사람의 기분을 이해할 줄 알기 때문에 타인의 고민을 잘 들어준다. '안정감'과 '조화'로 넘쳐 있는 상태에 가장 큰 만족을 느낀다. 이들은 선한 천성과 친절한 마음을 가지고 있고 평온하며 지지적이지만 한편으로는 평화를 지키기 위해 너무 다른 사람들에게 맞추어 나갈 수도 있다. 이들은 모든 것이 갈등 없이 이루어지기를 바라지만 자기 만족적이고 혼란을 일으키는 어떠한 것도 최소화하려는 경향이 있을 수 있다. 이들은 수동성과 완고함에 의해 어려움을 겪을 수 있다. 최상의 상태일 때의 건강한 9번 유형은 굴복하지 않으면서 모든 것을 포용한다. 이들이 본성을 회복하는 데 필요한 것은 옳은 행동의 미덕과 사랑이라는 신성한 사고이다.

각 성격유형이 최상의 상태를 유지하면서 성장과 자아초월을 실현하는 일련의 과정에서 가장 먼저 해야 할 일은 각 성격유형의 취약점인 악덕(vice)으로부터 해방되고 동시에 그들의 강점인 미덕(virtue)을 추구하고 지키는 것이다. 1유형의 경우 분노에서 침착의 미덕을 유지하는 것, 2유형은 교만에서 겸손을, 3유형은 기만에서 정직을, 4유형은 선망에서 마음의 평정을, 5유형은 탐욕에서 무애착을, 6유형은 겁에서 용기를, 7유형은 탐닉에서 절제를, 8유형은 관능에서 관대를, 9유형은 게으름에서 옳은 행동을 추구하고 유지하는 것이다. 각 유형들의 미덕은 그 유형의 악덕으로 인한 불건강(unhealthy)한 분열(disintegration)을 방지하면서 건강한(healthy) 통합으로 나아가도록 돕는 견인차 역할을 한다. 또한 이들이 신성한 존재(holy being)로서의 본성을 회복하는 데 필요한 것은 각 유형의 신성한 사고(holy idea)를 기억하는 것이다. 신성한 사고는 각 유형의 개인들이 낮은 수준의 자기에 고착되지 않고 성장을 향해 나아가게 돕는 원동력이 된다. 1유형은 완전이란 신성한 사고를, 2유형은 자유, 3유형은 희망, 4유형은 근원, 5유형은 전지, 6유형은 믿음, 7유형은 계획의 실행, 8유형은 진리, 9유형은 사랑이란 신성한 사고를 유지할 때 각 개인은 분열이라는 불안정한 상황을 넘어서서 안정적인 통합과 함께 인생의 경로에서 지속적 성장이라는 상향적 발달수준의 궤도에 오르게 된다(Palmer, 1988; Riso, 1990; Riso & Hudson, 2000; 윤운성 외,

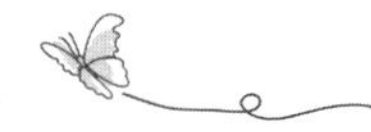

2003; 황임란, 2005).

리소는 에니어그램 성격유형론이 사람들에게 유용하려면 개인의 건강하고 긍정적으로 기능하는 측면에 초점을 맞추어야 함과 전 인간의 발달을 기술할 수 있어야 함을 강조하였다. 이에 근거하여 리소는 에니어그램 성격유형의 발달수준에 대해 1977년에 기초를 마련하였으며 그 연구 내용은 그 후 14년 동안 그에 의해 발전되었다. 1991년에 허드슨(Hudson)은 발달수준과 핵심역동을 현재의 정도까지 개선하기 위해 리소와 공동 작업을 하였다(Riso & Hudson, 1996; Riso & Hudson, 2000).

자기의 발견을 위해 에니어그램 성격유형을 사용하는 사람들은 성격유형과 함께 발달수준을 이해함으로써 자신의 성장에 방해가 되는 요소가 무엇인지뿐만 아니라 자신이 어느 수준에 속해 있는지를 더 잘 이해할 수 있다. 발달수준은 [그림 1-5]와 같이 연속적 계열(continuum)로 제시되는데 각 유형마다 3단계 9수준으로 연계되어 있으며, 3단계는 건강할 때, 보통일 때, 건강하지 못할 때로 나누어지고 또 각 단계는 3수준씩 나누어진다. 즉 건강할 때는 1, 2, 3수준으로 나누고 보통일 때는 4, 5, 6수준, 건강하지 못할 때는 7, 8, 9수준으로 나눈다. 최고의 건강수준은 1수준이며 최하로 건강하지 못할 때는 9수준이다.

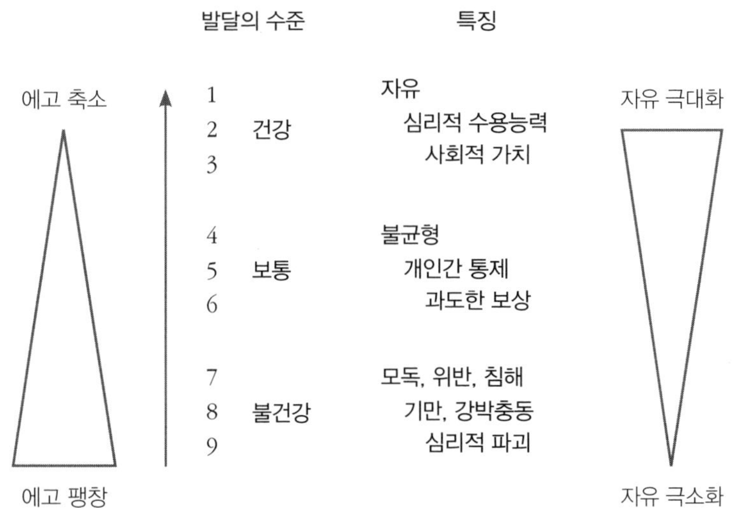

그림 1-5 리소의 발달수준과 특징

출처: Riso & Hudson (2000).

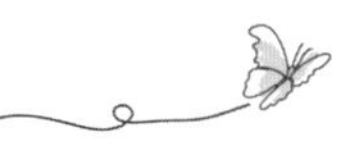

건강한 수준에서 각 성격유형의 1수준은 그 유형의 가장 건강한 수준으로 심리학적 균형, 자유, 그리고 특별한 영적 능력과 미덕을 나타낸다. 그 유형의 정수를 모은 특성들이 반영된 이상적인 상태이다. 2수준은 여전히 건강하지만 자아가 나타나고 어린 시절의 기본적 불안에 의한 자기 방어가 나타난다. 부모와의 관계의 결과로 가장 깊은 곳으로부터 두려움과 욕망이 나타난다. 자기감과 그 유형의 있는 그대로의 인지 스타일도 나타난다. 3수준은 여전히 건강하지만 조금 덜 건강하다. 자아가 좀 더 활동적이 됨으로써 특징적인 외적 인격이 만들어진다. 이때 타인과 사회에 발휘되는 건강한 사회적 특징들이 나타난다.

보통의 수준은 4수준부터 나타나는데 4수준은 유형마다 다른 심리적인 에너지의 특징적 근원을 묘사하는 것에 따라서 유형이 약간 불균형해진다. 부지불식간에 각 유형의 심리학적 맹점이 나타나는데, 이는 내면적인 또는 타인과의 갈등을 초래하기도 한다. 5수준은 주위 환경을 특징적인 방법으로 통제하려고 하면서 자아가 팽창한다. 방어기제들은 더욱 진지해진다. 퇴락의 뚜렷한 전환점으로, 특성들은 눈에 띄게 불건강하고 더욱 부정적이다. 타인과의 갈등이 증가한다. 6수준에서는 갈등과 증가되는 불안에 대해서 과잉 보상하기 시작한다. 특징적인 자기중심적 형태가 여기서 나타난다. 자기 방어의 다양한 형태들이 작용하면서 타인과의 갈등이 급증한다.

불건강한 수준은 7수준부터 시작된다. 7수준은 매우 역기능적이고 결국은 자기 파괴적인 생존 책략을 쓰는데 그 책략은 성격유형마다 다르다. 자아를 보강하기 위한 무모한 시도를 해 보지만 증가되는 불안에 습격당한다. 이제 타인과의 갈등이 심각하다. 8수준은 심각한 내면의 갈등과 그에 따른 망상적 방어가 사용된다. 현실과 불안을 극복하기보다는 현실을 고치려고 시도한다. 심한 신경증적 상태로 성격유형마다 다른 방법으로 현실과 멀어진다. 9수준은 충분히 병리적인 상태이다. 현실과 멀어지고 환영을 보존하며 자신이 초래한 불안으로부터 자신을 구하기 위해서 자기 자신과 타인을 파괴한다. 직간접적인 자기파괴성이 뚜렷해져서 심각한 폭력, 쇠약 또는 죽음에 이른다.

개인의 자아는 2수준에서 나타나며, 9수준에 이르러서는 매우 확장되고 파괴적이 된다. 또한 개인의 자유에 있어서는 발달수준과 거꾸로 진행된다는 것에 유념해야 한다. 개인은 1수준에서 가장 자유로우며 9수준의 심각한 병리적 이상 단계로 악화되면서 점차 자유를 잃게 된다. 건강은 자유로 식별되는 반면, 신경증은 근본적으로 자유롭지 못한 상태이다. 더 나아가 통합은 커지는 개인의 자유로 표현된다(Riso & Hudson, 1996; Riso & Hudson, 2000).

리소의 설명에 따르면 수직적 발달의 연속체가 상승하여 최고점에 도달하는 1수준은 길의 끝이 아니라 새로운 시작이다. 그것은 자아와는 다른 방식으로 정의되는 본질, 즉 진정한 자기 세계의 시작이다. 한 개인이 자신의 성격유형의 덫에서 풀려나면 그는 본인 자신과 세계와 삶으로부터 멋진 느낌을 경험하게 된다. 그리고 그러한 개인은 더는 자신의 행동과 믿음이 오직 하나의 유형에만 속하게 되지 않기 때문에 아홉 가지 모든 유형의 긍정적인 특성들을 통합할 수 있다. 하지만 리소는 1수준과 확장하는 본질에 대해서는 할 말이 아직도 많지만 다음을 기약한다는 말을 남겼는데 그 후 2012년에 이 세상을 떠났다.

리소의 발달의 아홉 가지 수준은 성격유형이 최상의 수준에서 최하의 수준으로 어떻게 이동하는가를 보여 준다. 각 성격유형이 가장 건강한 수준부터 두려움, 갈등, 욕망 등에 굴복하여 신경증으로까지 아래로 어떻게 내려가는지 밝히고 우리가 평소 잊고 살았던 인간 본성을 환히 들여다볼 수 있게 해 준다. 그러나 예측의 정확성은 개인들이 인지한 것을 경험하는 데서 나온다. 따라서 리소의 발달수준은 개인의 발달단계와 수준을 알도록 돕고 앞으로의 성장 방향을 구체적으로 설명하는 데 도움을 준다. 특히 영성계발과 성장은 이 발달단계에 대한 자각과 수련이 이루어질 때 더욱 가능해 진다.

리소의 에니어그램 성격유형과 발달수준에 대한 연구와 모델은 초월영성상담에 매우 구체적이고 실용적으로 활용될 수 있다. 상담자는 내담자의 에니어그램 성격유형을 알아봄으로써 내담자의 성격유형별 건강 수준과 보통의 수준 그리고 불건강한 수준을 개별화하는 데 도움을 줄 수 있다. 이는 초월영성상담에서 내담자에게는 멀어 보이는 자아초월을 강조하기보다는 현실에서 기능하는 자기로 변화 · 성장 하는 길을 열도록 개인 성격에 근거한 근거 중심의 접근을 진행하는 것을 효율적으로 돕는다. 이런 변화를 경험한 내담자는 차후 가야 할 또 다른 성장에 관심을 갖게 되며 그 지향점을 상담자가 성격유형별로 제시할 때, 내담자는 상담과 상담자에 대한 신뢰와 희망을 더욱 돈독하게 구축해 나갈 수 있다. 특히 리소의 에니어그램 성격유형에는 유형별로 건강하지 않을 때 사용하는 특정 방어기제가 제시되어 있다. 각 유형의 방어기제는 1유형은 반동형성, 2유형은 억압, 3유형은 동일시, 4유형은 인위적 승화,

5유형은 철회, 6유형은 투사, 7유형은 합리화, 8유형은 부인, 9유형은 무감각이다. 에니어그램 성격유형에서는 유형별 방어기제의 발현과 강화가 어떻게 개인의 성장과 발전을 저해하는지와 인간관계를 악화시키는지에 대해서도 안내를 하고 있기에, 각 유형별 부적응과 발달 저해를 방어기제의 이해와 해제를 통해 도울 수 있다. 이는 매슬로가 말하는 자아실현인과 자아초월자들의 특성에서 방어기제의 소실과 부존재가 중요하다는 맥락과도 상통한다. 나아가 상담자는 내담자의 에니어그램 성격유형을 파악하여 내담자 개인이 맞춤형 성장과 발달 그리고 변형의 길로 가도록 안내할 수 있다. 에니어그램 성격유형별로 제시된 미덕과 신성한 사고를 통해 돕는 것뿐만 아니라 상담 후에도 내담자가 지속적으로 자기 성장을 할 수 있도록 관심을 갖고 나아갈 방향을 제시하는 데 있어서도 내담자의 발달수준을 적용하여 내담자의 이해와 성장을 지속적으로 도울 수 있다. 상담자가 내담자의 성장과 영성 회복 그리고 초월을 돕는 기초 작업은 성장의 방향을 직시하도록 돕는 것이다. 성장 방향의 직시는 각 성격유형별로 독특하게 나타나는 자아방어기제의 등장에 대해 자각하도록 돕고 나아가 자아방어의 해제를 위한 연습들을 충분히 훈습하게 하는 것이다. 즉, 방어기제의 해제가 변화를 위한 기본 전략이 될 수 있다.

초월영성상담에 에니어그램을 적용하는 것은 어떤 다른 모델에 에니어그램을 적용하는 것보다도 용이하다. 왜냐하면 초월영성상담과 에니어그램의 공통점은 의식한다는 것이 무엇이라는 대상에 대해 느끼고, 알고, 생각하고, 행동하는 것이라고 보기 때문이다. 이러한 의식은 느낀다는 정서나 안다는 지각이나 생각한다는 사고를 포함하는 것으로 머리, 가슴, 장의 분리가 아니라 일치를 추구한다. 에니어그램 성격유형을 활용한 이런 접근을 통하여 내담자들은 자신에 대한 의식적 목격자가 될 수 있다. 내담자들이 자신에 대해서 의식적 목격자가 되면 자기 성격유형의 원형(archetype)과 그 왜곡된 작동들을 자각할 수 있게 된다. 원형은 그 성격유형의 보편적인 패턴을 식별하고 이해할 수 있도록 돕는다. 즉, 내담자의 삶에서 일어나는 전형성과 반복적이며 습관적인 자동적 패턴을 알게 도와준다. 이런 성격유형의 원형에 대한 이해와 통찰을 통해 내담자는 의식적인 목격자로서 자신과 자신을 둘러싼 세상을 보는 심리적 렌즈를 객관적으로 바라볼 수 있고, 상담 과정에서 이것을 해체하거나 탈피하고 재구성하여 더 높은 의식 상태로 자기 변화를 시도할 수 있게 된다. 또한 초월영성상담에서는 지금을 넘어 통합과 성장을 추구하는 데 중점을 두는데, 구체적

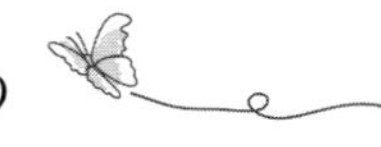

으로는 개인의 수평적 확산과 수직적 상승을 추구하는 것으로서 이는 에니어그램의 성격이론과 매우 부합하기 때문이다. 에니어그램은 개인을 넘어 더 넓고 높은 곳을 향한 초월의 모델을 미덕과 신성한 사고 그리고 발달수준으로 나아갈 방향을 안내해 준다.

03 초월영성상담에서의 전인(全人) 건강과 자아초월의 주요 개념

1. 초월영성상담의 인간관과 전인 건강

초월영성상담에서는 인간이 '물질적인 나(soma)와 비물질적인 나(spirit)'로 구성되어 있다고 본다. '물질적인 나'는 유전자를 통해 한 세대에서 다음 세대로 전해지는 본체(本體)로서의 몸(身)이며, '비물질적인 나'는 영(靈, soul)이고 영의 표현이 마음(心)이며, 심령(心靈)은 신(神, spirit)이라고 하는 에너지 장(場)에 잠겨 있다. 전세일(2002)은 '물질적인 나'가 건강하려면 체 · 신 · 정(體 · 身 · 精)이 조화(harmony)를 이루어야 하고, 체 · 신 · 정과 이를 둘러싸고 있는 환경이 조화를 이루어야 하며, 환경은 대자연과 조화를 이루고, 더 나아가 대자연은 무한 공간과의 조화를 이루어야 한다고 하였다. 또한 '비물질적인 나'가 건강하려면 영 · 심 · 신(靈 · 心 · 神)이 조화를 이룬 상태에 있어야 하며, 이들을 둘러싸고 있는 인간사회와 조화를 이루어야 하고, 인간사회는 과거와 미래를 포괄하는 인류역사와 조화를 이루고, 더 나아가 영원한 시간과 조화를 이루어야 한다고 지적한다.

초월영성상담에서는 인간의 전인(全人) 건강을 강조한다. 즉, 그동안 인간의 건강으로 강조해 온 신체적, 정신적, 사회적 안녕뿐만이 아니라 영적 안녕까지도 포함해야 한다는 것을 강조한다. 왜냐면 인간에게는 '건강하지 않은 나'를 '건강한 나'로 되돌려 놓는 자연치유기전(self-healing mechanism)이 존재하는데 인간이 신체적, 정

신적, 사회적, 영적으로 건강할 때 자연치유기능이 최고로 활성화되며, 역으로 자연치유기능이 최고로 활성화될 때 '나'가 최고도로 건강할 수 있기 때문이다(전세일, 2002). 여기서 영적 건강이라고 하는 것은 심·령(心·靈)이 신(神, spirit)의 작용으로 인간·사회의 의식(意識)과 조화를 이루고, 또 이것이 인류·역사의 의식과 조화를 이룬 상태라고 설명할 수 있다. 달리 표현하면 인간이 갖는 자기의 의식을 자아의식이라고 하고 인간·사회의식과 인류·역사의식을 통틀어 우주의식(宇宙意識, cosmic consciousness)이라고 할 때에, 이 자아의식과 우주의식이 조화를 이룬 상태를 영적 건강이라고 말할 수 있다(전세일, 2002).

초월영성상담에서는 의식의 확장이 무엇보다도 중요하다. 우리가 무엇을 의식한다는 것은 무엇이라는 대상에 대해 느끼고, 알고, 생각하고, 행동한다는 것이다. 이러한 의식은 느낀다는 정서나 안다는 지각이나 생각한다는 사고를 포함한다(박태수, 2004). 이런 의식을 일반적으로는 마음이라고 표현한다. 마음은 크게 육감에 의해 인식할 수 있는 현실의식과 기능은 하되 인식의 근저에 있어서 알 수 없는 잠재의식으로 나누어 볼 수 있다. 한 개인의 의식수준은 그의 행위와 연관되는데 행위와 어느 정도 일치를 유지하느냐에 따라 의식수준이 다르다.

초월영성상담에서는 의식을 모든 경험에 대한 기반과 맥락을 제공하는 중심적 차원으로 다룬다. 그리고 우리의 일상적인 의식을 방어적으로 위축된 상태라고 보고 있다. 이러한 일상의 의식 상태는 인간의 욕구와 방어에 따른 통제할 수 없는 사고와 공상의 계속적인 흐름으로 가득 채워진다(Walsh & Vaughan, 1980).

최적의 의식 상태는 어느 때나 잠재적으로 활용할 수 있고 방어적인 위축이 이완된 상태로 온전히 자각하고 깨어 있는 상태이다. 그러므로 성장에 대한 기본적인 견해는 마음을 평온하게 하고 지각적인 왜곡을 줄임으로써 이 방어적인 왜곡을 해소하고 확장된 잠재력의 존재에 대한 인식을 방해하는 요소들을 제거하는 것이다(Dass, 1977; Vaughan, 1979).

인간의 의식은 사고와 신념, 그로 인한 감정 및 정서가 유발되어 나타나는데, 그것들은 서로 영향을 미쳐서 감정이 사고를 형성하고, 형성된 사고와 신념은 또 다른 감정과 정서를 형성시킨다. 이러한 과정은 지극히 습관적·무의식적으로 일어나며 점차 의식의 수준에서 배제되는 방식으로 둔감화된다. 이러한 과정의 반복은 세상을 바라보는 나의 의식, 곧 관점을 만들어 낸다. 우리는 삶의 과정에서 개인이 고정적으로 가지고 있는 관점에 따라 상황에 잘 적응하지 못했다가도, 고유한 관점에 변화가 발생하면 상황을 새롭게 인식하기도 하고 그에 따라 유연한 적응력이 증대되기도 한다. 관점이 변화된다는 것은 의식의 확대이며 의식이 확대된다는 것은 쌍방 또는 초월의 입장에서 바라볼 수 있음을 말한다(박태수, 2004).

초월영성상담에서는 행위와 관련된 의식을 두 가지 차원으로 접근하는데 하나는 주관적 의식이고 또 다른 하나는 객관적 의식이다. 주관적 의식은 '행위하는 자신에 대한 자아의식'으로, 객관적 의식은 '자신의 행위를 관찰하는 자아의식'이라고 표현할 수 있다. 즉, 관점의 변화나 의식의 확장을 이루었다는 것은 '개인이 초월적 입장에 서게 되었다.'고 표현할 수 있다. 여기서 초월적 입장이란 자기 자각이 충분한 상태, 즉 온전히 깨어 있는 개인이 행위자로서의 의식과 관찰자로서의 의식을 가지는 동시에 개인의 자아의식을 넘어서 타인의식과 사회의식 그리고 우주의식으로의 관점 이동과 확대를 말하는데, 이것은 곧 자아초월적(transpersonal) 성장으로 받아들여진다. 또한 정인석(2009)은 트랜스퍼스널 심리학자들은 인간의 마음이 4단계의 층 구조를 가지고 있다는 데 합의했다고 정리하였다. 4단계의 층은 의식, 개인적 · 자전적 무의식, 인류의 과거경험의 누적이라고 볼 수 있는 집단적 무의식 그리고 인류의 미래의 가능성을 잉태한 집단적 무의식의 총화이다.

앞에서 살펴본 바와 같이 초월영성상담에서 '의식'이라는 주제어는 그 영역이 점차 확대되고 있으며 매우 의미 있게 다루어지고 있다. 따라서 초월영성상담에서 추구하는 전인건강은 자아초월과 의식의 확장이 함께 병행해 나가야 하는 특성이 있음을 다시 한번 확인하는 바이다.

2. 초월영성상담의 주요 개념적 접근

1) 자기초월과 자아초월인의 특성

매슬로는 자아실현(self-actualization)과 자기초월(self-transcendence)은 공통적인 측면이 있지만 서로 다르다고 말한다. 매슬로에 의하면 자아실현인의 경우 결핍욕구이건 존재욕구이건 욕구의 총족을 추구하는 데 공통적으로 현실 중심과 자기충족

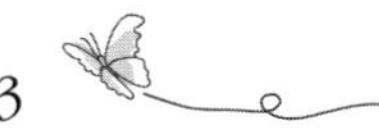

(self-fulfillment)의 속성을 보인다. 자아실현인의 경우 사람과 다른 존재들을 기본적인 욕구나 메타 욕구의 충족에 도움이 되는가 또는 되지 않는가의 척도로 판단하는데 이것이 자아실현인의 자기중심적 측면인 것이다. 그러나 매슬로가 설명하는 자기초월은 현실과 자기충족을 중심으로 일어나는 욕구의 위계를 넘어서 있다.

매슬로가 말하는 자기초월자들의 특성은 다음과 같다(Maslow, 1971). 자기초월자들은 자아실현을 극복한 상태로 삶에서 절정과 고원 경험을 가장 중시한다. 그들은 쉽고 일상적이며 자연스럽고도 무의식적으로 존재적 언어를 구사하며, 무궁과 영원의 기반에서 신비로움과 시, 진리 탐구자나 심오한 종교적인 사람들의 언어를 사용하고, 비유와 말의 핵심, 역설과 음악이나 예술, 비언어적 의사소통 등을 아주 잘 이해한다. 그들은 일원성과 신성 등을 인식하고 더욱 더 의식적이고 의도적으로 초월적 동기화가 되어 있다. 자기초월자들은 각각의 개인을 인식하고 아주 짧은 순간에 또는 첫 만남일지라도 친밀감을 나누고 상호 우호적으로 이해하며, 언어적 의사소통만큼이나 비언어적으로도 의사소통할 수 있다. 그들은 아름다움에 반응하며 자아실현인들보다 더욱 더 세상에 대해 전체적으로 대한다. 이들은 자아와 자기 그리고 정체성을 더욱 더 쉽게 초월한다. 자아실현인들뿐만 아니라 자기초월자들도 그들 내면에 위대한 존재가 있으며, 경외심이나 선 그리고 성스러움 등이 자아실현자들보다 더욱 더 크고 넓다. 자기초월자들은 세상에 더 큰 선을 베풀고 개혁하며 새로움에 대한 발견자라는 측면이 훨씬 크다. 자기초월자들은 단순한 행복보다는 더 높은 궁극의 행복과 그 경지에 있을 뿐만 아니라 우주적 비애도 경험한다. 자기초월자들은 자아실현인들 내면에 있을 수 있는 엘리트주의를 극복하고 잘 다룬다. 자기초월자들은 남들이 자신을 미친 사람이나 괴짜로 보는 것에 대해 덜 두려워하며 악에 대해서도 화합하려 하며 그들 스스로를 운반자나 도구로 쓰이게 한다. 자기초월자들은 근본적인 측면에서 현실의 유신론자나 무신론자들보다 더욱 심오하게 종교적이거나 영성적으로 되기가 쉽다. 자기초월자들은 자아나 자기 그리고 정체감 등을 쉽게 초월하고, 그들의 경험에서 다른 사람들보다 더 쉽게 매료당한다. 그들은 도(道)를 추구하며 인위적인 것보다는 있는 그대로를 수용한다. 그들은 프로이트가 말하는 현 세상의 사랑이나 우정, 성 그리고 권위나 힘 등에 통용되는 사랑과 미움의 혼합물들을 넘어서서 통합적 성심성의로 갈등 없는 사랑과 수용 그리고 표현을 할 줄 안다. 그들의 세상에 대한 관심과 지속적인 메타 관심의 수준이 점차 증가한다는 것은 매우 중요한 측면이다.

2) 영적인 안녕감과 영성상담

교육과 상담의 공통적인 목적은 '인간의 내현적 · 외현적 행동을 계획적으로 변화시키는 것'이라고 할 수 있다. 이때 변화를 일으키려는 계획이 성공적으로 수행되기 위해서는 교육자나 상담자가 학생이나 내담자를 전인(全人)으로 대해야 한다는 것이 전인 교육과 인간학적 심리학의 입장이다. 또한 1949년에 설립된 세계보건기구(WHO)의 창립 헌장에는 "건강이란 육체적인 질병뿐 아니라, 정신적, 사회적 질병도 없는 온전한 상태이다."라고 전인적 측면의 안녕(well-being) 상태인 건강을 규정하였다. 그 후 1998년 WHO 집행이사회에서 건강의 개념에 영적(spiritual)인 요소를 추가하자는 논의가 적극적으로 개진되었다. 그 후 건강에 '신체적이고 정신적이며 사회적인 안녕 상태'에 '영적인 안녕'을 포함하는 시도가 늘어 가고 있다. 여기서의 '안녕'은 일반적으로는 '전인적으로 건강하고 균형 잡힌, 행복하고 만족한 상태'를 설명하는 용어이다(Baumgardner & Crothers, 2009).

영성(spirituality)은 라틴어 스피리투스(spiritus)에서 온 말로 '생명의 호흡(breath of life)'을 뜻한다(Gladding, 2001). 영성이란 가끔 특정한 종교와 연결되어 오해를 불러일으키기도 하는데 종교와 영성은 분명히 구분된다. 기성종교가 영성을 자기 종파성 안에 가두어 두고, 그 속에서 종교적 의미의 영성을 말하려 한다면, 여기서 언급하는 영성은 완전히 개방된, 누구에게나 열린 영적인 체험의 장을 말하는 것이다(정인석, 2009). 즉, 영성은 성스러운 주관적 체험이며 이는 다양하게 표현될 수 있다. 또 종교 안에도 있고 종교 밖에도 있는 것으로 모든 사람의 마음 안에도 있다고 본다.

영적 안녕감(spiritual well-being)은 '신과 의미 있는 관계를 맺는 것 이상으로 자신의 근본적 삶의 목적을 설정하고 사랑과 기쁨 등을 충분히 느끼는 것을 통해 자신과 타인이 갖고 있는 잠재력을 최대화할 수 있는 능력을 갖는 것'(Chapman, 1986)으로 정의할 수 있다. 영적 안녕감은 신과 의미 있는 관계의 형성과 신이 자신을 돌봐 주고 있다는 믿음에서 얻는 수직적 차원의 '종교적 영적 안녕감(religious spiritual well-being)'과 삶의 의미와 목적을 알고 있으며 삶에 대한 만족감과 미래에 대한 안정감으로 인해 얻는 수평적 차원의 '실존적 영적 안녕감(existential spiritual well-being)'으로 구분할 수 있다(Paloutzian & Ellison, 1982).

영적 측면 중 영적 안녕감은 불안, 우울과 같은 부정적 정서와 높은 상관관계가 있

으며, 영적 안녕감이 높은 사람일수록 부정적 상황에서도 자신의 삶에 대한 긍정적 태도, 내적 조화의 평화, 감사와 만족뿐 아니라 다른 사람과의 지지적인 관계를 유지한다. 이렇듯 인간의 당면 문제에 영향을 주는 내·외적 요인과 밀접한 관계가 있는 영적 안녕감은 다양한 연구에서 인간 성장의 유력한 보호요인 중 하나로 인식되고 있는데 그 이유는 다음과 같다. 첫째, 최근 들어서 영적 안녕감이 다양한 심리·상담에서 해결해야 하는 주제가 되는 행동들에 대한 보호요인으로 받아들여진다. 특히 낮은 자아존중감, 정체감의 혼란, 학습된 무기력, 우울과 불안, 삶의 무의미성 등을 해소하는 데 그 유의미성이 인정되고 있다. 둘째, 알코올 또는 마약 중독자 자조 모임에서 중독자들이 중독에 빠지면서 잃어버린 자기 통제력을 새롭게 생성하고 보완하기 위해서는 영적인 힘이 중요한 역할을 하며 이와 유사한 영적 안녕감도 강조된다. 셋째, 인터넷 중독을 살면서 경험하게 되는 두려움이나 다양한 문제에 대처하는 병적인 방어기제로 설명하면서, 현실을 도피하여 가상세계에서 진정한 자아를 찾으려 하는 '영적 또는 초월적 행위의 또 다른 표현'으로 보기도 하기 때문이다(Suler, 1999).

전인 상담에서 상담자들은 최소한 개인 상담과 가족 상담에 대한 훈련이 되어 있어야 하며 동시에 영성상담에 대한 이해와 활용도 필요한 상황이다. 이러한 요구는 상담자들에게 업무에 대한 부담감과 과로를 가져올 수 있다. 그러나 영성상담을 하게 된다면 상담자들은 타인을 더 잘 도울 뿐 아니라 자기 자신을 돕는 자기 상담(self counseling)까지 할 수 있다는 보고들이 있다. 이와 관련하여 김용수(2014)는 초등학교 교사들에게 알아차림 프로그램을 실시하였는데 그는 알아차림 프로그램을 위빠사나의 사념처 체계에 기초하여 구성하였다. 연구 결과로 알아차림 프로그램은 초등 교사들의 상위 인지 수준과 초등 교사들의 수용행동 수준을 향상시켰다. 또한 알아차림 프로그램 참여 결과, 먼저 상위인지 자각이 체험되고 이어서 수용행동이 결과적으로 발생하는 것을 확인하였다. 알아차림과 위빠사나 수행은 영성상담훈련에서 매우 중요하게 다루는 접근들로, 타인을 돕는 상담자들이 이런 영성상담 훈련프로그램을 경험함으로써 마음챙김(mindfulness)과 수용적 태도를 유지하게 되고, 상담이나 치료에서의 지고한 도전과 재발 그리고 저항에 대한 대처에 긍정적 도움을 받을 수 있다.

영성상담에서의 주요요인과 관련하여 윤아랑(2012)은 상담이 이루어지는 업무 환경에서 상담자 소진에 영향을 미치는 위험요인과 보호요인들을 확인하는 연구를 하

였다. 그 연구에서 윤아랑은 상담자 소진 시 보호요인을 자존감, 자기효능감, 공감, 의미 추구, 적극적 스트레스 대처, 마음챙김(mindfulness) 등 6개로 선정하여 요인 확인 연구를 하였는데, 그 결과는 다음과 같았다. 첫째, 탄력적인 상담자들과 비탄력적인 상담자들은 공감을 제외한 자존감, 자기효능감, 삶의 의미 추구, 적극적 스트레스 대처, 마음챙김 등에 의해서 잘 변별되었다. 소진 탄력적 상담자들은 소진 비탄력적인 상담자들에 비해 열악한 업무 환경 속에서도 자신의 개인 내적인 특성의 보호요인들의 수준을 더 높게 유지하고 있었다. 이러한 5개 요인은 궁극적으로 각 개인이 탄력적인지 아닌지를 결정짓는 주요요인으로 작용한다고 볼 수 있다. 둘째, 공감을 제외한 5개 보호요인이 집단 판별을 위한 의미 있는 요인인 것으로 확인되었는데, 소진 탄력 집단과 소진 비탄력 집단을 나누는 기준은 자존감, 마음챙김, 삶의 의미추구, 자기효능감, 적극적 스트레스 대처 순인 것으로 나타났다. 특히 자존감, 마음챙김, 삶의 의미 추구 요인의 경우 탄력성 수준이 높은 상담자와 낮은 상담자를 판별하는 데 중요한 예측 요인인 것으로 나타났다. 셋째, 주목할 만한 것은 새로이 추가된 마음챙김 요인이 상당히 강한 예측 요인으로 나타났다는 것이다. 이는 개개인이 자신의 감각, 느낌, 생각을 마음챙김을 통해 바라봄으로써 스스로에게 고통을 유발하는 부적응적인 인지나 동기를 인식하면서 자신의 스트레스 반응을 관리하게 되므로 결국엔 정서적인 안녕감을 얻게 된다는 것을 의미한다. 마음챙김이 잘되면 긍정적인 정서가 강화되어 정서적 안정도 얻을 수 있고 스트레스 수준이 낮아지게 되므로, 개인 스스로 현실을 인식하고 다양한 관점을 수용할 수 있는 가능성이 높아져 궁극적으로 개인의 심리적 안정감 향상에 기여하게 된다. 그러므로 상담자가 어떤 환경에서든 업무에 대한 자신의 소명을 잊지 않고 전문가로서의 업무를 완수하는 등 탄력적인 적응을 하기 위해서는, 먼저 자신의 현재 상황에 대해 자각하고 알아차리면서 자신에게 매 순간 영향을 주는 문제와 감정을 있는 그대로 바라보며 해결할 수 있는 능력을 키워야 될 것이다. 결국 마음챙김이란 개인의 안녕감을 높일 뿐만 아니라 전문가적인 자질을 잘 발휘하여 자신의 업무에 소홀하지 않고 탄력적인 업무수행을 하기 위해 필수불가결한 요소임이 밝혀진 것이다.

앞에서 검토한 영성상담 관련 교사와 상담전문가에 대한 훈련 및 요소 확인에 대한 연구들은 상담자가 상담 장면에서 내담자에게 영성적 측면을 포함하여 삶의 모델링이 되어야 하고 영성적으로도 일치하는 모습을 갖출 때 내담자가 상담에서 긍정적이고 적극적인 도움을 얻으며 그에 따라 상담의 효과도 극대화될 수 있다는 것을 보여준다고 해석할 수 있다.

또한 상담자의 영성적 훈련과 영성상담 능력은 상담자 자신의 보호와 그들의 내담자를 돕는 상담 능력 향상이라는 이중적 측면에서 시사점이 매우 크다고 할 수 있다.

3) 자아와 자기

자아(ego)는 개인이 지금 알고 있는 자신에 대한 부분적 지식과 관념들로 표현된다고 할 수 있다. 즉, 자아는 축소된 개인이자 개인의 의식적 기억의 파편들이 제각기 모여 있는 잔재 같은 형태이다. 자기(self)는 부분을 넘어서 전체를 지향한다. 전체로서의 자기는 다면적 측면의 통합적이고 확장적인 전인 의식의 표현이다. 즉 자기는 신체적, 정신적, 사회적, 영적인 자신을 의식하고 알아가며 자기의 성장과 초월을 위해 끊임없이 동기를 유발하고 에너지를 생산하는 존재라고 할 수 있다. 인간의 자기 성장과 초월은 자아와 자기의 유기적인 연결과 소통이 이루어질 때 드러나게 된다.

4) 명상

명상(meditation)을 가장 간단하게 설명하자면 주의를 집중하는 기술(the art of paying attention)이라고 할 수 있다. 주의를 어떻게 주는가에 따라 수렴과 집중 명상 그리고 확산과 펼침 명상으로 나누어서 이해할 수 있다. 수렴과 집중 명상은 주의를 분산시키지 않고 어떤 대상이나 개념에 몰두하는 데 중심을 둔다. 확산과 펼침 명상은 의식의 내부와 외부 그리고 존재하는 것들에 대해 주의가 치우치지 않게 있는 그대로 바라보는, 고르게 퍼져 있는 주의를 중심으로 한다. 수렴과 집중 명상 그리고 확산과 펼침 명상의 공통점은 명백하고 흐트러짐 없는 존재 의식을 추구한다는 것이다. 종교에서도 수행의 방법으로 명상을 많이 하는데, 불교적 관점에서는 사마타와 위빠사나로 표현되며 기독교적 측면에서는 묵상(默想)과 관상(觀想)으로도 용어를 달리해 사용하기도 한다. 최근에 일부에서는 마음챙김 또는 마인드풀니스(mindfulness)란 용어로 일반인들에게 명상의 기본 훈련을 제시하기도 한다. 명상을 진행해 가는 접근법과 그 내용은 참으로 다양하며 고정된 형식과 틀을 강요하지 않는다. 현대의 심리치료나 상담에서는 다양한 연구들을 통해 명상이 개인의 삶에 통찰과 깨달음을 도와주고 긍정적 변화를 일으키는 접근법이며 개인을 넘어서서 초개인으로 가는 길을 돕는 데 유의미한 결과를 가져온다는 것을 제시하고 있다. 초월영성상담가는 상담 과정에서뿐만 아니라 상담이 종결된 후에도 내담자가 지속적으로 자기 성찰과 성장의 길을 가면서 발달하도록 돕는 데에 수렴과 집중 명상 그리고 확산과 펼침 명상을 중요한 접근법으로 활용한다.

5) 동일시와 탈동일시

자기수련을 성공적으로 시작하려면 인격과 본질과의 균형 잡힌 발달이라고 하는 조건이 필요하다. 특히 '복수의 나'의 한 조각을 구성하는 '자아에 동일시(identification)되어 있는 나'를 발견하고 나서야 '본질의 나'를 찾는 탈동일시(dis-identification)로의 전환과 변형이 일어나게 되는데, 이것이 자기수련의 시작이다. 이에 대해 아사지올리(Assagioli, 1965)는 우리는 우리 자신이 동일시하는 모든 것에 의해 지배받고 있지만, 문제와 자기 존재를 분리시키고 탈동일시가 이루어지면 모든 것을 지배하고 통제할 수 있다고 설명한다. 대부분의 전통적인 치료와 상담에서는 그 목적이 내담자들에게 기능하는 자아를 부여하는 것이었다. 자아 동일시는 개인사의 지속적인 유지를 필요로 한다. '나'에 대한 이야기는 일어나는 현상들의 두드러진 순간들을 연결하고, 그것을 모두 개인적인 것으로 받아들여 연속되는 줄거리를 부여함으로써 만들어진다. 이런 경우를 에니어그램 연구자인 베어(Bear, 2005)는 우리 자신에게 말하는 이야기의 질을 변화시키는 것이라고 표현한다. 자신의 이야기를 변화시키는 것은 어느 단계에서는 소중할 수 있다. 그러나 우리 자신이 특정한 개인사에 매여 있지 않다는 점을 아는 것도 중요할 것이다. 성격의 단계에서 치료나 상담을 멈춘다면 우리는 또다시 유사한 환경에서 예전과 똑같은 특징들을 가진 새로운 사람들과 똑같은 오래된 문제로 되돌아가서 그것들을 다시 끄집어내게 될 것이다(Bear, 2005).

자신의 성격과 환경의 차원을 다룰 때 자주 빠져드는 함정은 성격을 가지고 있는 자가 '누구'이며, 바꾸려 하는 자가 '누구'인가라는 문제에 제대로 유념하지 않는다는 점이다. 따라서 이 문제를 해결하기 위해 개인의 자기 자각이 가장 먼저 요구된다. 에니어그램의 기본 성격유형을 찾는다는 것은 기존의 '나'의 상태를 자각하는 수단이

된다. 현재의 동일시된 성격의 모습을 확인하고 동의하는 것이 영성 계발의 시작 단계이다. 유형을 확인 후 자기 자신의 성격을 자각하는 유형 분석이 이루어지면 개인은 기존의 동일시에서 탈동일시로의 전환을 위해 특정 에너지를 필요로 한다. 자기 회로(self-circuit)에 동일시되어 지배를 받고 있던 자아를 벗어나기 위하여 자기 회로를 능동적으로 지배하고 제어할 수 있어야 하는데, 이 탈동일시에는 매우 힘들고 아픈 심적 과정이 따른다. 이 힘들고 아픈 심적 과정을 극복하는 데 필요한 개입을 좀 더 용이하도록 돕는 유용한 접근은 에니어그램에서 각 성격 유형이 가지고 있는 미덕(virtue)을 기억하는 것이다.

에니어그램에서는 각 성격 유형별 미덕을 제시하고 있는데 1유형은 침착, 2유형은 겸손, 3유형은 정직, 4유형은 마음의 평온, 5유형은 무애착, 6유형은 용기, 7유형은 절제, 8유형은 순수, 9유형은 행동이다. 이런 미덕은 자신의 동일시를 탈동일시로 전환하는 데 있어 힘들고 아픈 과정을 견디고 앞으로 나아갈 수 있는 추진력을 제공해 주는 것으로, 영적 성장이 이루어질 때까지는 버리지 말아야 할 최소한의 동일시 요소이다. 즉, 기존의 고착된 나로서의 성격유형을 확인하고 다시 그 유형을 철저히 분석하여 그 유형에 동일시되어 살아온 나를 넘어서서 본질적인 나로 성장하기 위해 탈동일시가 이루어지는 일련의 과정에서, 그 유형이 가지는 미덕에 대한 동일시만은 유지되어야 한다는 것이다. 즉, 탈동일시라는 일련의 과정에서 일시적인 자아축소(ego reduction)의 단계가 일어나는데, 이때 미덕은 개인적 고착(personal fixation)에 대해서 촉매(catalysts)로 작용하여 작업 경험을 일으킨다. 이것이 잘되면 그 개인은 신비적 경험을 하는 첫 단계로 들어갈 수 있게 된다(Naranjo, 2012). 자기의 기본적인 성격유형에서의 동일시와 탈동일시는 에니어그램의 분열과 통합 과정에서도 적용되는데 분열 시에는 탈동일시, 통합 시에는 동일시가 순환적으로 일어나야 한다. 따라서 에니어그램 지도자들은 동일시와 탈동일시의 순환적 역동을 내담자들이나 영성계발을 하고자 하는 사람들에게 필히 제시할 수 있어야 한다. 왜냐하면 동일시의 방식을 알아차린 뒤 그 상태를 계속 유지하는 것을 정당화하는 데 통찰력을 사용하는 것은 위험하기 때문이다. 예를 들면, 에니어그램으로 성격유형의 동일시 과정을 경험한 후 "나는 원래 7번이라서 호기심을 절제하지 못해. 그래서 이렇게 두리번거리는 거야." 라든가 "나는 8번이라서 거친 것이 당연해." 또는 "나는 2번이라서 거절을 못해." 등의 표현들이 나타나는 경우이다. 이때 이런 현상이 유형 확인의 첫 단계에서 나타나

는 것은 적절한 일이지만, 자기 유형의 분석이 진행되고 탈동일시 작업이 진행되어야 하는 시점에서도 반복적으로 초기의 자기 동일시를 되뇌는 것은 에니어그램의 목적에 부합되는 적합한 현상은 아니라고 할 수 있다.

각 유형들이 동일시에서 탈동일시로 전환하는 과정에서 촉매 역할을 하는 미덕은 향심기도(centering prayer)의 방법으로 제시되면 더 효과가 크다. 향심기도는 단순하게 중심화(centering)로도 설명이 가능한데 항상 자기 유형의 미덕을 의식의 중심에 놓고 매 순간마다 놓치지 않고 기억하며 되뇌는 것이다. 자기 유형의 미덕 어휘를 의식적으로 기억하고 되뇌며 의식의 초점을 모으고 확인하는 것만으로도 개인의 동일시와 탈동일시가 동시에 효과적으로 진행된다.

6) 무브먼트

구르제프(G. I. Grudjieff)는 영성계발에서 무브먼트(movement)의 중요성을 매우 강조하였다. 무브먼트란 어떤 수행에 필요한 지식의 전달과 조화적인 발달을 이룩하기 위한 수단으로서 두 가지 목적을 갖고 있다. 그것은 예술적인 형식과 어법을 갖춘 몸짓을 통합한 명상이다. 무브먼트를 실제로 행하려면, 주의력을 적절히 배분함과 동시에 나 자신을 실감하는 자기상기의 노력이 요구된다. 왜냐하면 무브먼트를 할 때, 때로는 머리, 어깨, 손, 다리가 각각 다른 박자에 따라 움직이는 경우가 있어서 어느 정도의 주의 집중력이 없이는 제대로 할 수 없기 때문이다. 정확한 무브먼트를 실연하기 위한 선행조건은 낮은 수준의 사고, 감정, 동작 · 본능 · 성의 중추와 높은 수준의 사고 및 감정 중추들이 정상적으로 기능할 수 있어야 하며 시종일관한 주의력을 기울일 수 있어야 한다. 사람은 살아가는 동안 생활습관을 만들게 되거니와 이 습관은 각자를 사고 · 감정 · 몸짓 속으로 가두어 버리게 된다는 것을 명심할 필요가 있다(Ouspensky, 2005). 그리고 통상적인 각성상태에서는 사고가 반드시 어떤 감정의 색조(emotional tone)나 일상적인 신체적 동작 방식에 연결된다는 것을 이해할 필요가 있다. 특히 보통 사람의 경우에는 전혀 새로운, 습관에는 없는 그런 자세를 취하는 일도 거의 없다. 특히 구르제프의 무브먼트는 그 전체적인 특징으로 보아 평소 생활에서는 거의 찾아볼 수 없는 것과 같은, 극히 부자연스럽고 반습관적인 방식으로 몸을 움직이도록 함으로써 잘못된 악순환을 단절시켜 버리려는 목적을 갖고 있다(정인석,

2001). 사람의 평상시의 동작이란 거의 자동적이며, 거의 대부분이 무의식 속에서 행해진다. 따라서 태도의 레퍼토리(repertory of attitude)나 패턴을 바꾸지 않는 한 결코 사고 · 감정의 패턴은 바뀔 수가 없으며, 그리고 여기서 요구되고 있는 것이 애초부터 본래적으로 무의식에 뿌리내려진 주의력인 이상, 태도의 래퍼토리를 본인의 힘만으로 무너뜨리기란 쉽지 않으며, 오로지 외부로부터 도움을 받을 때만 가능하다는 것이 구르제프의 입장이다(정인석, 2001). 현대의 초월영성 상담자나 지도자들은 구르제프의 무브먼트뿐만 아니라 형식적이거나 비형식적인 다양한 무브먼트를 내담자들이 경험하도록 도움으로써 내담자들의 자기 자각을 일깨우고 자기 변형을 추구하도록 돕는다. 특히 개인 성장에서 에니어그램의 각 성격유형의 발달수준을 활용하여 내담자들이 불건강한 수준으로부터 보통과 건강의 수준으로 이동하면서, 각 개인이 겪는 감정과 사고를 몸으로 표현하고 움직임을 체험하는 과정을 체계적으로 경험하도록 돕는다. 이는 개인의 의식상태가 깨어나고 상승하는 데 효과적으로 작동할 수 있다.

7) 방어기제

방어기제(defense mechanism)는 수용하기 어렵거나 즐겁지 않은 어떤 것에 대응하여 나타나는 자기 보호 방식의 하나로 사실은 고통스러운 것이다. 일반적으로 개인은 문제를 해결하려고 방어기제를 동원하지만 그것은 도리어 고통스러운 결과를 초래하는, 좋은 문제해결 방식은 아니다. 리소는 에니어그램 성격유형에서 각 유형마다 건강이 떨어지면서 성격유형별 고유의 방어기제가 나타난다고 설명하고 있다. 방어기제가 나타나는 것은 리소의 발달 2수준의 개인이 심리적 수용에 도전을 받는 상황이 올 때부터이지만, 방어기제가 건강을 떨어뜨리고 부적응이 두드러지게 나타나게 작동하는 구체적 수준은 5수준 정도가 된다. 이때가 되면 1유형은 반동형성, 2유형은 억압, 3유형은 동일시, 4유형은 인위적 승화, 5유형은 고립과 철회, 6유형은 투사, 7유형은 합리화, 8유형은 부인, 9유형은 무감각이나 중독의 방어기제가 현격하게 등장하면서 개인의 건강이 불건강으로 떨어지게 작동한다. 매슬로(1971) 역시 개인이 얼마나 방어기제를 사용하지 않는가가 개인 성장에 매우 중요하다고 설명하였다. 자아방어기제의 포기와 소실은 자아실현인과 자기초월자에게 나타나는 매우 긍정적인 특성이다.

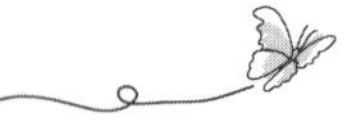

8) 의식과 발달수준

개인의 의식과 발달수준을 전개인(pre-personal)–개인(personal)–초개인(trans-personal)의 스펙트럼에서 볼 때 전통적인 심리학에서는 인간의 의식과 발달수준을 개인수준 정도에서의 성장과 적응이 모두인 듯이 간주하는 경향이 있다. 그래서 초개인적인 인간의 특성을 부적응으로 오해하기도 하고 병리적으로 다루기도 한다. 이를 윌버는 전초오류라고 설명한다(Wilber et al., 1986). 인간 의식과 발달수준에 대해 윌버는 그의 AQAL 모델에서 설명하는데, 특히 개인은 좌상상한에서 설명한다. 윌버는 개인의 의식 발달을 감각물리 수준부터 환상–정서, 표상적 마음, 규칙/역할 마음, 형식–반성, 비전–논리, 심령, 정묘, 원인, 비이원의 단계까지를 설명하며 인간 의식의 다양한 발달수준을 제시하였다. 윌버(2008)는 개인의 발달을 통합하는 데 초기 단계들을 제1층(first tier)으로, 상위의 단계들을 제2층(second tier)이라고 하면서, 두 층 사이의 거리는 심원하다고 보았다. 제2층 의식에 의해 개인은 '의미에 대한 극적인 도약'을 이룬다며 그런 도약은 통합적이 의미하는 모든 것이라 하였다. 윌버는 신체, 마음, 영, 그림자 등 모든 차원을 교차하는 교차훈련이 필요하다고 하면서 제2층의 의식 훈련 접근법으로 통합생활수련(Integral Life Practice: ILP)을 제시하였다.

매슬로는 그의 발달 모델을 욕구와 동기의 위계로 설명한다. 매슬로는 인간의 욕구를 크게 결핍욕구와 존재욕구로 나누어 표현하고 존재욕구는 인간 성장에서 매우 큰 도약을 이루게 하는 동기를 유발한다고 하였다. 매슬로는 후에 자기초월 욕구를 존재욕구의 후기 연구에서 언급하였다. 욕구들은 다른 말로 기초적 욕구와 심리적 욕구 그리고 영적인 욕구로도 표현된다. 매슬로는 인간은 생물학적인 기초를 가진 긍정적인 존재로서 안전과 소속, 자존과 자기실현 그리고 영적인 자기초월단계를 통해 자기 발전을 완성한다고 설명한다(Maslow, 1971).

리소는 에니어그램 모델에서 인간의 성격적 발달수준을 불건강–보통–건강의 수준으로 제시하면서, 자아가 팽창될수록 발달수준에서 자유의 극소화 수준으로 추락하고, 자아가 축소될수록 자유의 극대화 수준으로 발달수준이 상승한다고 설명한다. 리소는 발달의 수준을 최하 수준인 심리적 파괴부터 기만과 강박, 모독과 침해, 과도한 보상, 개인 간 통제, 불균형, 사회적 가치, 심리적 수용 그리고 최고의 수준으로 자유를 구가하는 수준으로, 하향부터 상향으로 위계를 제시하면서 인간 발달 성장을 설

명한다(Riso & Hudson, 2000). 여기서 제시하는 인간 의식과 발달수준들은 피아제(J. Piaget)의 인지발달이나 콜버그(L. Kohlberg)의 도덕성 발달 이론 등과 맥을 같이 하고 있는 듯 보이지만, 자기초월의 발달단계들은 이런 수준들을 포월하고 넘어서기도 하며 어떤 경우에는 별도의 발달을 드러내기도 하다.

매슬로는 개인들이 삶의 전 과정에서 발달수준 간의 상승과 하강 그리고 안팎으로 넘나드는 경험들을 통하여 자신들을 완성해 간다는 것을 제시하였다. 나아가 결핍욕구에서 존재욕구로 나아갈 때는 큰 도약이 일어난다고 하였다.

윌버는 의식과 발달의 위계(hierarchy)에 대한 오해를 살펴볼 필요가 있다면서, 두 가지 유형의 위계를 구별하고 있다. 두 유형의 위계 중 하나는 억압적 위계 또는 지배적 위계로 부르고 다른 하나는 성장 위계 또는 실현 위계라고 부른다. 억압적 위계는 사람들을 억압하고 이용하고 지배하기 위해 만들어진 계급제도를 의미한다. 대표적인 예로는 신분 사회와 계급 사회 등이다. 반면에 실현 위계는 성장 과정과 그 자체를 의미한다. 이 위계는 억압과는 거리가 멀고 오히려 억압을 끝낼 수 있는 방법을 제시해 준다. 인간의 경우 성장 또는 발달 위계는 개인의 자아 중심적인 단계에서 시작하여 사회와 민족 중심 단계를 거쳐 세계 중심의 단계로 그리고 온 우주 중심적 단계로 전개된다. 성장 위계는 언제나 이전 것을 품고 그것을 초월하여 다음 단계로 전개하는, 품고 올라가는 위계이다. 성장 위계는 상위수준이 하위수준을 억압하지 않고 오히려 그것을 품는다. 윌버는 성장 위계를 점점 더 높이 올라가는 위계(higher-archy)로 설명한다. 인간은 상위로 올라갈수록 관심, 의식, 인지, 도덕성 능력이 증진된다. 성장 위계는 이전 단계를 품고 전개되는 발달이다. 정리하자면 지배적 위계는 억압을 낳고 성장 위계는 지배를 종식시킨다(Wilber, 2007).

04 초월영성상담의 실제

상담에서 내담자의 이야기는 상담과 치료 과정의 중심이다. 내담자의 중요한 이야기에는 개인적인 것 이상의 심층적인 주제와 영역들이 포함되는데 이때 개인이나 가족, 공동체의 건강 추구와 마찬가지로 영성이나 종교적 자각과 관련된 주제들이 언급된다. 상담자가 이런 주요한 주제들을 내담자와 공유하지 못한다면 내담자가 구성하고 있는 세계관이나 인간 존재의 본질을 놓쳐 버리는 상담자로 남아 있게 된다는 것에 현대의 많은 학자는 관심과 우려를 표명하고 있다(Ivey et al., 2002; Vontress, 1995). 나아가 포스트모더니즘의 복잡한 현대사회에서는 더 많은 내담자가 점점 더 전체성과 전인으로서 의미 있는 삶을 추구하며, 영성과 종교 등에서 자아초월적 관계와 삶을 추구하고 있다. 이런 맥락에서 자아초월과 영성에 준비가 되어야 한다는 것은 상담자의 시대적 소명이라고도 할 수 있다(Dik, & Duffy, 2009). 일반적이고 전통적인 상담을 넘어서 초월영성 상담자들이 추구해야 할 자질과 역할, 내담자 이해, 상담의 목표, 상담 과정과 기법들은 무엇인지 사례와 함께 알아보자.

1. 상담자의 자질과 역할

상담은 기본적으로 상담자와 내담자의 상호 관계를 통해 내담자를 중심으로 발생하는 전문적 조력 활동이라 할 수 있다. 더 구체적으로 말하자면, 상담은 전문적으로 인간 조력에 대한 상담 훈련을 받은 상담자와 그의 전문적 조력을 필요로 하는 내담자 간의 상호작용 속에서 내담자가 자신이 당면한 삶에서 도움 받고자 했던 측면에서 발전적 변화와 함께 바람직한 경험을 체험하는 활동이다. 동시에 상담자는 내담자를 돕는 상담 과정을 통하여 자신의 상담 전문성을 실현할 기회를 가지며, 그에 따른 성취감과 함께 상담자 자신의 전문성을 유지하고 증진하는 경험을 하게 된다. 인간 중심 상담학자인 로저스(Rogers, 1961)는 관계적 상담자이자 치료자(relationship counselor and therapist)인데 그의 상담과 치료에서 관계의 시작은 참여와 경청이라 할 수 있다. 로저스는 상담의 핵심이 내담자가 자아실현을 향해 충분히 기능하는 사람(the fully functioning person)이 되게 돕는 것이고, 이를 위해서는 상담관계가 필수적임을 강조한다.

초월영성상담과 여타의 다른 상담 접근의 공통점은 '관계'이다. '관계'는 상담자와 내담자의 상담과 치료적 과정과 결과에 가장 유의미한 요소라는 것이 대부분의 상담 효과 메타연구에서 밝혀진 바이다. 초월영성 상담자도 관계를 통해 인간 발달과 장애를 다루며 내담자를 돕는다. 그러나 초월영성상담의 과정이 여타의 다른 상담과 다른 점을 찾는다면 그것은 초월영성 상담자로서 훈련받은 내용을 상담 과정에서 내담자가 경험하게 돕는다는 것이다. 즉, 초월영성 상담자들은 영적 경험과 개념들을 명시적으로 상담 과정과 내용에 결합시킨다(황임란, 2013). 이로써 내담자들이 영적 딜레마를 다루도록 돕고 영성을 그들의 삶속에서 잠재적으로 도움이 될 어떤 힘으로 통합하게 이끈다. 초월영성상담에서는 내담자가 상담자와의 관계를 통해 과거와 현재의 자기에 초점을 맞추고, 탐색하고, 자기 자각을 하는 것을 넘어서 스스로 미래를 추구하는 자기를 발견하도록 돕는다. 즉, 충분히 기능하는 인간으로서의 자기를 초월하고 더 나은 성결한 삶의 의미와 가치가 있음에 관심을 가지도록 내담자를 격려한다. 이런 과정은 내담자의 수준에 맞게 진행되며 수준별로 그 실천을 위해 상담 과정에서 학습과 훈습을 경험하도록 돕는다. 초월영성 상담자는 내담자가 미래를 추구하는 자기를 발견하기 위한 노력을 할 때 지금을 디딤돌로 삼아 더 나은 상태, 더 높은 곳을 향해 갈 방향이 있음을 안내하고 제안하는 역할도 할 필요가 있다.

초월영성 상담자는 상담이 종결된 후에도 내담자의 지속적인 성장과 향후 발전을 위해 상담자 역할을 유지, 증진해야 한다. 지속적인 내담자 발전을 위해 계약상의 상담자 역할을 마친 후에도 간헐적 상담자로서의 지위를 유지하기도 한다. 종결 후 내담자가 간헐적이면서 자발적으로 상담자를 찾는다면 한 번 상담자는 영원한 상담자로서의 역량을 유지할 수 있어야 한다.

매슬로는 초월영성 상담자는 자기초월을 도울 수 있는 권위를 가진 전문치료자일 뿐만 아니라 인간적으로 진실한 참 만남과 관계를 제공하며 동시에 개인에게 자비로운 스승으로 봉사하는 자여야 한다고 말한다. 이에 따라 매슬로는 자신이 메타 욕구라고 칭한 영혼의 병을 다룰 상위의 상담자를 훈련하고 개발하는 것이 필요하다고 제안하였다(Scotton et al., 2008). 즉, 상담자는 치료자로부터 영적 스승의 역할까지를 모두 감당할 수 있어야 하다는 것이다. 다만 정인석(2009)은 이와 같은 치료자의 자질을 갖추었다는 것을 완전하게 보증하는 방법이란 현재로서는 없다고 했다.

상담자에게 주는 매슬로의 또 다른 시사점은 매슬로가 스스로도 절정 체험과 자아실현을 경험하였지만, 매슬로는 그의 인생에서 훌륭한 스승들과 교류하면서 그 스승들의 고매한 인격에 끌려 무한한 존경심을 가졌으며, 그 스승들의 인격을 연구하고자 하는 동기에 의해 '자아실현된 퍼스낼리티(self-actualized personality)'를 연구하는 계기를 가졌다는 것이다. 이런 측면에서 볼 때 내담자의 의식의 발달과 수준을 확장하고 고양하는 데 도움을 주고자 하는 초월영성 상담자는 우선 자신의 의식 발달의 수준을 확인하고 자신의 자기초월성까지를 숙고하는 자여야 할 것이고 그 자신을 돕는 스승이나 모델이 지속적으로 필요할 것이다(황임란, 2016). 가끔이지만 종종 마주치는 현실로 고급의 슈퍼바이저나 원로급 상담자로 대우받는 분들 중에서 자신은 스스로 그 분야를 창시한 존재라거나 스승은 더 이상 없다는 듯이 대담을 하는 경우를 발견할 때가 있다. 이런 사례에 대해서 초월영성 상담자들은 경계를 가져야 한다.

초월영성 상담자들에게는 언제 질문해도 자신의 스승과 지도자가 자신의 전문영역과 삶에서 함께 하고 있음에 대해 언급할 수 있어야 한다. 상담자의 스승과 지도자는 인간적 생존의 존재로서의 의미를 넘어서서 언제나 상담자 자신을 성찰하게 하고 삶의 지향점을 잃지 않도록 함께하는 데에 의미를 갖는 존재를 뜻한다. 더불어 초월영성 상담자에게 살아 있는 의미와 가치를 공유하는 공동체는 늘 존재해야 한다.

매슬로가 제시하는 초월영성 상담자의 조건으로는 B가치(being values)와 B사랑(being love)을 갖추고 유사이키아(eupsychia)와 시너지(synergy)를 추구하는 것이다. 즉, 초월영성 상담자는 존재의 의미와 가치를 추구하고 존재론적 사랑을 실천하며 보다 나은 사회를 위해 노력하면서 내담자와 동반 성장을 실현해 나가야 한다.

정리하자면, 초월영성 상담자의 정체성은 내담자의 발달에서 회복 → 유지 → 증진의 상담 과정을 실현하는 것이라고 말할 수 있다. 이런 측면에서 초월영성 상담자의 인식의 확장과 그에 따른 자신의 수련과 훈습의 경험 그리고 수행을 유지하는 노력은 매우 중요하다. 또한 초월영성 상담자는 내담자의 신체적, 정신적, 사회적, 영적 측면에서 변화와 성장뿐만 아니라 변용(transformation)의 과정을 도울 수 있어야 한다. 더불어 내담자가 어느 정도의 자기 성찰과 성장을 이루었는지와 어떤 차원의 성장과 초월 그리고 변용에 도달했는지 확인해야 하는데, 주 모델을 사용하여 상호 확인하고 전체적인 상담 과정에서 어떻게 다지기가 이루어졌는지도 상담의 후기 단계와 종결에서 분명히 다룰 수 있어야 한다. 그러기 위해 상담자는 자아초월에 근거한 학문적 이론과 훈련으로 철저하게 준비되어 있어야 할 뿐 아니라 자기 스스로도 지속적으로 변화, 성장, 변용이 일어나는 삶을 추구하는 것이 참으로 중요하다.

2. 내담자 이해

초월영성상담에서는 내담자를 아직 도달하지 못한 삶의 목표나 상황이 있거나 자신이 도달할 가능성이 있는 어떤 것을 숙고하려는 갈증에 시달리는 사람으로 묘사한다. 즉, 내담자를 성장 지향적인, 확장하는, 충만하고 건강한 나를 찾고 표현하려는, 자기 변용을 위한 내적 잠재력과 내적 지혜를 가진 사람으로 믿으며 신뢰하고 존중한다.

많은 경우 내담자들은 현실적인 삶의 목표를 추구하며 그에 따른 부담감, 즉 스트레스를 경험한다. 또한 현실적 목표나 그 성취가 내담자에게 삶의 의미를 적게 주거나 그 자신의 삶의 가치관과 맞지 않을 때, 자발적인 삶의 목표가 아닐 때, 숙고한 결과를 통해 선택한 것이 아닌 경우에 내담자들은 불만족, 공허함과 허탈, 의욕 상실 등을 경험하곤 한다. 초월영성상담에서 내담자는 삶의 동력과 동기 유발을 통해 건강한 적응과 지속적인 성장과 그에 따른 충만함과 자기확장을 위해 노력하며 나아갈 방향을 추구하는 사람이다. 그리고 더 적절한 삶의 의미와 가치가 실현되는 방향을 알아서 그 삶의 지속 가능한 동력을 유지하고자 하는 의지를 가진 사람, 그런 내적 소리에 관심을 기울이는 사람이 바로 내담자이다.

많은 경우 한 개인이나 집단이 현실적 조건에서 성취를 이루었어도, 생명 있는 존재 중 인간만이 가지고 있는 도덕이나 윤리 그리고 영성과 초월에의 의지와 가치를 채우지 못하는 경우에 내담자들은 내적인 텅 빔과 공허감의 경험으로 어려움을 겪는다. 그 어려움을 초월영성이 아닌 다른 것으로 채우고자 할 때 삶에서 경직과 정지 그리고 왜곡과 파국이 도래하는 경우가 많다. 따라서 초월영성상담에서는 내담자를 진정으로 자신이 수용하고 따라가길 원하는 온전한 성장의 길을 찾아가는 여정에서 도움을 구하고자 상담자를 찾아온 사람들이라고 여기며, 상담을 그와 동행하는 시간 동안 그 길을 찾고 개척해 나가는 과정으로 만들어 간다.

3. 상담의 목표

초월영성상담의 목표는 내담자가 삶의 전체적인 측면을 통찰하면서 자신의 변화와 변용을 위해 어느 측면에서 상승과 하강 그리고 확장되는지 이해하고 자각하여 꾸준한 자기 계발을 하는 데 있다. 또한 인간이 갖는 품격이 높고 고결한 영적 각성의 실천과 수련을 유지하는 것도 초월영성상담의 목표이다. 이때 상담자는 내담자가 처한 지금-여기에서부터의 적응을 근거로 상승과 하강 그리고 확장에서 한 수준, 한 단계씩 접근 가능한 작은 변화와 변용을 안내할 수 있어야 한다. 그러면서도 늘 그 다음 단계의 성장이 있다는 것을 알 수 있게 돕는다. 내담자가 기존에 알고, 경험하면서 자신의 정체성으로 고착된 삶의 다양한 수준과 상황을 넘어서는 탈동일시와 포용 그리고 초월이란 과정을 자각하고 경험하는 것도 또 하나의 목표이다. 나아가 주요 주제가 신체적, 정신적, 사회적, 영적 분야의 어떤 주제이든지 그 자리부터의 적응과 작은 변화, 더 넘어선 변용을 위한 실천과 수련을 촉진하고 도우며 일련의 과정을 통하여 내담자와 상담자가 동반 성장하는 길을 추구하는 것도 또 다른 상담목표가 된다. 여기서 기억할 것은 초월영성상담에서 인간이 도달할 수 있는 모든 잠재적이고 가능

한 발달과 변용을 추구한다 하더라도, 현재 그 내담자의 자아와 환경을 고려하며 그 수준에 맞추어서 적응과 더 나은 건강한 상태를 돕는 데 초점을 맞추는 전통적 상담의 기본적 목표를 함께 가지고 간다는 것이다.

4. 상담 과정과 접근법들

초월영성상담도 전통적인 상담 과정의 절차를 밟는다. 상담자는 내담자와 온전한 작업 동맹을 맺기 위해 친밀감과 신뢰 그리고 정서적 안정을 기반으로 하여 전문적 능력이 드러나는 만남을 만들어 가며 초월영성상담을 진행한다. 초월영성 상담자들이 상담을 진행하는 데 필요한 역량 중 하나는 내담자에게 일어나는 의식이나 발달 과정의 낮은 수준과 높은 수준 간의 변별과 중요한 구분을 통찰적으로 이해함으로써 내담자를 사정하는 것이다. 이때 전개인(pre-personal), 개인(personal), 초개인(transpersonal) 상태의 묘사에서처럼(Wilber, 2000) 어떤 틀을 사용하는 것을 포함한다. 또한 다양한 측정 방법을 사용할 수 있어야 하며, 그 측정 방법들로 높은 수준 상태(깨달음 등)와 낮은 수준 상태(정신증 같은)를 구분하는 것이 중요하다. 이것을 위해 윌버는 전초오류라는 개념으로 평가에서의 경계를 강조한다. 매슬로가 내담자의 결핍욕구와 존재욕구의 수준을 상담자가 파악해야 한다고 주장한 것도 상담자는 유념해야 한다. 더불어 리소가 에니어그램 성격유형 측면에서 건강, 보통, 불건강의 스펙트럼상 수준으로 내담자를 사정하게 돕고 있는 것도 상담에서 충분히 참조할 일이다.

1) 상담 과정

초월영성상담의 과정은 상담자가 어떤 자아초월이나 영성 이론에 입각하여 상담을 진행하느냐에 따라 약간씩 달라질 수 있으나 에니어그램 성격유형은 그 어떤 경우에도 적절히 통합될 수 있다. 여기서는 에니어그램 성격유형을 활용한 상담 과정을 간략히 설명해 보자. 초월영성상담과 에니어그램 성격유형론은 지금을 넘어서 통합과 성장을 목표로 한다는 측면에서 접점을 갖는다. 구체적으로 두 접근은 개인의 수평적 확산과 수직적 상승의 성장과 변형 및 하강의 심층을 추구하는 공통점을 갖는다. 이는 초월영성상담을 하는 데 에니어그램의 성격이론이 여러 면에서 부합하기 때문이다. 에니어그램 성격유형론은 개인을 넘어서서 더 넓고 높은 곳을 향한 초월의 모델을 미덕과 신성한 사고 그리고 발달수준으로 우리에게 그 길을 제시해 주고 있기도 하기 때문이다.

우선, 상담의 초기 단계에서 상담자들이 유념할 것 중 하나는 내담자가 상담에 온 것을 매우 중대한 사건으로 인식해야 한다는 점이다. 상담을 신청하고 당일 상담실에 찾아와 상담에 참여한다는 일은 내담자에게는 참으로 용기가 필요하며 대단한 모험이기도 한 것이다. 낯선 이와 낯선 곳에서 자신의 내적, 외적 상태를 노출한다는 일은 생각보다 쉽게 할 수 있는 일이 아니기 때문이다. 그러므로 상담 초기 단계에서 상담자는 내담자에 대한 충분한 존중과 환대의 분위기를 유지하며 내담자를 맞이하고, 내담자의 그런 역량을 내담자 스스로의 자각적 인식으로 스며들게 초기 관계를 형성할 수 있어야 한다. 상담자는 상담 초기에 대인 간 면담을 통해 내담자의 성격유형과 발달수준의 정도를 사정하면서 상담을 진행한다. 이런 초기 과정을 좀 더 용이하게 진행하기 위해서 상담자는 에니어그램 성격유형 검사를 상담 시작 전 사전 검사로 진행하거나 또는 단기 상담을 진행할 경우에는 상담 초반에 근거 중심의 상담을 진행하는 차원에서 검사를 실시할 수 있다. 이때 중요한 것은 내담자 성격유형의 미덕과 강점을 기반으로 내담자의 상담 참여와 관련된 용기와 실천력을 인정하고 존중하는 것이다. 일련의 과정에서 내담자의 건강 수준에 따라 상담자의 언행에 대해 내담자는 동의하기도 하고 거부하기도 하는데, 중요한 것은 상담자가 내담자의 미덕을 일관성 있게 믿어야 하는 것이다. 에니어그램 성격유형에서 전제하는 유형별 신성한 특성이 내담자의 그동안의 삶에서 퇴색되었거나 변형되었거나 왜곡되었거나 희석되었을 수 있고 또는 일시적으로 정지된 상태이거나 아니면 다행히 자각하고 있을 수도 있다. 이 모든 경우에도 상담자는 내담자의 순수 본질의 상태를 인정하고 알아차리는 것이 핵심이다. 내담자의 삶에서 그 누구도 인정하지 않았다 할지라도 상담자는 내담자의 본질적인 미덕을 알고 있다는 입장을 유지하면서 내담자에게 그것을 진정으로 전달할 수 있어야 한다. 상담자의 이러한 태도는 내담자가 그 어디에서도 경험하지 못했던 내담자 유형에 맞는 안아주는 환경(holding environment)을 체험하도록 도움을 줄 수 있다. 상담의 초기 단계에서 작업 동맹의 건강한 성립이 적절히 이루어지려면, 상담자 역시 자신의 에니어그램 성격유형의 미덕과 그 유형의 통합적 상태를 숙고하며

지속적으로 담대한 통합의 상태를 자각하고 상담 관계에서 자신을 활용할 수 있어야 한다. 이런 시간들이 점진적으로 누적되면서 내담자와 상담자는 서로에 대한 신뢰가 구축되고 안전한 관계를 경험하게 되며, 상담자는 내담자가 본 주제에 대해 한층 더 용이하게 노출하도록 돕고 그 주제를 진솔하게 다루거나 다가갈 수 있는 시간을 단축하게 된다. 물론 초기 단계에서 상담자들은 내담자들의 성격유형에 따른 유형별 습관적 패턴의 하나인 방어기제가 내담자 주제와 관련하여 어떻게 작동하는지를 관찰하면서 상담자와 내담자 관계에 그 방어기제가 미치는 영향을 자각하며 늘 염두에 두고 있어야 한다. 에니어그램 성격유형론에서는 각 유형별 신성한 사고에 입각한 미덕이 있지만, 개개인이 그것을 자각하지 못하거나 온전히 인식하지 못하거나 또는 충분히 육성하지 못한 상태에서 왜곡하여 사용하는 경우를 주시할 것을 강조한다. 즉, 내담자들이 자신의 삶에서 경험하는 주제들에 대해 신성한 사고와 미덕을 발현하지 못하여 적절히 대처하지 못하거나 기능이 떨어진 상태를 계속 유지하게 되면, 내담자들은 난감함과 당혹으로 인해 당면 문제를 해결하기 위해 습관적으로 형성된 불건강한 패턴이나 수단을 동원하게 된다. 그것은 각 유형별 악덕에 근원을 둔 방어적 행동 반응으로 각 유형별로 특화된 방어기제로 드러나게 된다. 성격유형별 방어기제가 자주 반복되고 지속됨에 따라 개인은 순수 상태의 자기 특성인 신성한 사고와 미덕을 잃어 가게 되고 타고난 재능이 사라지는 경험을 하게 된다. 방어기제를 사용할수록 내담자는 거짓 자아(false self)나 고착(fixation)의 상태를 강화해 나간다. 상담자가 내담자의 거짓 자아와 고착을 이해하고 그 과정을 해석하는 역량을 가지는 것은 내담자의 미해결된 과제와 상처를 공감적으로 이해하고 내담자의 진정한 바람을 존중하고 수용하게 한다. 그러므로 상담자는 내담자의 방어기제에 대해 민감하고 섬세한 식별력을 발현해야 한다. 내담자의 방어기제에 대한 상담자의 이해는 내담자의 전반적인 문제해결력과 문제의 발달을 이해하는 데 도움이 되기 때문이다. 가끔 상담자들이 내담자와 신뢰를 구축하지 않고 또 작업 동맹을 충분히 이루어 놓지 않은 상태에서 내담자의 방어에 도전함으로써 내담자의 분노를 유발하기도 하고 또 다른 상처 주기도 한다는 사실을 상담 초기에 특히 유념할 필요가 있다.

두 번째로, 상담의 중기 단계에서 상담자는 내담자의 문제해결에 작동하는 성격유형별 원형과 도식(schema) 그리고 패턴에 대해 반복적으로 다루면서 이미 고착된 도식과 패턴에 대한 안전한 해체 작업을 섬세하게 진행해 나간다. 중기 단계에서 상담자는 내담자의 도식과 패턴에 접근하면서 그 기저에 깔린 에니어그램 성격유형별 두려움과 욕망 그리고 방어기제 패턴과 자동적 사고에 따르는 언행에 대해 다루지만, 동시에 내담자에게서 회복되고 있는 신성한 사고와 미덕이 어떻게 드러나고 있는지를 내담자가 자각할 수 있도록 촉진적 상호교류를 생산할 수 있어야 한다. 통합과 비통합에서 내담자의 삶이 통합 쪽으로 무게 중심이 옮겨 가는 과정을 내담자가 통찰하도록 부드럽게 돕는 것은 중기 단계의 주요 과제이다. 상담의 중기 단계에서 내담자들은 자신이 해결하고자 하는 삶의 당면 문제 해결과정에서 타인이 내담자에게 준 고통과 같이 자신도 타인들에게 적절하지 않은 대응을 했다는 사실을 자각하거나 직면하게 된다. 상담자는 내담자가 이런 통찰을 받아들이고 견딜 수 있게 도와야 하는데, 이때 필요한 것이 내담자의 본질적인 순수와 신성함을 상담자가 알고 있으며 존중한다는 진실한 의사소통이다. 상담자는 내담자가 건강하면서 역량을 잘 발휘할 수 있는 마음의 상태에 도달하고 이런 상태가 외적 행동으로 드러날 때까지 상담자가 그와 함께한다는 신뢰를 전달할 수 있어야 한다. 이 과정을 기만적 미덕으로부터 진정한 미덕으로의 전환을 위한 훈습의 시간이라고 표현할 수 있다. 에니어그램 성격유형을 안다는 것은 이런 훈습의 시간이 좀 더 내담자에게 온전히 닿고 스며들 수 있게 돕도록 상담자에게 안내의 지도를 제공해 준다. 또한 내담자는 상담자를 통해 같은 에니어그램 성격유형의 사람들이 보편적으로 보이는 어려움의 경험들도 알게 됨으로써 자신만이 특이한 존재라거나 남다른 어려움에 처해 있다는 어두운 자기 연민으로부터 좀 더 쉽게 회복할 수 있다는 기대를 갖게 되고 도움을 받을 수 있게 된다. 중기 작업에서 내담자들은 자신의 삶을 이해하는 좀 더 넓은 조망을 가지게 되며 자신이 어떻게 자신을 기만했는지 또 어떤 역할에 자신을 동일시하며 자기 정체감의 왜곡을 유지해 왔는지도 이해하게 된다. 이런 과정에서 내담자는 기존의 정체감에 대한 고착을 탈피하고 내려놓게 되며 탈동일시를 통해 진정으로 새로운 자기 정체감을 형성하려는 용기를 가지게 된다. 중기 단계에서 작업하는 정체감 고착 내려놓기의 탈동일시 그리고 새로운 정체감 형성과 진정한 자기 세우기는 에니어그램 성격에서 제시하는 유형별 의식의 발달수준을 높이고, 기존의 수준을 초월해 나가는 자기초월의 경험을 촉진하며 통합과 비통합의 상호 보완을 촉발함으로써 내담자의 발달을 촉진한다.

마지막으로, 상담의 후기와 종결 단계는 중기 단계의 훈습이 적절히 이루어지면서 상담 회기 동안에 이루어지는 상담자의 역할이 점진적으로 최소화되는 절차가 이루어지는 과정이다. 상담 후기와 종결단계에 다다를수록 내담자는 자기 자신에 대한 인식과 문제해결에 대한 도식 그리고 패턴에 대해 심층적 이해를 하면서 인식의 틀이 확장되었음을 증명해 나간다. 이 단계에서 내담자는 자신에 대한 통찰과 자각 그리고 변화를 위한 행동적 접근을 자율적으로 선택하고 검증하는 과정을 상담자에게 설명하고 함께 평가하며 성장 지향적인 보완을 할 수 있게 된다. 동시에 상담자는 내담자가 상담 과정을 통하여 어떻게 성장하게 되었으며 자신의 발달수준을 높였는지를 내담자 스스로가 확인할 수 있게 안내를 해 나간다. 또한 상담이 종결된 후에라도 내담자가 자신의 발달수준을 유지 · 증진할 수 있도록 방어기제를 낮추는 방법과 고착의 해제를 위한 동일시와 탈동일시의 접근 방법들을 숙달하여 실천하고, 신성한 사고와 미덕 중심의 명상이나 수련 체계를 이어가도록 훈습에 대한 의식적 확인 과정을 진행해야 한다. 더불어 추후 내담자가 삶에서 또 다른 도전에 직면하여 상담을 필요로 할 때에 우선 적용할 것으로, 기존의 상담 과정을 재검토하며 자기를 추스르고 스스로 대안을 탐색할 수 있다는 것을 알려 줄 필요가 있다. 이를 위하여 초월영성상담에서는 내담자에게 상담일지를 작성하게 돕거나 상담 회기마다 필요한 메모나 기록들을 하도록 제안한다. 이는 내담자가 상담 과정과 경험을 수시로 점검하고 자율적인 자기성찰을 유지하도록 도우며 상담에서 이루어 낸 내담자와 상담자의 공동의 노력을 내담자가 자기의 것으로 기억할 수 있도록 이끄는 효과를 창출할 수 있다. 나아가 추후에 다시 상담을 할 수 있다는 것도 안내한다. 최종적으로 상담자는 내담자의 성장과 함께 내담자와의 상담 과정을 통해 상담자 자신이 어떤 의미 있는 경험과 성장을 하였는지도 내담자와 나눌 수 있어야 한다.

2) 내담자 평가 접근법

초월영성상담에서도 내담자 평가 접근법으로 대인 간 사정과 객관적 사정을 모두 사용한다. 그렇지만 초월영성상담의 경우에는 대체로 대인 간 사정(interpersonal assessment)이 더 적절한 경우가 많다.

상담자가 내담자를 돕기 위해 동원할 수 있는 접근법이자 대인 간 사정 요인으로는 매슬로(1971)가 제안한 욕구위계와 자기실현을 위한 8가지 항목이 있다. 이것들을 상담자가 면담을 통해 점검하거나 내담자에게 척도 질문 등을 하여 내담자가 스스로 알아보도록 하는 것도 도움이 된다. 내담자의 현재 욕구가 결핍욕구에 있는지 존재욕구에 있는지를 알아보고, 내담자 자신이 스스로 문제 해결을 위해 노력하는 상태인 욕구 충족을 위한 접근법을 알아본다. 즉, 결핍욕구와 존재욕구를 위한 노력의 항목으로, 상담자는 내담자의 집중(concentration)과 몰두(absorption), 성장의 선택(growth choices), 내적 추구 경청(listen to impulse voice), 정직(honesty)과 책임(responsibility), 용기(courage), 과정 지속(process), 절정경험(peak-experiences), 자아방어의 결여(lack of ego defenses) 등에 대해 내담자가 자기 평가를 하게 도와주거나 상담자가 면담을 통해 각 항목들에 대해 점검해 본다. 또한 상담자가 윌버의 온상한-온수준(AQUAL)을 사용한다면 좌상상한에 해당하는 내담자의 의식 수준과 좌하상한에 해당하는 내담자가 자각하는 타인, 그리고 우상과 우하상한에 해당하는 그것들이나 환경과 맥락에 대한 경험들을 알아보며 내담자에 대해서 면접을 통한 사정을 진행한다. 더불어 에니어그램 성격유형 검사를 활용한다면 초월영성상담에서 근거기반의 접근을 좀 더 활성화할 수 있다. 에니어그램 성격유형별 미덕과 악덕의 현상들과 유형별 방어기제의 발현과 사용 정도 그리고 신성한 사고와 고착의 유무와 농도 등을 면담을 통해 알아봄으로써 내담자에게 적절한 맞춤형 개별화 접근을 시도할 수 있다.

3) 초월영성 상담자들이 상담에서 사용하는 접근법들

초월영성 상담자들은 언어적 대화를 통해 내담자들이 경험과 통찰을 하여 상담의 목적을 달성하도록 돕기도 하지만 내담자들이 깊고 빠르게 그들 자신에 대한 통찰을 얻도록 돕기 위해서 다양한 표현예술적 접근법 등을 함께 사용하기도 한다. 즉, 전통적인 상담 접근법이나 단지 언어적 기법을 사용하는 것을 넘어서 종종 전통과 현대의 모든 변용적 기법들을 활용한다. 그 접근법들로는 명상, 기도, 만트라, 만다라, 요가, 태극권, 무아의 춤, 호흡작업, 적극적 상상, 지시적 심상화, 동일시와 탈동일시 순환 접근, 깊은 이완, 생체 자기제어(biofeedback), 그림, 동작, 소리, 글, 자연 환경, 동식물 등이 있다. 변환된 의식 상태를 통해 접근할 수 있는 통찰과 자기치유를 위해 내담자의 가장 깊은 곳에 있는 지혜와 능력들을 꺼내 올 수 있다. 윌버는 개인 수련 및 관계성 수련을 위해 통합생활수련 ILP(Integral Life Practice)를 제시한다. 통합생활수련은 조력자와 함께 또는 개인 스스로가 지속적인 수련을 이어 가게 돕는 접근법이다. 초월영성 상담자들은 내담자들의 내적 치유를 위한 촉진자로 기능한다. 즉, 다양한 기법을 사용하여 내담자의 창조성과 마음의 명료함을 증진하도록 도우며 영감과 직관을 활용하게 돕는다. 또한 내담자들의 고통스런 상처와 문제에서 거리두기를 할 수 있게 도우며 반대로는 상처를 직면하고 심층적으로 탐색하게도 이끈다. 상담자는 이런 일련의 과정에서 내담자가 작업하고 있는 것에 대해 더 잘 이해하게 도울 수 있어야 한다. 나아가 초월영성 상담자는 상담이 종결된 후에도 내담자가 일상에서 지속적으로 자기 관리를 하도록 돕기 위해, 상담 과정에서 상담자와 함께한 어느 한 가지 이상의 접근법에 익숙해지도록 훈습의 경험을 촉진하는 데 관심을 기울이는 것이 필요하다.

5. 축약한 상담사례

내담자는 50대의 중년 여성으로 이제는 삶을 더 이상 감당할 수 없다면서 상담을 신청하게 되었다. 배우자와 자녀가 있어도 어린 시절부터 자신을 짓눌러 온 말과 기억들이 삶의 단계마다 스트레스를 받으면 올라오는 경험을 해 왔지만 지금처럼 힘들지는 않았다고 하였다. 어린 시절 이후 자신만이 아는 슬픔과 공허 그리고 부평초처럼 떠돌며 어디 한 군데 마음 두지 못하고 뿌리내리지 못하는 자신을 이제는 더 이상 스스로 감당하기 어렵다고 하였다. 그러나 내담자는 최종적으로는 살고 싶다면서 어떻게 살아야 하는지 알고 싶다고 하였다. 내담자는 자신이 얼마나 힘들고 불행했는지를 말하고 싶어 하였다. 어머니로부터 들은 충격적이고 상처가 되는 내담자의 출생 이야기는 내담자가 집안에서 원치 않는 아이였고, 엄마는 자신을 낳으려다가 난산의 고통으로 사경을 헤매었으며 그로 인해 자신을 낳고도 돌보지 못했다는 것이다. 그 후 아버지와 집안 어른들은 어미를 죽일 뻔한 아이라며 내담자를 홀대했고, 그런 홀대와 함께 내담자는 어린 시절 병치레를 자주 하는 허약한 아이로 자랐다고 했다. 자신은 지금도 허약하고 삶이 버거워지면 늘 힘이 빠진다고 하였다. 상담자는 내담자의 이야기를 존중하며 한 가지 의미심장한 주제를 같이 다루었다. 그것은 누가 뭐라 해도 어머니는 내담자를 위해 목숨을 내놓을 정도로 내담자를 귀히 여겼다는 것이

다. 또한 어머니가 얼마나 복중의 태아인 내담자를 잘 보호하고 태내 환경을 좋게 유지하여 키웠으면 사경을 헤매다 돌아온 어머니가 다시 내담자를 돌볼 때까지 내담자가 살아서 생명을 유지할 수 있었겠는가에 대해 초점을 두었다. 내담자는 깜짝 놀라면서 그런 생각은 해 본 적이 없다고 하였다. 내담자는 그동안 늘 자신이 어머니를 위험에 빠뜨린 나쁜 아이였으며 사랑받지 못하는 존재였다고만 생각하였지, 어머니의 사랑과 보호를 의미 있게 숙고해 본 적은 없었다고 하였다. 어머니는 그 후로도 내담자를 낳고 싶었다는 말씀을 하셨지만 내담자는 그 말을 새기기보다는 죄책감과 주변의 차가운 시선 그리고 거친 말들만을 더 기억했다고 말했다. 내담자는 그러고 보니 갓 태어났을 때는 자신이 어느 정도 건강했다는 것이다. 어머니가 돌아올 때까지 윗목에 방치되어 있었으나 살아났다는 것이다. 상담 과정을 통하여 상담자는 내담자가 삶에 대한 의지력이 있으며 역경을 극복해 나가는 역량이 있었음을 전달하였다. 내담자는 의아해 하며 자신은 역경에 약하다고 하였다. 상담자는 상담 과정에서 내담자와 그로프의 BPM I단계부터 IV단계까지를 몸으로 체험하는 활동을 하였다. 내담자는 낯설어하면서도 호기심과 함께 힘들게, 그러면서도 지치지 않고 주생기의 4가지 단계를 순차적으로 체험하며 자신의 태내기와 태생기 난관 극복 기억을 재처리하였다. 내담자는 몸으로 체험하는 주생기의 단계들에서 지쳐 나뒹굴기도 하였지만 스스로가 난관을 극복하고 세상에 나왔음에 대해 큰 안도의 숨을 쉬면서 새로운 경험을 받아들였다. 그 후 내담자는 상담자와 함께 인생의 단계들에서 만난 또다른 도전적인 스트레스 사건들에 대해서도 주생기 1단계부터 4단계의 과정으로 재처리하면서 자신이 역경 극복 능력이 대단했음을 차차 검증해 나갔다. 내담자는 자신의 탄생과 어린 시절에 대해 재해석하게 되었고 트라우마 같던 출생의 이야기들에 대해서 확장된 시각을 갖게 되었다. 내담자는 누가 뭐라고 해도 자신이 살아남았고, 그 살아남음에서 자신은 역경을 감당하였다는 것을 증명하는 경험들을 생애 초기의 삶과 죽음의 경험에 대해 재처리하면서 확인하였다. 또한 삶에 대한 기존의 인식을 확장하고 자신의 역량을 통합적으로 해석하고 받아들이는 작업을 하였다. 추후 내담자가 역경 극복에 가장 먼저 동원할 에너지의 근원이 에니어그램 성격유형의 힘의 중심을 통해 가슴 중심이라는 것을 확인하였고, 자신이 늘 타인 앞에서 수치스러웠던 근원적 이유를 자각하면서 스스로의 자기 이미지는 자신이 창출한다는 계획을 세우게 되었다. 내담자는 상담 후에 자신이 다시 태어났다고 하였다. 상담 과정에서 내담자의 삶이

죽음으로부터 삶으로 변형되는 경험을 하였다고 진술했다. 내담자는 기존의 삶에서 자기초월을 이루어냈고 이제는 세상에서 자신이 어떻게 제2의 인생을 살아가야 할지에 대해 관심을 갖게 되었다. 상담자는 내담자에게 에니어그램 성격유형의 발달수준과 그에 따른 신성한 사고의 유지 및 미덕의 활용을 촉진하기 위해 미덕 중심의 자애(自愛) 명상과 자비(慈悲) 명상의 방법을 안내하고 훈습할 수 있는 시간들을 가졌다. 추수상담을 통해 내담자는 상담 이후에도 자신과 타인을 위한 자애와 자비 명상을 하루 한 번 이상 특히 저녁 시간에 실천한다고 보고하였다. 또한 내담자는 이렇게 소중한 세상에 자신이 태어나게 된 것만으로도 어머니와 신께 감사한다며 지금까지의 모든 순간이 감사하다고 했다. 내담자는 지금도 일 년에 한두 번씩 자신의 성격유형에 근거한 자율적인 자애와 자비명상의 삶에 대해 소식을 전해 온다.

05 맺는말

한 사람을 만난다는 것은 그를 통해 태초의 지구의 역사, 나아가 우주의 역사로부터 이어져 온 지금 그의 시간을 대면하는 일이다. 이러한 만남 앞에서 초월영성 상담자로서 우리는 겸허하며 경외를 느끼고 또한 감사하고 신중하며 온전한 식별을 통해 상담을 운영해 나가야 할 진중한 책임감을 늘 깊이 숙고할 필요가 있다.

초월영성 상담자는 내담자가 상담을 통해 당면 문제만을 해결하는 데 초점을 두기보다는 문제 해결 과정을 통해 자신과 삶에 눈을 뜨는 경험을 하고 새롭게 볼 수 있도록 돕는 것이 필요하다. 이를 위해 초월영성 상담자들은 전통적인 심리치료와 상담 접근법들에 대한 역량을 갖추고 있어야 할 뿐만 아니라, 인간의 몸성과 지성, 감성, 행동성을 아우르는 초월적이고 영성적인 상담 이론과 실제에 대해서도 지식과 기술 그리고 지속적인 자기수련의 역량을 갖추는 데 끊임없는 노력을 유지하고 있어야 한다. 이제는 눈앞의 사건이나 개인적 그리고 집단의 이해와 성장에만 관심을 기울이는 시기는 지나가고 있다. 우리가 사는 지구는 하나이고 지구촌은 연결되어 있으며 우리는 크든 작든 우주의 일원으로 영향을 주고받고 있다.

개인 및 사회적 차원에서 인간과 사회의 건강과 성장에 영향을 미치는 데 사용하는 지식과 접근법들은 점점 더 정교화되고 있다. 특히 자아초월에서 얻게 되는 의식 확장의 정상적인 부산물(Maslow, 1968)로서의 가치의 변화는 보다 큰 사랑과 정신적 명료성을 향한 정체성과 가치의 변화를 불러일으킨다. 이는 지구의 자원을 모두

써 버리며 환경 재앙을 부추기고 그 모든 대가를 치르면서도 자원에 대해 끝없이 자행하고 있는 착취를 인류로 하여금 중단하게 할 수 있다. 그리고 우리는 보다 위대한 협력과 연대와 나눔을 자아초월, 초월영성상담을 통해 성취하게 될 수 있을 것이다. 초월영성상담이 개인과 가족을 넘어서서 사회 체제에 폭넓게 적용되고, 우리가 당면한 이 시대를 넘어 희망과 사랑의 사회로 전환되는 데 기여하기 위해, 다음의 여섯 가지 주제에서 우리 초월영성 상담자들의 노력이 계속 이어지기를 기원한다.

첫째, 초월영성상담은 기존의 전통적인 상담접근법들과 함께 인간 발달의 스펙트럼상의 연속성을 제시하며 상담이라는 전문영역이 더 진보하며 확장해 나갈 방향이 있다는 것에 관심을 촉발하고 주도할 필요가 있다.

둘째, 초월영성상담이 그 이론과 기법들에 대한 양적, 질적 연구의 다양성을 통해 기존의 전통적 상담 접근법들과 교류하고 협력하면서 기존의 상담 이론이 한 단계 성장하도록 상담 전문영역의 비계(scaffolding) 역할을 했으면 한다. 이를 위해 초월영성상담을 상담의 심층적이고 상승적이며 확장적인 측면들의 발달을 다양한 상담이론에서도 실천하도록 촉진하는 역할에 관심을 가져야 할 것이다.

셋째, 초월영성 상담전문가를 육성하는 시스템을 구축하고 상담자의 자질과 역량을 지속적으로 도우며 관리하는 체계적인 훈련과 교육 제도를 보완하고 발달시킬 필요가 있다.

넷째, 초월영성 상담자들은 기존의 전통적인 영역의 상담전문가들과 교류하기 위해 초월영성상담의 실제에서 최소한 한 가지 이상의 전통적 이론이나 접근법을 통합하여 사용할 수 있어야 할 것이다.

다섯째, 초월영성 상담자들은 상담의 실제에서 적용한 접근법들에 대해 내담자들이 상담 이후에도 자율적이며 지속적으로 자기 성장을 위해 사용할 수 있도록 설계하고 적용할 수 있어야 한다.

여섯째, 초월영성 상담자들은 자신의 지속적인 성장과 삶의 질을 관리하는 역량을 내담자를 만나는 상담 안에서도 꾸준히 경험해야 한다.

인간은 서로의 존재를 필요로 하고 상호작용하며 성장한다. 인간관계에서 인간다움의 윤리와 도덕 그리고 자비와 연민, 나아가 봉사와 헌신을 경험하게 될 때에 우리는 더 큰 삶을 받아들이고 누리며, 사랑을 체험하고 기쁨을 공유하는 시간들을 꽃피우고 널리 확장해 나갈 수 있을 것이다. 이러한 믿음을 내담자가 상담에서 경험하도록 초월영성 상담자들은 충분히 준비되어 있어야 한다. 또한 같은 믿음 안에서 초월영상 상담자들이 한 개인의 특이한 체험이나 드문 경험도 소중히 다루면서, 상담이라는 전문 영역의 성결함과 아름다운 여정을 동행해 나간다는 것에 감사하면서 자신들의 삶을 확장해 나갈 수 있게 되기를 염원한다.

초월영성상담은 개인의 자기 이해와 자애를 시작으로 인류애와 모든 존재하는 것들에 대한 자비(慈悲)를 실현하는 과정을 상담자와 내담자가 함께하는 것이다. 더불어 인류애와 존재하는 모든 것들에 대한 자비는 진정한 자애로 수렴한다는 것을 상담자와 내담자가 상호 간 관계를 통해 서로의 존재 의식에 새기는 작업이다.

참고문헌

김용수(2014). 알아차림 프로그램이 초등 교사들의 상위인지자각과 수용행동에 미치는 영향. **상담학연구, 15**(2), 811-830.

문일경, 김명권(2008). 통합심리학 연구의 세 가지 주요 흐름: 역사적 맥락과 향후 과제. **상담학연구, 9**(2). 863-875.

박태수(2004). 인간의 의식과 의식확대 고찰. **상담학연구, 5**(1), 227-239.

전세일(2002). 심신구조와 잠재능력 —몸, 마음, 영혼이 하나 된 건강—. **한국정신과학회 추계학술대회 논문집, vol. 17**, 141-148.

정인석(2001). **자기를 이기는 자는 자유롭다: 구제프의 사상과 가르침**. 서울: 학지사.

정인석(2009). **트랜스퍼스널 심리학Transpersonal psychology: 동서예지의 통합과 자기초월의 패러다임**(3판). 서울: 대왕사.

조옥경(2013). 선(禪)적 깨달음의 심리학적 의미: 켄 윌버의 의식의 구조를 중심으로. **상담학연구, 14**(2), 877-890.

윤아랑(2012). 소진탄력적인 상담자 집단의 특성. **인간이해, 33**(2). 159-180.

윤운성(2004). **한국형 에니어그램 검사의 해석과 활용**. 서울: 학지사.

윤운성, 김봉환, 임형택, 황임란, 이주하, 정정옥, 이명숙(2003). **에니어그램: 이해와 적용**. 서울: 학지사.

한재희(2006). **상담패러다임의 이론과 실제-개정판**. 서울: 교육아카데미.

황임란(2013). 에니어그램의 발달 수준과 윌버의 의식 수준에 대한 연구. **에니어그램연구, 10**(2), 79-101.

황임란(2015). 청소년 인터넷 중독에 대한 영성적 이해와 불교상담의 시사점. **불교문예연구, 4**, 47-74.

황임란(2016). 에니어그램과 의식의 발달수준. **명상심리상담학회지, 16**, 10-18.

황임란(2017). 에니어그램과 상담. **에니어그램연구, 14**(2), 7-33.

Arnett, J. J. (2018). **인간발달: 문화적 접근(2판)**.〔*Human develpment: A cultural approach.* (2nd ed.)〕. (정영숙 외 4인 공역). 서울: 시그마프레스. (원저는 2016년에 출판).

Assagioli, R. (1965). *Psychosynthesis: A manual of principles and technique.* New York: The Viking Compass Book.

Aurobindo, S. (2007). *The synthesis of yoga*. Pondicherry, India: Aurobindo Ashram.

Baumgardner, S. R., & Crothers, M. K. (2009). **긍정심리학** (*Positive psychology).* (안신호 외 7인 공역). 서울: 시그마프레스. (원저는 2008년에 출판).

Bear, E. J. (2005). **영혼의 자유: 에니어그램**(*The enneagram of liberation*). (이순자 옮김). 창원: 슈리 크리슈나다스 아쉬람. (원저는 2001년에 출판).

Chapman, L. S. (1986). Spiritual health: a component missing from health promotion. In J. S. Levin (Ed.), *Religion in aging health* (pp. 38-41). CA: Sage.

Crain, W.(2000). *Theories of development: Concepts and applications* (4th ed). NJ: Prentice Hall.

Daniels, M. (2009). Perspective and vectors in transpersonal development. *Transpersonal Psychology Review13*(1), 87-99.

Daniels, M. (2015). Traditional roots, history, and evolution of the transpersonal perspective. In H. L. Freedman & G. Hartelius (Eds.), *The Wiley Blackwell handbook of transpersonal psychology* (pp. 23-44). Oxford: John Wiley & Sons.

Dass, R. (1977). *Grist for the mill*. CA: Unity Press.

Dik, B. J., & Duffy, R. D. (2009). Calling and vocation at work: Definitions and prospects for reach and practice. *The Counseling psychologist, 37*(3), 424-450.

Friedman, H. (1983). The Self-Expansiveness Level Form: A conceptualization and measurement of a transpersonal construct. *Journal of Transpersonal Psychology, 15*(1), 37-50.

Friedman, H. (2013). Transpersonal self-expansiveness as a scientific construct. In H. L. Freedman & G. Hartelius (Eds.), *The Wiley Blackwell handbook of transpersonal psychology* (pp. 203-222). UK: John Wiley & Sons.

Friedman, H. L., & Hartelius, G. (Eds.). (2020). **자아초월심리학 핸드북** (*The Wiley Blackwell*

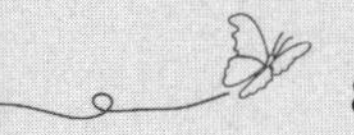

handbook of transpersonal psychology). (김명권 외 9인 공역). 서울: 학지사. (원저는 2013년에 출판).

Gladding, S. T. (2001). *The Counseling Dictionary: Concise definitions of frequently used terms*. NJ: Prentice Hall.

Grof, S. (2015). Revision and re-enchantment of psychology: Legacy from half a century of consciousness reach. In H. L. Friedman & G. Hartelius (Eds.), *The Wiley Blackwell handbook of transpersonal psychology*(pp.91-120). Oxford: John Wiley & Sons.

Hartelius, G., Caplan, M., & Rardin, M. A. (2007). Transpersonal Psychology: Defining the past, divining the future. *The Humanistic Psychologist, 35*(2), 1-26.

Hartelius, G., Rothe, G., & Roy, J. (2015). A brand from the burning: Defining transpersonal psychology. In H. L. Friedman & G. Hartelius (Eds.), *The Wiley Blackwell handbook of transpersonal psychology* (pp. 3-22). Oxford: John Wiley & Sons.

Ivey, A. E., D'Andrea, M., Ivey, M. B., & Simk-Morgan, L. (2002). *Theories of counseling and psychotherapy: A multicultural perspectives* (5th ed.). MA: Allyn & Bacon.

Lajoie, D. H., & Shapiro, S. I. (1992). Definitions of transpersonal psychology: The first twenty-threeyears, *Journal of Transpersonal Psychology, 24*(1), 79-98.

Maslow, A. H. (1968). *Toward a psychology of being* (2nd ed.). New York: Van Nostrand Company.

Maslow, A. H. (1971). *The farther reaches of human nature*. New York: Viking Press.

Naranjo, C. (2012). *The Enneagram of Society*. (윤운성 역). 서울: 한국에니어그램 교육연구소. (원저는 2004년에 출판).

Ouspensky, P. D.(2005). **위대한 가르침을 찾아서** (*In search of the miraculous*). (오성근 역). 서울: 김영사. (원저는 1949년에 출판).

Palmer, H. (1988). *The Enneagram: Understanding yourself and the others in your life*. New York: Harper Collins.

Paloutzian, R. & Ellison, C. (1982). Loneliness, spiritual well-being and the quality of life. In L. Peplau & D. perlman (Eds.), *Loneliness: A sourcebook of current therapy, research and therapy* (pp. 224-237). New York: John Wiley and Sons.

Pargament, K. I. (1997). *The psychology of religion and coping: Theory, resach and practice*. New York: Guilford Press.

Riso, D. R. (1990). *Understanding the enneagram: The practical Guide to personality type*. New York: Houghton Mifflin Company.

Riso, D. R. (1992). *Discovering your personality type: The enneagram questionnaire*. New

York: Houghton Mifflin Company.

Riso, D. R., & Hudson, R. (1996). *Personality types: Using the enneagram for self-discovery* (revised ed.). New York: Houghton Mifflin Company.

Riso, D. R., & Hudson, R. (1999). *The wisdom of the enneagram*. New York: Bantam Books.

Riso, D. R., & Hudson, R. (2000). *Understanding the enneagram: The practical guide to personality types* (2nd ed.). Boston: Hougton Mifflin.

Rogers, C. R. (1961). *On becoming a person- A therapist's view of psychotherapy*. Boston: Hougton Mifflin.

Rowe, N. (2011). *Comparison of the Master's of Transpersonal Psychology (MTP) program to characteristics of transpersonal psychology and transformative education*. Unpublished manuscript for the Program Review of Sopia University, Palo Alto, CA.

Scotton, B. W., Chinen, A. B., & Battista, J. R. (Eds.). (2008). **자아초월심리학과 정신의학** (*Textbook of transpersonal psychiatry and psychology*). (김명권 외 7인 공역). 서울: 학지사. (원저는 1996년에 출판).

Seligman, M. E. P., Rashid, T., & Parks, A. C. (2006). Positive psychotherapy. *American Psychologist*, *61*, 774-788.

Suler, J. R. (1999). To get what you need: Healyhy and pathological internrt use. *Cyber Pathology and Behavior, 2*(5), 385-394.

Vaughan, F. (1979). Transpersonal psychology: Context, content and process. *Journal of Transpersonal psychology*, *12*. 101-109.

Vontress, C. (1995). *Existentialism: My view. Personal Communication*. George Washington University.

Walsh, R. N., & Vaughan, F. (1980). *Beyond ego: Transpersonal dimension in psychology*. LA: J. P. Tarcher Inc.

Wilber, K.(1977). *The spectrum of conscious*. Wheaton, Illinós: The Theosophical Publ. House.

Wilber, K.(1982). *The holographic paradigm and other paradoxes*. Boston: Shambhala Publications.

Wilber, K., Engler, J., & Brown, D. (Eds.). (1986). *Transformations of consciousness*. Boston: Shambhala Publications.

Wilber, K.(1993). The great chain of being. In R. Walsh & F. Vaughan (Eds.), *Paths beyond ego: The transpersonal vision* (pp. 214-222). LA: Tarcher.

Wilber, K.(1997). *The eyes of spirit: An integral vision for a world gone slightly mad*. Boston: Shambhala Publications.

Wilber, K. (2000). *Integral psychology: Consciousness, spirit, psychology, therapy*. Boston: Shambhala Publications.

Wilber, K. (2007). *The integral vision: A very short introduction to the revolutionary integral approach to life, God, the Universe, and everything*. Boston: Shambhala Publications.

Wilber, K. (2008). **켄 윌버의 통합심리학** (*Integral psychology: Consciousness, spirit, psychology, therapy*). (조옥경 역). 서울: 학지사. (원저는 2000년에 출판).

Wilber, K. (2015). **켄 윌버의 모든 것의 이론** (A theory of everything). (김명권, 민회준 공역). 서울: 학지사. (원저는 2000년에 출판).

Wilber, K. (2018). **켄 윌버의 통합영성** (*Integral spirituality: A starting new role for religion in the modern and postmodern world*). (김명권, 오세준 공역). 서울: 학지사. (원저는 2006년에 출판).

제2부

가톨릭에서의 영성상담

박상규

01 서론

1. 인간관과 세계관

1) 영성살이로서 상담

영성상담은 영성을 강조하는 상담으로 상담의 효과가 높고, 전인적 치유가 가능하다. 상담자는 내담자를 그리스도의 품성을 가진 귀중한 존재로 대하면서 내담자가 자기 영성을 의식하여 영성의 힘으로 문제를 잘 해결하도록 돕는다. 상담을 통하여 내담자가 자기 숨을 쉬면서 자기답게 잘 꽃피울 수 있다.

영(靈)은 생명이고 호흡이다. 성경에서 히브리어(rush)와 그리스어(preuma) '호흡'과 '영'은 같은 것으로 표현되며, 이는 호흡, 영성, 신성함의 깊은 연결성을 의미한다(Oden, 2022). 하느님께 있어 영과 숨은 동전의 양면처럼 하나이되 두 가지 면을 가지고 있다. 하느님의 모상으로서 인간은 영에 힘입어 숨 쉬는 존재가 되고 숨을 통해 이웃을 배려하고 살리는 역할을 한다(도건창, 김미숙, 2021).

영성은 생명의 원리이지만 동시에 로고스의 원리, 초월의 원리로서 이해할 수 있다. 영성은 이성과 대치되는 것이 아니라 서로 관련되고 의존하고 있으며 자기를 초월하는 역동성을 지닌다(홍경자, 2017). 인간은 영성살이가 비이성적이거나 현실로부터의 도피가 되지 않도록 이성적 사고를 사용하면서도 초월적인 삶을 살 수 있도록 깨어 있어야 한다.

우리가 우리 자신에 깨어 있을 때, 자기의 호흡, 생명을 알아차릴 때 하느님의 사랑을 더 깊게 이해할 수 있다. 하느님은 우리 목숨 안에, 뜨거운 나의 생명 속에 나도 모르게 숨 쉬는 호흡의 리듬 속에서 살아계신다(이어령, 2017).

상담은 하느님으로부터 영, 생명, 호흡을 선물 받은 두 사람이 상담자와 내담자로서 만나면서 자기의 역할을 다하는 것이다. 상담자는 내담자가 하느님이 허락하신 그대로의 자신이 되도록 전문가로서의 역할을 다한다(Grứn, 2019). 상담을 통해 내담자가 더욱 인간답게, 자기답게 잘 살 수 있도록 동반한다. 장미는 장미로서, 난초는 난초대로 아름답게 꽃 피울 수 있도록 사랑의 영양분을 제공한다.

하느님으로부터 숨, 생명을 선물 받아 살아가는 인간은 모두 거룩하고 소중한 존재이다. '내가 거룩하니 너희도 거룩하라'(레위기 11:45)는 말씀처럼 상담자는 자신의 거룩함을 알고 존중하면서 내담자를 자신과 같이 거룩한 존재로 대한다. 또 상담자는 지금 하느님이 함께하심을 의식하면서 자신감을 가지고 내담자를 대한다.

2) 가톨릭 영성과 상담

가톨릭 영성은 그리스도교 신앙에 바탕을 두고 하느님과의 올바른 관계를 기본으로 하여 하느님과 일치를 목표로 한다. 가톨릭 영성상담자는 그리스도의 삶에서 보여준 것을 모범으로 하여, 내담자를 자기와 같이, 가족과 같이, 하느님과 같이 대한다.

상담자가 자기를 바로 보고 사랑하지 않으면 남을 돕는 것이 자기의 노이로제 욕구를 만족시키기 위한 것으로 내담자를 올바로 도울 수 없다(이동식, 2008).

상담자가 건강하고 성숙할수록 전문가로서 사랑을 잘 전달할 수 있다.

하느님을 사랑하는 기본은 깨어 있는 마음이다. 마음챙김은 자기 마음을 떨쳐놓고 보는 것으로 "늘 깨어 기도하여라."(루가 21:36)라는 그리스도의 말씀을 실천하는 방법이다. 꾸준하게 마음챙김하면 자기를 잘 이해하고 조절할 수 있고 상대의 마음도 잘 공감하여 사랑을 실천하기 쉽다.

상담자는 일상에서도 하느님의 현존을 자주 마음챙김한다. 날마다 하느님과 대화하고 하느님을 사랑하는 마음으로, 하느님의 뜻을 이루면서 살아갈 때 마음의 평화와 행복이 따른다(Brother Lawrence, 2018). "내 안에 머물러라. 나도 너희 안에 머무르겠다."(요한 15:4)는 그리스도의 말씀을 묵상하면서 아침에 일어나면 호흡과 함께하시는 하느님을 마음챙김하고 잠들기 전에도 하느님의 현존을 마음챙김한다. 마침내 죽음의 순간에서도 함께하시는 하느님을 마음챙김할 수 있으면 편안한 임종을 맞는다.

상담자는 하느님이 만드신 자연생태계에 관심을 가지고 자연을 돌보면서 자연을 상담에 활용할 수 있다. 자연생태를 통해 하느님의 섭리와 교훈을 배우며, 인간의 영성을 다지는 계기로 삼는다(정철범, 1994).

자기와 이웃에 대한 사랑, 마음챙김, 자연생태를 통해 배우는 영성살이는 하느님의 도구로서 상담자가 자기의 역할을 잘하는 데 도움이 된다.

2. 인간에 대한 통합적 이론

1) 통합된 존재로서 인간

인간은 생물 · 심리 · 사회 · 영성이 통합된 존재이다. 치유를 목적으로 하는 가톨릭 영성상담은 인간을 통합적 존재로 보면서 총체적으로 이해하고 개입한다([그림 2-1]). 개인의 문제는 유전과 같은 생물학적 문제, 가정이나 사회의 문제, 심리적 문제와 영성의 문제 등이 통합되어 나타난다. 영성상담자는 내담자의 문제를 통합적으로 이해하고 전인적으로 치유하여 가정과 사회에 잘 적응하도록 돕는다.

인간의 정신이 건강하고 행복하다는 것은 자기 신체와 심리, 사회, 영적인 특성이

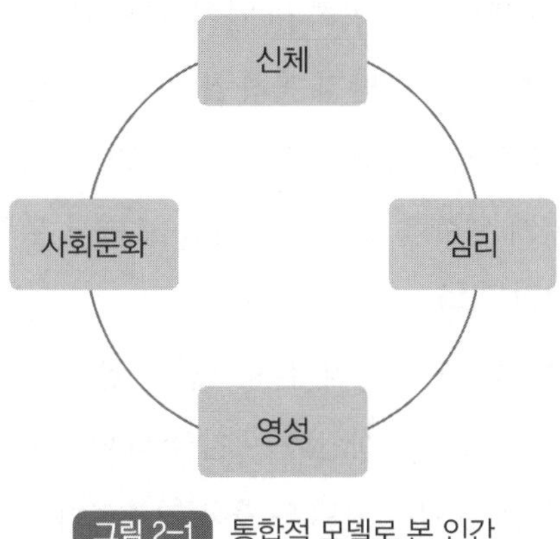

그림 2-1 통합적 모델로 본 인간

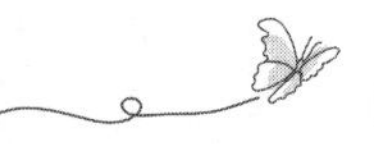

조화롭다는 것이다(박상규, 2009). 인간에게 있어서 신체적 요인, 심리적 요인, 사회적 환경, 영적 요인은 서로에게 영향을 미친다. 생명체인 몸이 건강해야 마음이 편안하며 대인관계가 잘된다. 사회적 환경이 지지적이면 심리적 고통이 완화된다. 마음이 편안해야 몸도 건강하고 영성살이를 잘할 수 있다. 이때 영성은 자신의 육체와 심리, 사회적 상황을 있는 그대로 알아차리면서 수용하는 관찰자의 역할도 한다.

2) 하느님과의 관계

인간은 각자로 존재하지만 동시에 자연과 사회 그리고 하느님과 연결되어 있다. 우리는 하느님 사랑에 힘입어 하느님과 이웃을 사랑하며 이웃 사랑을 통해서 하느님을 사랑하게 된다(도건창, 2022).

사랑은 하늘과 땅 사이를, 하느님과 인간 사이를 이어준다(Carretto, 2011). 하느님께서 선물해 주신 생명과 사랑에 감사하면서 자기가 받은 사랑을 타인에게 나누어 줄 때 하느님과 연결된다.

인간이 자기의 호흡을 알아차리면서 호흡 속에 함께 계시는 하느님의 사랑을 의식하면 자기를 존중하면서 자기 생명력을 잘 발휘하게 된다. 내담자가 자기의 귀중함을 자각함으로써 자신감을 가지고 현실을 잘 살아가게 된다.

포도나무가 뿌리로부터 영양분과 물을 공급받아야 생명력을 잘 발휘하듯이, 인간은 하느님의 사랑으로 자기의 영성, 생명력을 잘 발휘할 수 있다.

그리스도교 신자에 있어 영성 체험을 관통하는 핵심적 본질은 '자신이 하느님의 사랑을 받는 소중한 존재'라는 사실에 대한 깨달음이다(이창진, 2013). 내담자가 상담을 통하여 하느님의 사랑을 체험하면 변화가 일어난다. 내담자가 어린 시절에 부모나 주변 사람들로부터 충분한 사랑을 받지 못하였더라도 상담을 통하여 하느님의 자비와 상담자의 전문적 사랑을 체험하면 현실에서 잘 살아가게 된다. 나는 상담을 받은 내담자들이 변화되어 자기 역할을 잘하는 모습을 보면서 부족한 나를 하느님께서 도구로 사용하심에 감사하고 있다.

영성상담자는 하느님과의 관계 속에서 하느님을 향해 나아가면서 상담자로서 자기 역할을 다한다(황종렬 외, 2021). 상담자는 지금 함께 하시는 하느님을 의식하면서 내담자에게 가장 도움이 될 수 있는 방법을 찾아 적용한다.

3. 가톨릭 영성상담모형에서 본 인간의 심리적 구조

1) 의식, 비의식(무의식), 집단 비의식(무의식)과 영성

인간은 부모님과의 관계에서 경험하고 만들어진 생각으로 세상을 보고 다른 사람을 만나고 하느님을 바라본다(박상규 외, 2022). 모든 인간은 자기가 의식하지 못할 뿐 비의식의 영향을 받으면서 살고 있다. 인간은 자기 마음을 떠나서 있는 그대로의 하느님을 만나기가 쉽지 않다. 따라서 자기 마음을 순수하게 만들기 위해 꾸준하게 수행해야 한다.

개인이 아동기 때 부모 등으로부터 적절한 사랑을 받지 못하면 스트레스에 쉽게 상처받고 병에 걸리며, 성인이 되어서도 아동기의 해결되지 못한 감정이 반복되어 자신, 타인, 세상을 왜곡하여 볼 수 있다. 개인이 어린 시절 해결되지 않았던 부모와의 갈등을 자각하지 못하면 하느님에게 자신의 부모상을 투사함으로써 하느님을 부모와 같이 볼 수 있다(채준호, 2001).

정신역동상담에서 내담자가 과거에 중요한 사람에게 느꼈던 감정을 상담자에게

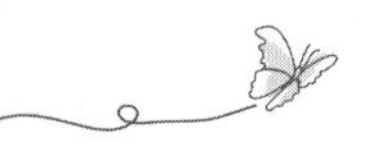

느끼는 것을 전이라 부른다. 전이는 상담 장면뿐만 아니라 일상의 대인관계에서도 드러난다(Dewald, 2010). 개인이 자기의 비의식을 자각하지 못하면 하느님에게도 이러한 전이 감정을 투사한다.

인간이 가진 인지적 제한으로 인간이 하느님 뜻을 정확하게 알기 어렵지만 적어도 자기는 어떤 욕구를 가지는지, 자신은 하느님을 어떻게 생각하는지에 대해 자주 성찰해 본다. 어린 시절부터 지금까지 살아온 자기를 잘 성찰하고 인정하면 자기 투사가 적어지고 점차 하느님의 사랑을 그대로 느낄 수 있다.

융에 의하면 그림자는 자신이 가지고 있지만 의식하지 못하는 자신의 반대되는 모습을 의미한다. 인간이 자기 그림자를 보지 못하면 타인과 세상, 하느님을 자기식으로 왜곡해서 볼 수 있다. 인간이 자기의 비의식과 자기 그림자를 자각하면 현실을 있는 그대로 보면서 하느님과의 관계가 편안해진다. 개인은 정신분석적 치료를 받거나 꾸준한 수행으로 자기의 의식을 순수하게 해야 한다. 심리치료를 받음으로써 영적으로 성숙한 삶을 사는 데 장애가 되는 요소를 줄일 수 있으며 하느님과의 관계도 편안해진다(이만홍, 황지연, 2007).

영성은 의식뿐만 아니라 비의식과 집단 비의식의 어두움을 밝히는 빛으로 작용한다(박상규, 2022a). [그림 2-2]에서 보듯이 영성은 마치 우주와 같이 무한대로 넓고 깊어서 인간의 제한된 인지구조로는 이해하기가 어렵다. 영성은 의식, 비의식, 집단 비의식의 심층에 있으면서도 의식과 비의식, 집단 비의식 모두에 영향을 미친다. 영성은 생명이고 빛이기 때문이다. 영성의 밝은 빛이 어두운 비의식에 비추어지면서 인

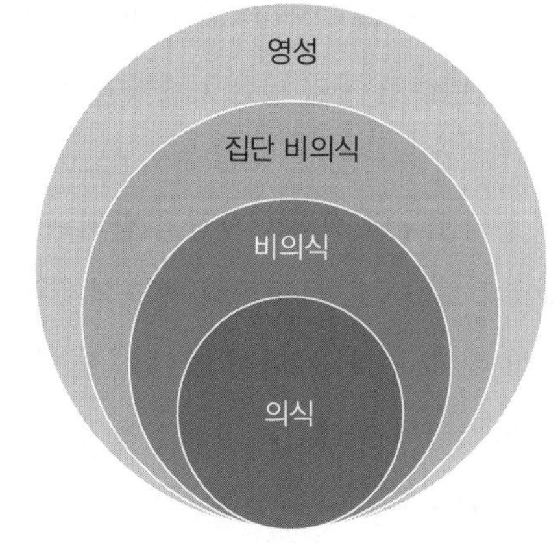

그림 2-2 가톨릭 영성상담에서 본 인간의 심리적 구조

간은 자기를 깊이 이해할 수 있다. 개인이 정신분석적 치료와 자기성찰로 비의식적 욕구를 알아차리고 벗어나면 자기 내면의 영성의 빛이 밝게 투영되어 자기와 세상을 있는 그대로 보면서 지금 자기가 해야 할 일을 잘하게 된다.

2) 상담자의 영성살이

상담자 또한 자기의 비의식을 자각하여 비의식의 지배를 벗어나야 자연스럽게 상담자로서 자기 역할을 잘하게 된다. 하지만 정신분석치료를 받고 비의식을 자각한 후에도 꾸준하게 수행해야 자기의 참모습, 본성을 보게 된다(이동식, 2008). 인간은 죽을 때까지 공부를 지속해야 한다. 해암스님은 "공부하다 죽어라."라고 강조하셨다. 나이가 들수록 더 열심히 공부해야 한다.

상담자가 의식적으로는 내담자를 돕고자 하더라도 자신이 인식하지 못하는 비의식 속에서는 자기의 노이로제적 욕구를 만족시키려 한다면 결과적으로 내담자에게 피해를 주게 된다(이동식, 2008). 정신분석치료나 마음챙김 등으로 비의식적 욕망이나 감정을 알아차리면 상담에 장애가 되는 불필요한 행동을 하지 않고 상황에 적절한 말과 행동을 할 수 있다. 상담자가 자기를 잘 성찰하면 내담자를 더 효과적으로 돕게 된다.

상담자의 의식발달은 상담의 효과를 높인다. 의식의 발달을 위해서는 자기의 집착과 욕심, 갈망 등을 알아차릴 수 있어야 한다. 노자는 도를 얻기 위해서는 자기가 아는 지식과 개념을 하나씩 버려야 한다고 하였다. 나라는 집착에서 벗어나야 무위자연의 상태가 되면서 참나로 살아갈 수 있다(박상규, 2021). 하지만 인간으로서는 하느님의 뜻을 올바로 이해하기 어려운 만큼 '자기가 생각하는 하느님의 뜻'이라는 것을 알아야 한다. 사람이 꾸준한 수행으로 자기가 가진 집착, 욕심, 불안을 알아차리고 줄여 나가야 한다. 하루의 일정한 시간을 일정한 장소에서 기도하고 수행하는 것이 좋다. 가능하면 일상에서도 자주 화살 기도와 화살 명상의 시간을 가져야 한다(박상규, 2022a). 상담자가 꾸준한 수행으로 무위의 상태가 되면 하느님의 좋은 협조자로서 내담자를 잘 돕게 된다.

상담자는 항상 깨어 있는 마음으로 현재를 살아야 한다. 지금 여기서 하느님의 사랑을 느끼면서 자기가 해야 할 중요한 일, 시급한 일을 잘할 수 있어야 한다.

영성상담에서, 상담자는 내담자의 내면에서 작용하는 하느님의 힘을 의식하면서 내담자가 자기 내면의 영성으로 문제를 잘 해결하고 자기를 꽃피우도록 격려한다. 하느님은 나의 선을 위해, 세상을 위해 가장 좋은 몫이 무엇인지 아신다. 가장 좋은 몫은 그분께서 바라시는 것을 따르는 것이다(Merton, 2010). 상담자가 무위의 마음으로 내담자를 대하는 것이 하느님의 뜻에 따르는 길이고 내담자에게 필요한 도움을 주는 방법이다.

02

영성상담의 실제

1. 영성상담의 목적

가톨릭 영성상담의 목적은 내담자가 가진 자유의 능력을 성장시켜 하느님의 모상성을 회복하고 자기를 사랑하며 이웃사랑을 실천하도록 돕는 데 있다(김인호, 2021). 또 영성상담은 관계를 조화롭게 하는 데 목적이 있다. 상담을 통하여 자신과의 관계, 타인과의 관계, 자연과의 관계, 하느님과의 관계가 조화롭게 된다. 개인이 자신에게 정직하지 않으면 타인과의 관계도 편하지 않고 하느님과도 잘 소통되지 않는다. 상담자의 정직성, 무조건적 존중, 정확한 공감과 같은 태도는 내담자가 자신을 정직하게 보면서 자기와 타인, 하느님과의 관계를 편안하고 자연스럽게 한다.

2. 상담자

1) 상담자의 전문성

영성상담자는 하느님의 눈으로 내담자를 바라보면서 전문성으로 내담자를 돕는다. 상담자가 내담자를 잘 돕기 위해서는 전문지식과 경험이 필요하다. 영성상담자

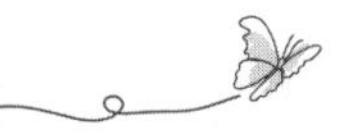

는 다양한 상담이론을 배우고 수련 경험을 가져서 정부나 학회에서 인정하는 공인된 자격을 가져야 한다.

상담자는 내담자의 문제나 증상을 정확하게 이해하면서 내담자를 효과적으로 도울 수 있는 전략을 수립한다. 정신병리학적 지식, 사례개념화 작업, 다양한 상담이론과 기법 등을 사용하여 내담자를 돕는다.

만약 지금 이 내담자에게 나타나는 문제가 영적 식별이 필요하거나 종교적인 관점에서 접근해야 하는 경우는 자격을 갖춘 성령봉사담당 신부 등에게 의뢰한다. 하지만 내가 오랜 기간 임상에서 만난 내담자의 대부분은 영적 문제라기보다는 정신병리학적 진단이 가능한 사람들이었다. 현실검증력이 저하되어 있고, 사고와 지각의 장애를 보이고 있었고, 일상에서 자기 역할을 잘 수행하지 못하고 있었다.

만성화된 정신병 증상을 보이는 내담자에게는 더 적극적인 관심과 사랑으로 동반하면서 부족한 사회기술을 가르친다. 또 필요한 경우에는 약물치료를 받도록 의뢰한다. 상담자는 내담자의 치유에 도움이 될 수 있는 다양한 방안을 알아보고 적극적으로 개입한다.

상담자는 성령의 능력에 힘입어 하느님의 치유적인 조력을 하는 효과적인 중재자의 역할을 한다(김미경, 2008). 그리스도께서 자신의 생명과 사랑을 우리에게 나누어 주었듯이 상담자는 전문성이라는 도구로 하느님께 받은 사랑을 내담자에게 나누어 준다. 상담자는 전문성을 함양하기 위해서 지속적으로 공부해야 한다. 자기의 상담 경험에 대해서 깊이 성찰하고 새로운 방법, 더 나은 방법을 궁리한다.

상담자의 전문성 발달은 상담의 성과에 중요한 역할을 미친다(주은선, 박영주, 2015). 상담자는 자신의 전문성을 발달시키기 위해서 다양한 이론적 관점에서 내담자를 이해하고 공부한다.

2) 상담자의 자기 이해와 영성살이

(1) 자기 이해

상담자가 자기를 올바로 이해하면 내담자를 있는 그대로 볼 수 있어 내담자를 잘 돕게 된다.

상담자는 하느님께 영을 받은 존재로서 하느님 안에 올바로 서 있어야 한다. 상담

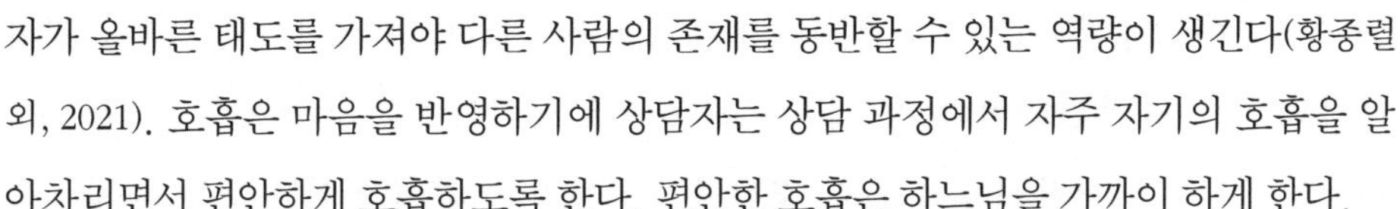

자가 올바른 태도를 가져야 다른 사람의 존재를 동반할 수 있는 역량이 생긴다(황종렬 외, 2021). 호흡은 마음을 반영하기에 상담자는 상담 과정에서 자주 자기의 호흡을 알아차리면서 편안하게 호흡하도록 한다. 편안한 호흡은 하느님을 가까이 하게 한다.

상담자가 일상에서도 꾸준하게 영성살이를 하여 자기를 잘 성찰해야 내담자의 성장에 잘 동반하게 된다. 상담자가 성장하는만큼 내담자를 올바로 이해하고 잘 도울 수 있다.

상담자는 상담 과정 중에 일어나는 자기의 역전이를 잘 주시해야 한다. 정신분석상담을 받거나 꾸준하게 영성살이를 하는 것은 역전이 감정을 알아차리고 줄이는 데 도움이 된다. 정신분석적 치료와 마음챙김, 하느님에 대한 현존의식은 역전이를 줄여 나가서 내담자를 있는 그대로 이해하는 데 도움을 준다.

상담자는 자신의 신앙에 대한 갈등이 일어나더라도 억압하거나 회피하지 말고 그런 마음을 그대로 알아차리고 받아들인다. 마치 택시 운전사가 택시에 타고 내리는 손님을 손님으로 알아차리고 대응하듯이 자기 마음에서 일어나는 생각과 감정을 손님으로 알아차릴 수 있어야 편안한 마음으로 지금 이 상황에 적절한 행동을 하게 된다(박상규, 2022a). 상담자가 마음챙김하면 내담자를 편안하게 하면서 상담의 효과를 높인다.

(2) 상담자 영성의 구체화

자기 사랑하기 거룩한 하느님의 모상으로 지어진 인간은 모두 거룩한 존재이다. 상담자는 하느님이 주신 숨, 생명, 본성을 자각하면서 몸과 마음을 잘 돌보아야 한다. 자신을 귀중하게 생각하고 사랑한다면 자기 몸부터 귀중하게 생각하며 잘 보살펴야 한다. "네 이웃을 네 몸과 같이 사랑하라."는 그리스도의 말씀은 자기 몸부터 잘 살펴보고 사랑할 수 있어야 이웃을 제대로 사랑할 수 있음을 가르친다.

자기의 호흡, 생명, 몸을 알아차리며 귀하게 여기고 자기의 몸과 마음을 사랑할 수 있어야 타인을 잘 이해하여 올바로 사랑할 수 있다(박상규, 2021).

상담자는 상담 과정에서 수시로 자기 호흡 상태를 관찰한다. 자기 호흡이 편안한지, 불편한지를 살펴본다. 호흡이 편안하다는 것은 마음이 편안하다는 것이다. 지금 자기 호흡이 편안하다면 그리스도교적인 삶을 사는 것이며 호흡이 편안하지 않다면 거룩한 본성의 자기대로 사는 것이 아니다(황종열, 2021). 상담자는 자주 자기 호흡을 잘 관찰하여 호흡을 편안하게 유지한다. 마음이 불편하면 의식적으로 호흡을 깊고 길게 하면서 숨 쉬도록 한다. 또 자기 몸의 감각을 알아차리고, 자신의 표정, 목소리, 자세와 태도를 알아차린다. 자세가 경직되어 있는지, 이완되어 있는지 살펴본다. 상담자가 자신의 몸과 마음의 변화를 분명히 알아차리면 내담자를 잘 이해하게 된다.

가족과 이웃에 대한 사랑의 실천 인간에게 일어나는 다양한 심리적 문제는 개인의 문제일 뿐만 아니라 가정의 문제이고 사회문제이기도 하다. 우리 사회의 자살자의 증가, 마약중독자 등 다양한 중독자의 증가는 개인의 문제이면서 가정과 사회문제와 관련된다. 가정과 사회가 건강하고 서로를 배려하고 사랑하면 개인의 심리적 문제도 많이 줄어든다.

상담자는 내담자의 가족 구조와 기능에 대해서도 관심을 가지고 가족기능이 향상되도록 도와야 한다. 가족이 건강하면 내담자가 잘 치유된다. 가족 간 의사소통이 잘 되는지, 가족기능은 어떤지, 가족 각자가 자기 역할을 잘하는지 등을 알아보고 필요한 경우 가족상담, 부부상담 등을 실시한다.

공동체에 대한 관심과 사랑은 하느님에 대한 사랑이면서 결국 자기를 위한 것이다. 이웃을 배려하고 도움 주는 행동은 하느님의 뜻을 실천하는 것이다. "네 형제 중 가장 작은 자에게 해 준 것이 나에게 해 준 것이다."(마태 25:4)라는 그리스도의 말씀대로 상담자는 이 시대의 가장 힘든 사람인 중독자, 장애인 등에게 더 많은 관심을 가지고 배려해야 한다.

생태 영성 인간은 하느님의 협력자로서 자연을 가꾸고 돌보아야 할 책임이 있다(최현민, 2013). 하느님과 인간, 자연은 하나로 연결되어 있어 하느님이 만드신 자연을 돌보고 사랑하는 것은 곧 자신과 하느님을 사랑하는 것이다.

인간은 자연을 통해서 하느님의 뜻과 사랑을 배울 수 있다. 나는 숲속을 산책하면서 풀과 나무들이 자기의 생명력을 잘 발휘하면서 조화롭게 살아가는 것을 보면서 나도 나답게 잘 살아가면서 이웃과도 잘 지내야 하겠다는 생각을 가지게 되었다. 상담자는 숲과 같은 자연을 상담에 활용할 수 있다. 유교나 불교, 도교 등 동아시아의 종교들은 인간뿐만 아니라 하늘과 땅 사이의 모든 만물이 서로 긴밀히 조화롭게 연결되어 생명의 힘을 나누어 받는 거대한 생명체로 보고 자연을 존중한다. 특히 인간의 생

명이란 하늘이 사람에게 내린 명령이고 사람이 이를 받아서 살아가는 것으로 본다(박일영, 2008).

가톨릭 영성에서 자연생태는 하느님이 주신 사랑의 선물이며 하느님의 현존을 비추는 거울로 하느님의 사랑과 특성이 가장 잘 나타난 것이다(문종원, 2015). 자연의 아름다움은 하느님의 사랑과 아름다움, 선함과 지혜를 드러내고 전한다. 자연은 하느님께 가까이 가게 하는 사다리이며 하느님의 발자취이다. 자연을 통해 인간은 하느님을 알고 사랑할 수 있으며 하느님과의 인격적 만남이 가능하게 된다(전의찬, 2021).

십자가의 성 요한이나 성 프란치스코 등 많은 성인은 창조된 자연 안에서 하느님의 사랑과 지혜를 알아보았다. 자연 안에는 하느님의 커다란 위안과 휴식의 힘이 있다.

인간은 자연을 통해서 하느님의 지혜와 현존을 자연스럽게 받아들일 수 있다(Philippe, 2016). 인간은 자연 계시를 통해 영성을 배우고, 하느님께 순응하는 방식과 정직함을 배우며, 자연과 인간이 서로 협조하는 것을 배운다(정철범, 1994). 하느님의 피조물인 인간은 자연환경을 보호하면서 자연과 더불어 조화로운 삶을 살아가야 한다. 자연의 이치를 배우고 이해하며 자연을 사랑하는 것은 자연을 만드신 하느님을 이해하고 사랑하는 통로가 된다.

나는 산책하면서 나무와 꽃의 모양과 색깔, 하늘의 구름, 새 소리, 물 흐르는 소리, 숲에서 나는 향기, 바람의 촉감 등에서 하느님의 사랑을 느낀다. 인간이 자연을 사랑하기 위해서는 인간 위주의 관점에서 자연을 바라볼 것이 아니라 자연을 만드신 하느님의 관점에서 자연을 바라볼 수 있어야 한다. 영성상담자는 숲과 같은 자연을 활용하여 내담자가 자기를 이해하도록 도울 수 있다.

(3) 영성살이를 위한 성찰과 마음챙김 수행

상담자가 마음챙김하면서 내담자를 만나면 내담자가 편안해지고 공감능력이 높아진다(심지은, 윤호균, 2008). 상담자는 마음챙김을 통해 밝고 고요한 상태를 유지하고 자신의 감정을 자기의 '일부'로 인정하여 감정이 말하고자 하는 바에 귀를 기울이면서 자기 자신과 친하게 됨으로써 내담자를 편안하고 만족한 상태로 이끌어 갈 수 있다(박태수, 2008).

의식적으로 '하느님이 지금 여기에 나와 함께 계신다.'는 하느님의 현존에 대한 믿음은 영성살이를 잘하게 한다. 먼저 하느님을 바라보려고 노력하고, 하느님과 대화

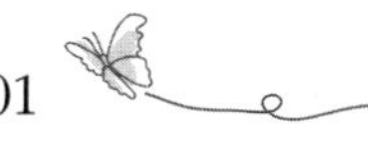

하면서 하느님과 일치감을 가진다. 자신이 하느님이 주신 생명, 하느님의 모상을 가진 귀중한 존재임을 자각하여 지금 자기가 해야 할 일에 집중한다.

조건 없는 사랑은 거짓 자아를 무너지게 하고 의식 수준을 높인다(Keating, 2021). 상담자가 자신을 있는 그대로 받아들이고 존중하면 내담자를 있는 그대로 수용하고 존중하면서 내담자가 잘 성장하도록 도울 수 있다.

기도, 미사 등 전례 참석하기, 봉사, 성경 읽기 등 영적 독서하기, 자연 속에서 산책하고 명상하기 등은 상담자의 의식 수준을 높인다. 특히 묵주를 쥐고 하는 로사리오 기도는 간단하면서도 영적 생활에 도움이 된다(김영택, 2002). 매일 꾸준하게 로사리오 기도를 하면 자기조절력이 강화되고 영성살이를 잘하게 된다. 알코올 중독으로부터 10년 이상 회복 중인 J씨는 매일 묵주기도를 하는데, 자신은 "묵주기도가 회복을 유지하는 데 많은 도움이 되었다."고 말한다. 로사리오 기도는 하느님의 바닷가로 밀려드는 파도 소리와 같고, 영적으로 무르익은 기도이다(Carretto, 2011). 로사리오 기도는 자기 호흡에 맞추어 소리 내면서 기도하는 것이 좋다.

관상기도는 침묵 속에서 마음을 편안히 한 다음에 주의를 내면의 하느님께 향하여 하느님의 현존과 사랑을 마음챙김하면서 느끼는 것이다. 천천히 사랑의 눈길로 자기 내면의 하느님을 바라본다. 관상기도는 자신의 노력과 하느님의 은총이 합쳐서 정화단계, 조명단계를 거쳐 하느님과 일치하는 기쁨과 평화를 느끼게 한다. 관상기도로 하느님을 만나면서 마음이 평화로워지고 자신과 타인에 대한 사랑의 마음이 일어난다(권명수, 김기범, 2014).

영성상담자는 자주 하느님의 현존을 마음챙김하고 하느님과 대화하면서 하느님의 뜻을 묻고 실천하는 기쁨을 느낀다. 또 자기 자신을 잘 성찰하면서 에고적인 자기를 알아차리고 줄여 나가야 한다(정무웅, 1994). 상담자가 하느님을 자주 의식하는 만큼 내담자에게 효과적인 도움을 줄 수 있다.

상담자가 꾸준하게 수행하면 상담 과정에서 내담자의 영적 스승의 역할을 하며 내담자 스스로도 잘 수행하는 데 도움을 준다(정미숙, 2012). 상담자가 내담자를 대하는 방식으로 내담자가 스스로를 대하면서 성장하게 된다.

3) 하느님의 도구로서 상담자

상담자가 꾸준히 자기를 성찰해 가야 내담자에게 하느님의 사랑을 잘 전달할 수 있다. 상담자는 가르치면서 배우고, 치유하면서 치유받고, 사랑하면서 사랑받는 치유자로 살아야 한다(꽃동네사랑의 연구소, 2021). 상담자는 내담자에게서 자기의 모습을 보면서 하느님 사랑을 체험하고 상담자 자신을 치유한다.

상담자는 상담 과정에 깨어 있으면서 하느님의 협조자로서 기능을 한다. 상담이 잘 진행되지 않을 때는 하느님의 은총을 기다린다. 상담자는 상담 과정에서 하느님의 현존을 마음챙김하면서 성령이 일하시도록 기도한다. 두 사람이 대화하는 것으로 이루어진 일반상담과 달리 영성상담은 하느님과 상담자, 내담자가 함께 하는 과정으로 상담자는 하느님과 내담자 사이의 다리 역할을 한다(정무웅, 1994).

영성살이의 전문가인 성직자나 수도자가 심리상담의 역량을 갖추면 내담자에게 더 많은 도움을 줄 수 있다. 가톨릭 수도자이면서 전문상담자이면 예수 그리스도의 전인적인 치유법을 현시대 안에서 구현할 수 있도록 도울 수 있으며 내담자가 영성생활을 잘 꾸려 나가도록 탄력 있는 동반할 수 있다(윤영수, 2017).

기존의 심리학에서 말하는 에고적 자존감은 불안정하며 상황에 따라 달라진다(박상규, 2021). 상담자는 있는 그대로의 자신이 하느님의 본성을 가지는 거룩한 존재임을 아는 영적 자존감, 무위자연의 자존감을 내담자가 자각할 수 있도록 도와야 한다. 지금 자신이 어떠한 상황에 처해 있더라도 본질로서의 자기는 거룩한 존재이다. "너희가 내 말 안에 머무르면 참으로 나의 제자가 된다."(요한 8:31)는 말씀처럼, 영적 자존감은 인간이 그리스도 안에 머무르는 것으로 그리스도와 하나 되는 자존감이다(꽃동네사랑의 연구소, 2021).

무위자연의 자존감은 집착과 욕심을 버리기에 그리스도와 하나가 되는 자존감이며, 자연 그대로의 자신이 귀중한 존재임을 알고 존중하는 것이다(박상규, 2021). 누구나 자기 집착과 욕심을 버릴 때 자연으로서의 자기, 있는 그대로의 자기가 귀중한 존재임을 자각한다.

상담자는 내담자가 중독적 삶을 살고 있더라도 본성으로 거룩한 존재라는 믿음을 가지고 내담자를 만날 수 있어야 한다. 중독자는 마음의 공허와 불안을 마약, 도박, 성행동 등 중독 대상으로 채우려 한다. 하지만 중독자의 내면에는 거룩한 영성이 빛나고 있다. 중독자가 자기의 공허와 불안, 외로움, 슬픔, 분노 등의 불편한 감정을 알아차리고 받아들이면서 하느님의 도움을 청할 때 내면에 있는 영성의 힘이 살아난다. 중독자가 자신이 중독 대상에 무력하고 중독 대상의 노예로 살고 있다는 것을 인정하고 상담자와 하느님으로부터 도움을 청하면 회복이 시작된다.

상담자는 내담자의 존재와 동반해야 한다. 동반이란 동반받은 존재에 대한 신뢰를 가지고 동반받은 존재를 중심에 놓고 살아가는 것이다. 이때 상담자에게서 내담자는 변형된 하느님의 모습으로 존재한다. 동시에 내담자는 상담자 자신에게 자기 존재 상태를 다시 식별하도록 호출하는 하느님의 전령이 된다(황종열, 2021).

상담자는 하느님을 대하는 것처럼 내담자를 대할 수 있도록 현존하시는 하느님을 자주 의식한다. 상담자는 내담자가 자기 내면의 참나, 하느님의 품성을 의식하여 자기 문제를 잘 해결하도록 안내한다. 이때 상담자가 자신의 영성과 내담자의 영성이 하나임을 자각하면 마음이 편안해지면서 내담자와 자연스럽게 대화하게 된다.

상담자가 상담에 대해서 흥미를 잃거나 열정이 사라질 때는 피로와 소진감이 일어난다. 이때에는 긍정적으로 생각하기, 동료와 상담하기, 기도와 명상하기, 휴식과 운동하기 등을 통해 스스로를 잘 돌보아야 한다(채준호, 2001). 상담자는 최선의 건강 상태와 편안한 마음으로 상담에 임할 수 있도록 자주 자신의 호흡과 몸, 마음 상태를 알아차리고 잘 돌보아야 한다.

상담자가 상담 과정에서 한계를 느끼거나 무력감을 가질 때는 지금 이 자리에서 하느님이 함께하심을 믿고 하느님의 도움을 청한다. 상담이 잘 진행되지 않을 때라도 용기를 잃지 말고 지금 자신이 해야 할 역할을 다하고 그 결과는 하느님에게 맡긴다. 나는 상담자의 노력과 예상을 넘어선 내담자의 변화를 많이 경험하였다.

기도할 때는 어린아이의 마음과 같이 순수함과 믿음을 가지고 기다릴 수 있어야 한다. 그리스도는 어린아이의 마음이 되어야 천국에 갈 수 있다고 하였다. 이는 노자가 말하는 어린아이의 마음, 무위상태이다. 성령으로 도유된다는 것은 믿음으로 산다는 것이며 이는 이성만으로는 이해하기가 어렵다(Catret, 2009). 나의 마음이 어린아이와 같이 순수하고 맑아지면 기도가 잘되면서 하느님의 은총을 느낄 수 있다. 내담자가 그리스도교 신앙인일 경우에는 상담 과정에서 함께 기도하는 것이 도움된다. 하지만 신앙이 다르거나 종교적 행위에 거부적인 내담자에게는 기도를 권유하지 않는 것이 좋다.

상담자는 상담 과정뿐만 아니라 일상에서도 하느님에게 자주 기도하면서 하느님과 대화한다. 상담자는 규칙적 기도 시간 이외에도 화살기도를 자주 한다. 기도는 하느님과 만남을 통해서 하느님의 말씀을 듣고 받아들이며 하느님과의 영적인 친교를 통해 자신을 변화시키는 것이다(방효익, 2006).

3. 상담자의 태도와 기술

영성상담은 일반 상담이론에다 영성을 강조하고 보완한 것이다. 로저스가 말한 대로 내담자와 동반하면서 경청하고 공감하고, 무조건적으로 존중하고, 진실하게 대하면서 필요한 기법을 사용한다.

상담자는 하느님의 협조자로서 자기를 주시하고 편안하게 호흡하면서 내담자를 만난다. 상담자는 지금 내담자가 어떤 상황에 처해 있더라도 내담자를 하느님이 주신 선물인 숨을 쉬는 소중한 존재로 보고 대한다(황종렬 외, 2021).

나는 경청과 공감, 진정성, 무조건적 존중과 사랑으로 내담자와 만날 때 내담자가 변화되는 경험을 한다. 알코올 치료공동체에서 환청을 가진 내담자가 환청에 대처하면서 자기 소임을 잘 수행하는 모습을 보았다. 또 피해의식이 심한 내담자가 대인관계가 편해지면서 직장에 잘 적응하는 것을 보았다. 하느님의 협조자로서 상담자가 자기 역할을 다하면 내담자가 변화되는 모습을 보는 기쁨을 느낀다.

상담자는 자신감을 가지고 지금 동반하는 내담자에게 가장 효과가 있을 것으로 생각되는 기술을 사용한다. 상담의 효과를 높이기 위해서는 한국인의 심리적 특성과 우리 사회문화의 특성을 고려하여 가르치고 지도하는 좋은 부모로서 상담하는 것이 좋다(김창대 외, 2005; 박상규, 2018; 박상규 외, 2022, 장성숙, 2010).

상담자는 경청하기, 조건 없이 존중하기, 공감하기, 진실하게 대하기, 상담 과정을 즐기고 의미를 가지기, 우리성으로 라포를 형성하기, 내담자의 권위와 체면 세우기, 내담자의 부정적 감정 표현하도록 돕기, 내담자의 장점과 강점을 비추어 주고 강화하기, 좋은 부모 및 스승으로서 동반자 역할 하기, 감정 반영하기, 질문하기, 지지하고 격려하기, 직면하기, 요약하기 등의 다양한 방법을 사용한다. 특히 로저스가 강조한 조건 없는 존중, 공감, 진실성 등은 하느님의 사랑을 전달하는 가톨릭 영성상담의 가장 핵심적인 태도이다.

1) 영성적 태도와 기술

영성상담에서는 상담자의 영성적 태도를 강조하고 영성적 내용을 다루는 것에 장점이 있다. 심리치료자들은 심리치료에 종교와 영성을 통합하는 경향이 있으며 주로 기도와 종교에 대해 내담자와 논의하는 것으로 알려져 있다(Brown et al., 2013). 종교를 가진 상담자는 상담 과정에 기도와 성경 내용의 인용, 용서 등의 영성적 내용을 더 많이 다룬다(Walker et al., 2004).

상담자는 내담자의 치유를 위해 마음챙김 가르치기, 기도하기, 용서하기, 삶의 의미와 목적 찾기, 감사하기, 생태 영성 활용하기, 하느님의 현존 자각하기, 전례에 참석하기, 봉사하기, 믿음을 활용하기 등의 영성적 기술을 사용할 수 있다.

(1) 마음챙김 가르치기

마음챙김 명상은 지금 여기에서 일어나는 자기 몸과 마음의 변화 상태를 분명하게 알아차리는 것이다. 일어나는 자기 감정을 알아차리고 받아들이면 자기를 조절하여 잘 적응하게 된다.

마음챙김은 초인지적 기제이면서도 영적 기제이다. 그리스도교에서의 마음챙김은 하느님의 풍성한 생명에 현재 이 순간 충분한 주의를 기울이는 것이다(Oden, 2022). 상담자는 내담자에게 마음챙김을 가르쳐서 마음을 맑고 순수하게 유지하도록 돕는다. 마음챙김을 하면 자기 내면에서 움직이는 영성을 잘 느낄 수 있다.

나는 상담을 시작할 때와 종료 시점에 내담자와 호흡 마음챙김을 한다. 상담 전에 호흡 마음챙김을 하면 내담자가 마음이 안정되어 상담에 잘 집중하게 된다.

나는 마음챙김을 택시 운전사와 손님의 방법으로 비유하여 설명한다(박상규, 2022a). 자기 몸과 마음을 택시로 보고, 자기에게 일어나는 생각, 감정, 감각을 손님으로, 관찰자는 운전사로 비유한다. 운전사는 마음이라는 택시에 타고 내리는 생각과 감정이라는 손님을 손님으로 알아차린다. 분노, 불안 등이 일어나면 택시에 손님이 온 것으로 알고 대한다. 마음챙김 명상은 내담자와 상황에 따라 유연하게 적용할 수 있다. 상담자는 호흡, 몸의 감각, 자세와 태도, 하느님의 임재에 대한 마음챙김을 안내할 수 있다.

호흡 알아차리고 보살피기 상담자는 내담자가 숨을 들이쉬거나 내쉴 때 일어나는 자기 복부의 느낌을 분명히 알아차리도록 가르친다.

몸의 감각 알아차리기 생명체인 몸에서 정서가 드러난다. 자기 몸의 감각에 예민해지면 자기 정서를 알 수 있다. 머리부터 발끝까지 신체 각 부분을 만나면서 몸과 대화하며 몸의 상태를 알아주고 사랑한다(김경민, 2019). 상담자는 내담자가 불안하거나 화가 날 때 자기 몸에서 어떤 느낌이 나는지를 알아차리고 보살피도록 돕는다. 우리가 의식하지 않더라도 몸은 마음의 상처를 기억하고 있다. 상담자는 내담자가 자기 몸에서 어떤 감각이 느껴지는지를 알아보도록 하는 단계를 거치면서 상담을 진행한다(Hinterkopf, 2016). 상담자는 내담자가 고통스러울 때 느꼈던 감정을 말하면서 그때 몸에서 느낀 감각을 표현하게 한다. 내담자가 자기 몸의 느낌에 대해 명료하게 알아차리면 자기를 더 잘 이해하게 된다.

자세와 태도 알아차리기 상담자는 내담자가 자기 몸의 자세와 태도를 마음챙김하면서 조절할 수 있도록 가르친다. 몸의 자세와 마음가짐은 하나로 연결되어 몸의 자세를 바로잡으면 마음이 안정된다. 율곡 이이 등이 강조한 구용구사(九容九思)의 방법을 내담자와의 상담에 적용할 수 있다(황정희, 2019). 상담자는 또 운동이나 간단한 요가 자세, 몸가짐 등을 기존의 상담기법과 적절하게 결합하여 상담의 효과를 높일 수 있다(박상규, 2021).

하느님의 임재 마음챙김하기 지금 여기에 나와 함께하시는 하느님을 주시한다. 나의 호흡, 몸의 감각, 자세, 정서와 생각에 주의를 기울이며 하느님의 시선 안에서 일어나는 모든 것을 받아들인다(Oden, 2022). 상담자는 내담자의 내면뿐만 아니라 자연의 모든 것 안에서 언제나 어디에서나 계시는 하느님을 의식하고 하느님의 사랑을 느낄 수 있음을 알려 준다.

(2) 기도하기

그리스도 영성살이에서 기도는 핵심적인 행위이다. 상담자와 내담자가 같은 종교를 가졌다면 상담 과정에서 함께 기도하는 것이 좋다. 기도는 가톨릭 영성상담에서 가장 보편적으로 사용된다.

상담자는 내담자의 고통이 줄어들고 행복하기를 바라는 마음으로 기도하고 상담한다. 상담자는 내담자가 자기뿐만 아니라 이웃을 위해 기도하도록 권유한다. 이웃을 위한 기도는 이웃을 의식하고 분명한 방식으로 사랑하는 방법이다(Philippe, 2016).

기도는 자기 욕심과 집착을 버리고 하느님을 만나 하느님의 말씀을 듣고자 하는 마음으로 시작한다. 진정한 기도는 하느님께 전적으로 의탁하고 기다리는 것이다. 자기의 오만을 버리고, 자기의 처지에 대한 이해할 수 없는 실제에 복종한다. 때로는 이것이 의미 없는 것 같이 보이지만 무엇보다도 더 의미를 갖는 것이기에 만족하면서 기도한다(Merton, 2020). 기도는 하느님께 채널을 맞추어 가는 과정이다. 채널을 맞추어야 대화가 잘 통한다.

(3) 용서하기

상담자는 내담자가 자신을 용서하고 타인을 용서하여 현실에서 잘 기능할 수 있도록 돕는다. 그리스도교 상담에 있어 용서는 효과가 있는 영성적 개입이다(Sutton et al., 2016). 특히 다른 사람에 대한 분노감이 많은 사람은 용서를 통해서 마음이 편안해짐을 느끼게 된다.

상담자는 내담자에게 용서의 중요성을 알려 주고 용서 기술을 가르친다. 용서의 일차적 혜택은 상대가 아니라 자신이라는 것을 알도록 하고 자신을 위해서 지금 용서하도록 돕는다. 용서는 자기에 대한 용서와 타인에 대한 용서가 있다. 다른 사람을 용서하기 전에 자신을 먼저 용서한다(김미경, 2008). 자기 시간을 잘 관리하지 못한 점, 자기 건강을 살피지 못한 점, 자기를 존중하지 못한 점, 부모나 형제, 자녀, 친구 등에게 자기 책임을 다하지 못한 점 등을 살펴보고 용서한다. 지금은 그렇게 생각하고 행동하지 않더라도 그 당시의 자신으로서는 그럴 수밖에 없었음을 인정하고 받아들인다. 또 타인이 자신에게 잘못한 점에 대해서도 용서한다. 내담자가 용서함으로써 마음이 편안해지면서 지금 여기서 자신이 해야 할 일에 집중하게 된다. 상담자는 내담자가 아직 용서할 준비가 안 되었으면 그대로 알아차리도록 하고 공감한다.

(4) 삶의 의미와 목적 찾기

상담자는 내담자가 삶의 의미와 목적을 찾도록 안내한다. 자신이 이 세상에 태어난 의미와 목적이 무엇인가를 스스로 생각하고 답하도록 돕는다. 삶의 의미와 목적이 있으면 생동감이 일어난다. 내담자가 고통 속에서도 삶의 의미를 찾고 대답할 수 있으면 고통을 통해 한 단계 성장할 수 있다. 내담자가 아직 삶의 목적을 정하지 못하였다고 말하면 지금 자기 나름대로 삶의 목적을 찾아보도록 격려한다.

(5) 감사하기

사람은 감사할 것이 없어 감사하지 못하는 것이 아니라 감사할 것을 찾지 못하기에 감사하기가 어렵고 행복하지 못하다(박상규, 2020). 상담자는 내담자가 사소하다고 생각하는 것, 당연하다고 생각하는 것에서 감사를 느낄 수 있음을 알려준다. 상담에서는 내담자 자신이 가진 부정적 감정을 먼저 표현하게 한 다음에 감사를 하도록 한다. 감사함으로써 몸과 마음이 건강해지고 행복해진다.

상담자는 내담자에게 잠자기 전에 오늘 하루 감사한 일들을 생각하고 일기를 쓰도록 하는 과제를 내어 줄 수 있다.

(6) 생태 영성 활용하기

인간은 자연 속에서 위로받고 치유의 힘을 얻는다. 숲은 자연의 경관, 피톤치드, 음이온, 소리, 햇빛, 산소 등의 치유 인자를 가지고 있다(오창홍, 박상규, 2020). 숲과 같은 자연을 활용한 연구에서 치유 효과가 검증되고 있다. 숲 치료 프로그램을 받은 대학생들은 전반적인 영성 평가에서 유의한 결과를 보여 주었고, 삶의 의미와 목적, 연결성 등에서 유의미한 효과가 있었다(송정희 외, 2014). 숲과 같은 자연 속에서 상담하는 것은 실내에서의 상담과 다른 효과가 있다.

자연은 마음의 평화를 주면서 지혜를 얻게 한다. 아름다운 자연 풍광을 보면서 산책하는 것, 모든 감각을 열고 자연을 느껴지는 대로 받아들이고, 땅과 하늘의 아름다움에 대해서 기도하는 것은 하느님의 지혜와 현존을 자연스럽게 받아들이게 한다(Philippe, 2016).

자연 속에서 명상을 한 후 상담을 하거나 자연 속을 함께 거닐면서 하는 상담은 숲이 가진 치유의 효과로 상담의 효과를 증진한다. 숲과 같은 자연 속에서 상담을 진행하는 것은 신체적, 심리적으로 이점이 많으면서 내담자가 상담 과정에서 흥미와 즐거움을 느낄 수 있다.

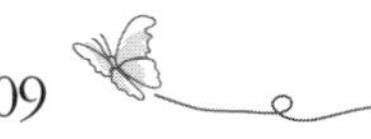

걷기 명상, 호흡 명상 등으로 내담자의 마음이 편안해진 후에 자연과 대화할 수 있는 시간을 가지도록 한다. 나는 간혹 내담자가 동의하면 숲속에서 상담을 진행하곤 한다. 또 2시간 정도의 상담을 하는 경우에는 한 시간은 실내에서, 한 시간은 야외의 숲속에서 상담을 진행한다. 숲속에서 걷기 명상을 한 다음에 마음이 편안해지면 호흡 명상을 하고, 다음에 자연과 대화하고, 마지막에는 자기 내면에서 하느님의 말씀을 듣도록 한다. 내담자는 자연을 통해 하느님 치유의 손길을 느낄 수 있다. 바람에 살랑이는 꽃잎의 아름다움을 보면서 하느님의 사랑을 느낀다.

(7) 전례에 참석하기

상담자는 내담자가 미사와 같은 전례에 참석하여 하느님의 사랑을 느끼고 체험하도록 안내한다. 신자가 십자가에 달리신 그리스도의 불안, 허탈감, 번민, 버림받음과 헐벗음에 다소간이라도 참여하면 실제로 전례의 신비 안에 들어갈 수 있다(Merton, 2020). 내담자는 전례 의식을 통해 하느님의 사랑을 깊이 느끼게 된다.

(8) 봉사하기

다른 사람에게 봉사하는 것은 타인에게 도움을 줄 뿐 아니라 자기를 사랑하는 것이다. 봉사하면서 에고가 줄어들고 마음이 편안해진다. 순수하게 다른 사람의 행복을 위해 봉사하면 삶의 보람과 의미를 가질 수 있다. 상담자는 내담자가 다른 사람에게 관심을 가지고 봉사할 수 있도록 격려한다.

(9) 믿음을 활용하기

그리스도께서는 믿음이 치유의 힘이 됨을 강조하셨다. "그리스도께서 '다시 보아라. 네 믿음이 너를 구원하였다.' 하고 이르시니 그가 즉시 다시 보게 되었다."(루가 18:41-43)는 그리스도의 말씀처럼 순수한 믿음은 치유 효과를 가진다. 상담자는 믿음의 중요성을 강조한다.

상담자에 대한 내담자의 신뢰는 상담의 효과를 높인다. 유능한 상담자가 자기를 돕고 있다는 믿음은 내담자 변화의 원동력이다(권석만, 2018). 상담자의 전문성과 따스한 인간성은 내담자에게 믿음을 준다.

2) 가족에 대한 상담과 교육

상담이 효과가 있기 위해서는 가족의 도움이 필요하다. 가족 기능의 문제로 내담자가 힘들어하면 가족 상담과 가족교육을 함께 한다. 상담자는 가족을 치유의 협조자로 하여 내담자를 함께 돕는다.

부부간이나 부모와 자녀 간에 의사소통의 문제가 있을 경우에는 나-표현법 등 의사소통의 기술을 가르친다. 나-표현법은 공격적이지 않으면서 자기의 감정을 상대에게 명백하게 표현하는 방법이다. 또 상담자는 역할연기, 모델링 등을 사용하면서 내담자에게 부족한 사회기술을 가르친다. 가족에게 마음챙김하면서 대화하면 대화가 부드럽게 진행된다는 것을 알려 준다.

4. 상담 과정

가톨릭 영성상담에서 상담자는 하느님의 협조자로서 존재한다. 상담의 주인공은 내담자이며 상담자가 협력자가 되고 하느님이 주관자가 되어 진행한다(김인호,

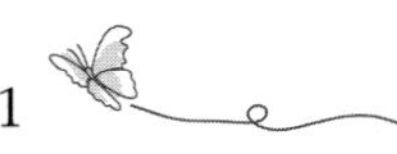

2021). 상담자가 하느님에게 자기를 내어 맡기면서 하느님께서 상담을 주관하시도록 하는 것은 노자가 말하는 무위의 상태로 상담하는 것이다. 내어 맡김은 내가 아무 일도 하지 않는 것이 아니라 자신의 집착과 욕망을 줄이고 하느님이 역사하시도록 하는 것이며 하느님의 도가 작용하도록 하는 것이다(조옥진, 2005).

상담자는 상담 과정에 함께하시는 하느님의 은총을 청한다. 상담을 시작할 때나 상담 중에 어려움이 있을 때 잠시 멈추어 하느님에게 기도한다. 하느님에게 기도하더라도 하느님께서 침묵할 수 있다. 그럴 때는 하느님이 상담자가 알아서 대처하기를 바란다는 것으로 알면서 지금 이 상황에서 자신이 해야 할 일을 한다.

영성상담은 하느님의 은총에 힘입어 내담자에게 전인격적 접근을 하는 것으로 치료보다는 치유에 가깝다. 나는 상담을 하면서 사랑의 결핍으로 다른 사람에게 사랑을 갈구하고 자신을 미워하던 내담자가 상담을 통해 위로받고 안정됨으로써 자기를 존중하고 가정과 직장에서 남을 배려하는 사람으로 변화되는 모습을 보았다. 내담자가 상담을 통해서 하느님의 사랑을 체험하면 있는 그대로 자기를 받아들이고 사랑하면서 자기답게 살아가게 된다.

영성상담자는 개인의 종교와 무관하게 호흡하는 모든 사람을 하느님이 주신 귀중한 선물인 생명, 영성을 가진 거룩한 존재로 보고 동반한다. 캐나다의 Brith Columbia주에 거주하는 341명의 상담자를 대상으로 면담한 연구에서는, 종교보다는 영성이 상담에서 중요한 역할을 하는 것으로 나타났다(Plumb, 2011). 상담자는 호흡과 같은 실제적 영성에 초점을 두고 내담자를 대하는 것이 좋다.

상담 과정에서 특히 중요한 것은 라포형성이다. 상담자와 내담자 간에 관계가 잘 형성되어야 상담이 매끄럽게 진행된다. 상담자는 내담자를 가족과 같이, 친구와 같이 동반한다. 로저스가 말한 진솔성, 무조건적 존중, 정확한 공감은 한마디로 그리스도의 사랑이다.

영성상담자는 그리스도의 마음으로 진실하고, 긍정적인 마음을 가지고, 무조건적이며 수용적으로 내담자의 입장에서 이해하려고 노력해야 한다(정무웅, 1994). 내담자가 상담자로부터 조건 없는 존중과 사랑, 공감을 받으면 내담자가 자기를 존중하면서 자신의 잠재력을 잘 발휘하고 이웃을 배려하게 된다. 내담자는 상담자와의 만남을 통해 자기를 수용하면서 일상에서 자기의 유능성을 발휘하게 된다. 상담의 효과를 높이기 위해서는 상담자의 지속적인 영성살이와 전문성 함양이 필요하다.

가톨릭 영성상담은 단기 상담으로 진행될 수도 있고 수년간 지속하여 상담할 수도 있다. 단기 상담이라 할지라도 상담의 과정을 초기, 중기, 종료기로 구분하여 상담한다. 또 상담의 장소는 실내에서 혹은 숲과 같은 자연 속에서 상담할 수도 있다. 중요한 것은 내담자와 상황에 맞게 유연하게 상담하는 것이다.

1) 초기

나는 상담에 임하기 전에 내담자를 나에게 보내 주신 하느님께 감사드린다. 하느님의 은총을 구하는 기도를 하면서 지금 여기에 현존하는 하느님을 의식한다.

초기에는 내담자와 라포를 잘 형성하는 것이 중요하다. 종교가 같은 내담자의 경우에는 라포형성이 쉬울 수 있다. 라포형성이 잘되면 내담자가 편안한 마음으로 자기 문제를 이야기하게 된다. 상담자는 경청과 공감 등으로 내담자가 자기 감정을 잘 표현하도록 돕는다.

초기에는 면담을 통하여 내담자가 가진 문제를 명료하게 이해하면서 이를 기반으로 치료 목표와 치료 전략을 강구한다. 지금 이 내담자에게는 지지적 상담이 효과가 있을 것인지, 영성에 기반한 통찰지향적 상담이 효과가 있을지, 혹은 영성에 기반한 인지행동적 상담이 도움이 될 것인지를 생각하여 상담전략을 수립하고 이에 맞는 개입기술을 계획한다.

상담자는 내담자를 명확하게 이해하기 위해 내담자가 지금 이 시점에 상담받으러 오게 된 계기가 무엇인지 알아본다. 내담자의 증상, 기분, 성격, 가족과의 관계, 대인관계, 주변 환경, 발달력, 과거력 등에 대해서 자세히 알아본다. 상담자는 내담자의 주요 호소 문제와 촉발요인, 반복되는 부적응적인 패턴 등을 탐색하고 사례개념화를 할 수 있다(이명우, 2020). 또 내담자의 정신역동을 알아보고, 내담자 가진 장점과 강점도 파악한다. 초기에는 내담자를 좀 더 객관적이고 신속하게 이해하기 위해 심리평가를 실시할 수 있다. 심리평가는 초기에 실시하는 것이 좋다.

초기에 상담자는 내담자에게 상담의 목표와 계획에 대해서 알려 주고 상담의 목표와 방법에 대한 동의를 구한다. 초기 단계에서는 내담자의 신앙이나 영적 태도를 알아본다.

2) 중기

중기에서는 내담자의 문제해결에 도움이 되는 상담전략과 기법을 적용한다. 경청과 공감, 질문, 지지, 격려, 반영, 요약, 직면 등의 기법을 내담자와 상황에 맞게 적절히 사용한다. 상담의 목표나 전략에 따라 중기의 과업이 다르다. 영성에 기반한 정신역동적 상담으로 상담을 진행할 경우에는 전이, 훈습 등을 주로 다룬다.

중기단계에서는 내담자의 문제가 어느 정도로 변화되었는지 확인하고, 내담자의 마음에서 어떤 변화가 있는지를 계속 평가한다. 때로는 변화가 서서히 일어날 수도 있고, 극적으로 변화가 일어날 수도 있다. 상담자는 내담자의 변화를 평가하면서 상담의 전략을 바꿀 수도 있다(이명우, 2020; Dewald, 2010).

중기 단계에서는 내담자의 주요 문제가 생활 전반에 어떻게 반복되면서 부적응적인 상황을 이어가는지를 자각하고 통찰하게 한다. 상담자가 내담자의 불안과 두려움 등을 표현하도록 하고 공감하면, 내담자는 다양한 관점으로 자신의 삶을 바라보고 다룰 수 있으면서 새로운 방식으로 적응하게 된다(천성문 외, 2022). 내담자가 자기를 잘 이해하고 수용하면 삶의 태도가 달라진다.

상담의 중기에는 내담자가 자기 내면에서 하느님의 품성을 찾고 영성살이를 잘할 수 있도록 안내한다. 또한 내담자가 자기를 객관화해서 볼 수 있도록 마음챙김을 가르친다.

3) 종료기

내담자가 의뢰한 문제가 해결되거나 상담목표가 완성되었을 때 혹은 상담자와 내담자의 상황에 변화가 있을 때 상담을 마치게 된다. 성공적 종료기에서는 내담자가 자기 문제를 잘 해결하고 한 단계 성장하면서 현실에 잘 적응하게 된다.

단기 상담의 경우는 내담자가 자기의 주요 문제를 정확히 이해하고 문제가 되는 주요한 갈등이나 문제를 해결할 수 있으면 상담을 종료할 수 있다.

상담자는 지금까지 상담하면서 얻어진 내용을 요약하며 정리해 준다. 상담자는 내담자가 상담 과정에서 배우고 느낀 것을 일상에서 잘 적용하도록 격려하고 재발 예방에 대해서 알려 준다. 또 내담자가 필요한 경우에는 언제든지 상담자를 방문할 수 있도록 한다.

종료기에는 내담자가 상담을 마치면서 느낄 수 있는 분리 감정과 장래에 대한 불안의 심리를 잘 다루어야 한다. 상담자 또한 마음챙김하면서 종료기의 자기 감정을 잘 관리한다. 또 내담자가 상담을 마친 다음에도 꾸준하게 마음챙김하고 영성살이를 잘 하여 성장의 기쁨을 맛볼 수 있도록 돕는다. 나는 상담을 마친 다음에 하느님의 협조자로서 상담자의 역할을 다하게 된 것에 감사의 기도를 드린다.

5. 유의사항

상담자는 내담자가 자기의 생명, 영성을 잘 유지하고 발휘하도록 도와야 한다. 또 상담자는 내담자의 동의 구하기, 역량 가지기, 다른 전문가와 협력하기와 같은 윤리적인 사항을 잘 지켜야 한다(Barnett & Johnson, 2011). 신앙이 없는 내담자의 경우는 상담자가 영적 내용을 언급하는 것에 거부감을 가질 수 있기에 유의해야 한다. 대부분의 내담자가 기도와 같은 종교적 개입에 호의를 가질 수 있으나 내담자의 동의를 구한 다음에 하는 것이 좋다. 상담자는 가톨릭 신앙의 교리에 대해 잘 알고 있어야 신앙과 관련된 논의에 대해서 어색하지 않을 수 있다. 영성상담자는 내담자 종교의 기본교리에 정통하고, 내담자가 편안한 가운데 영적 대화를 나누는 것이 좋다(Post & Wade, 2009).

상담자는 전문가로서의 권위와 자신감을 가지고 내담자를 대한다. 상담자는 정신병리와 상담에 관한 최신의 이론을 배우고 공부하면서 전문적 역량을 높이는 동시에 꾸준하게 영성살이를 해야 한다.

상담자는 내담자에 맞추어 상담을 진행하면서도 자신의 몸과 마음의 건강을 잘 보살펴야 한다. 상담자가 편안하고 건강해야 내담자에게 적절한 도움을 줄 수 있다. 상담자는 피로감이 일어나면 충분히 쉬어야 한다. 또 상담 과정에서도 자주 자기 호흡을 주시하고 편안하게 호흡하면서 상담하도록 한다. 상담자는 상담이 잘 진행되지 않더라도 있는 그대로의 자기를 인정하면서 받아들이고 하느님의 은총을 구한다.

03

상담이론과 영성의 통합, 상담사례

1. 영성에 기반한 심리상담이론

영성에 기반한 상담에서는 상담자의 태도가 특히 중요하다. 상담자는 내담자를 하느님의 본성을 가진 귀중한 존재로 대하고 하느님의 협조자로서 역할을 다해야 한다.

영성상담자는 이러한 태도로 정신역동상담이론, 인지행동상담이론 등 내담자에게 효과가 있을 수 있는 상담이론을 적용하여 내담자가 자기를 잘 이해하고 자기를 실현할 수 있도록 돕는다.

영성에 기반한 정신역동상담에서는 내담자가 비의식의 지배로부터 벗어날 수 있도록 돕는다. 내담자가 자기의 비의식적 갈등에서 자유로울 때 영성살이를 잘할 수 있다. 상담자는 전이 분석, 초기 기억, 꿈의 분석 등을 통하여 내담자의 비의식적 갈등을 이해하고 해석하여 내담자가 현실에서 편안하게 살아갈 수 있도록 돕는다.

상담자는 내담자가 상담 후에도 내적 성장을 위해 마음챙김, 기도 등의 수행을 지속하도록 제안한다.

영성에 기반한 인지행동적 상담에서는 내담자가 가진 비합리적이며 왜곡된 사고와 신념을 발견하고 바꿀 수 있는 소크라테스적 질문, 합리적이고 이성적으로 사고하기 등의 인지적 기법이나 행동활성화, 스트레스 관리, 문제해결방법 등을 적용한다. 상담자는 내담자에게 지금 자신의 감정과 생각을 알아차리는 마음챙김을 강조하고 자신의 행복과 대인관계에 도움이 되는 생각을 선택하도록 돕는다.

가톨릭 영성상담은 영성에 기반한 아들러 상담, 실존 상담, 현실요법, 가족상담 등의 심리상담이론을 적용할 수도 있다. 중요한 것은 상담자는 하느님의 조력자로서의 태도를 가지고 내담자와 상황에 맞게 유연하게 적용하는 것이다.

2. 상담사례

상담은 내담자에게 실내와 자연에서 진행할 것으로 사전 안내하였고, 내담자 동의 후 실내에서 60분, 자연 속에서 60분 정도 진행하였다.

상담자는 내담자를 만나기 전에 호흡 마음챙김을 하고 하느님에게 기도하였다.

상담자는 내담자와 상담자의 영성이 일치되고 있음을 의식하고 내담자를 영성을 가진 거룩한 존재로 보고 동반하였다.

실내에서의 상담은 내담자의 가족관계와 그 관계 간의 역동을 살펴보았고, 내담자가 그 역동 속에서 느낀 감정과 대응하는 태도를 통하여 내담자에게 형성된 생활양식을 이해하는 기회가 되었다. 상담자는 내담자의 이야기를 경청하고 공감하면서 내담자가 자기를 잘 이해할 수 있도록 내담자의 감정을 반영하였다.

내담자는 어린 시절에 있었던 어머니와의 갈등과 어머니에 대한 분노감정을 표현하였고, 그때 일어난 몸의 감각에 대해서 말하였다. 또한 내담자는 어머니에 대한 억압된 분노감정이 직장 내 다른 동료와의 관계에서도 반복되고 있음을 자각하였다. 상담자는 내담자에게 나-표현법을 알려 주고 연습하도록 하였고, 호흡이 생명성, 영성과 관련됨을 내담자에게 안내하고 호흡 마음 챙김을 실시하였다.

실내에서 상담을 마친 후 학교 내의 숲속에서 상담을 계속하였다. 숲에서의 상담은 먼저 걷기 명상을 15분 실시하였다. 발바닥 전체를 통하여 감각적으로 느껴지는 것들에 대하여 이야기를 나누었다. 다음으로 숲속의 편안한 곳에 자리를 잡고서 호흡명상을 15분간 실시하였다. 들이쉬는 숨이 내쉬는 숨에 비하여 빠르게 진행되고 있음을 알아차리고 숨을 천천히 들이쉬고 내쉬는 것에 주의를 기울이면서 마음을 모아 집중할 수 있도록 하였다. 또 15분간은 숲속의 나무, 돌, 바람, 새소리 등의 자연이 자신에게 어떤 말을 하는지 들어 보도록 하였다. 내담자는 하늘의 구름이 움직이는 것을 바라보면서 '지금

여기에 내가 살아있구나!' 하고 느끼게 되었다고 말했다. 또 '지저귀는 새소리를 들으니 기운이 난다.'라고 하였다. 다음 약 15분간은 자기 내면에서 작용하시는 하느님의 말씀에 귀를 기울이는 시간을 가졌다. 내담자는 숲속 명상을 통하여 "생명과 자연의 위대함을 느끼면서 내가 살아있구나!, 살아가고 싶구나!를 알아차리게 되었다."고 말하였다. 상담 과정을 통하여 내담자는 "마음이 편안해졌고, 나를 좀 더 이해하고 받아들이게 되었다."고 하였으며 앞으로도 "지속적으로 마음챙김을 해야 하겠다."고 다짐하였다.

상담자는 상담을 마친 다음에 하느님께 감사의 기도를 드렸다.

04 맺는말

가톨릭 영성상담자는 내담자가 영적 변화를 이루면서 진정한 자신으로 살아가도록 돕는다. 내담자가 상담자로부터 존중과 사랑을 체험하면 내담자가 자기를 인정하고 존중하면서 자기답게 잘 살아갈 수 있다.

모든 인간은 하느님이 선물해 주신 호흡, 생명, 영을 가지고 사는 거룩한 존재이다. 상담자는 지금 여기 호흡과 함께 계시는 하느님 사랑을 의식하면서 내담자를 만난다. 상담자는 내담자를 하느님 모상을 가진 귀중한 존재로 대하면서 하느님의 도구로서 전문성을 발휘한다.

가톨릭 영성상담 과정은 하느님이 주관하시면서 상담자는 하느님의 협조자로서 역할을 하게 된다. 상담자의 사랑과 전문성은 내담자가 자기를 올바로 이해하고 자기를 실현하게 한다.

상담자는 자기의 전문성의 발달과 올바른 영성살이를 위해서 꾸준하게 공부하고 수행해야 한다. 영성상담자는 다양한 심리상담 이론과 기법을 내담자와 상황에 맞추어 유연하게 적용한다. 상담자는 하느님의 현존을 의식하면서 내담자에게 지혜와 사랑을 전달한다. 이때 상담자의 영성살이는 추상적인 것이 아니고 존재를 존재로 보고 내담자가 숨을 편안하게 쉬게 한다는 점에서 실재적이다(황종렬 외, 2021). 지금 이 자리에 하느님이 함께하신다는 마음챙김은 상담자와 내담자의 호흡을 편안하게 하면서 내담자가 자기를 존중하고 풍성한 열매를 맺을 수 있는 사람으로 변하게 한다.

상담을 통해 내담자가 편안하게 숨 쉬면서, 자기를 인정하고 사랑하며 이웃을 배려하고 자기답게 잘 살아가게 된다.

참고문헌

권명수, 김기범(2014). 관상기도와 명상의 효과에 관한 연구. 신학과 실천, 41, 151-176.

권석만(2018). 현대 심리치료와 상담이론. 서울: 학지사.

김경민(2019). 참나상담. 송현문화.

김미경(2008). 기독상담자와 영성. 복음과 상담, 11, 165-185.

김영택(2002). 특집 그리스도교 영성: 기도, 예배, 생활, 수련, 가톨릭의 영성. 기독교 사상, 46(9), 45-62.

김인호(2021). 가톨릭에서의 초월영성상담 토론. 2021년 초월영성상담학회 추계학 술대회 자료집.

김창대, 권경인, 한영주, 손난희(2005). 상담성과를 가져오는 한국적 상담자 요인. 상담학연구, 9(3), 961-986.

꽃동네사랑의 연구소(2021). 완전한 치유. 꽃동네출판사.

도건창, 김미숙(2021). 존재 중심 영성살이 과정의 사회복지 실천사례. 2021 생명 문화연구소 공동학술대회 자료집. 펜데믹 사회에서의 영성과 중독 그리고 정신 건강의 행복. 1-23.

도건창(2022). 카리타스학 입문 1. 가톨릭꽃동네대학교 출판부.

문종원(2015). 상실과 슬픔의 치유. 서울: 바오로딸.

박상규(2009). 행복 4중주. 서울: 이너북스.

박상규(2018). 중독자의 회복유지를 위한 새로운 패러다임: 한국적 상담모형. 한국 심리학회지: 건강, 23(2), 273-326.

박상규(2020). 행복수업. 서울: 학지사.

박상규(2021). 노자의 무위자연의 관점에서 본 자존감과 상담적 접근에서의 시사점. 한국심리학회지: 건강, 26(4), 617-639.

박상규(2022). 마음챙김과 행복. 서울: 학지사.

박상규, 박준호, 배성훈, 신성만, 조성근, 조혜선, 최현정, 홍예영(2022). 임상심리학. 서울: 학지사.

박일영(2008). 동서종교의 생명문화 비교연구 샤머니즘과 가톨릭을 중심으로. 종교연구, 53, 1-25.

박태수(2008). 명상을 통한 상담의 가능성. 상담학 연구, 9(3), 1373-1388.

방효익(2006). 관상과 사적계시. 가톨릭 출판사.

송정희, 차진경, 이차연, 최연숙, 연평식(2014). 산림치유 프로그램이 여자간호대학생들의 스트레스 반응 및 영적 건강에 미치는 효과와 경험. 한국산림휴양학회지, 18(1), 109-125.

심지은, 윤호균(2008). 상담자 교육에서의 마음챙김 적용. 한국심리학회지: 건강, 13(2), 307-328.

오창홍, 박상규(2020). 숲치료 이야기. 서울: 학지사.

윤영수(2017). 가톨릭 수도자가 상담자로서 경험하는 소진의 현상학적 연구, 신학 전망, 197, 107-153.

이동식(2008). 도정신치료 입문. 서울: 한강수.

이만홍, 황지연(2007). 역동심리치료와 영적 탐구. 서울: 학지사.

이명우(2020). 사례개념화 기반 개인상담의 실제. 서울: 학지사.

이어령(2017). 지상에서 영성으로. 도서출판 열림원.

이창진(2013). 영성체험의 효과와 영성체험에 대한 현상학적 고찰: 성령세미나를 중심으로. 한국기독교상담학회지, 24(2). 135-180.

장성숙(2010). 상담자의 어른 역할이 상담성과에 미치는 영향 "이야기 방식"에 기초한 보고형태. 한국심리학회지: 문화 및 사회문제, 16(3), 311-329.

전의찬(2021). 가톨릭 생태영성과 활성화를 통한 기후위기 극복. 종교문화학보, 18(1), 73-101.

정무웅(1994). 영성상담. 호스피스 4, 4-4.

정미숙(2012). 초월영성상담의 과정과 기법에 대한 접근: 위빠사나와 아유르베다를 중심으로. 상담학연구, 13(1), 17-30.

정철범(1994). 자연을 통한 영성회복. 기독교사상, 38(7), 4-8.

조옥진(2005). 영성과 심리상담. 서울: 가톨릭출판사.

주은선, 박영주(2015). 상담자에 관한 국내 연구의 동향 및 상담성과에 영향을 주는 한국적 상담자 요인분석. 한국심리학회지: 일반, 34(2), 453-484.

천성문, 안세지, 최지이, 윤정훈, 배문경(2022). 초심상담자를 위한 상담면접의 실제. 서울: 학지사.

채준호(2001). 마음과 영혼의 동반자. 서울: 바오로딸.

황정희(2019). 감정조절을 위한 율곡의 교기질 방법활용. 구용구사중심으로. 율곡학 연구, 40, 327-350.

황종열(2021). 존재 중심 동반과 치유에 대하여. 2021 생명문화연구소 공동학술대회 자료집. 펜데믹 사회에서의 영성과 중독 그리고 정신건강의 행복. 25-44.

황종렬, 도건창, 김미숙(2021). 가톨릭 사회복지기관 사회복지사의 성찰일지에 나타난 존재 중심 영성살이 실천 사례연구. 생명연구, 62, 153-182.

홍경자(2017). 행복을 위한 전인적 '영성치유'와 철학상담. 가톨릭 철학, 28, 177-208.

Barnett, J. E., & Johnson, W. B. (2011). Integrating spirituality and religion into psychotherapy: Persistent dilemmas, ethical issues, and a proposed decision-making process. *Ethics & Behavior, 21*(2). 147-164.

Brother Lawrence (2018). **하나님의 임재연습**. (윤종석 역). 서울: 두란노. (원저는 1982년에 출판).

Brown, O., Elkonin, D., & Naicker, S. (2013). The use of religion and spirituality in psychotherapy: Enablers and barriers. *J relig Health, 52*, 1131-1146.

Carretto, C. (2011). **사막에서의 편지**. (신상조 역). 서울: 바오로딸. (원저는 1964년에 출판).

Catret, J. (2009). **십자가의 성 요한의 영성**. (서울가르멜 여자수도원 역). 가톨릭 출판사. (원저는 1982년에 출판).

Dewald, P. A. (2010). **정신치료의 이론과 실제**. (김기석 역). 서울: 고려대학교 출판부. (원저는 1974년에 출판).

Grün, A. (2019). **당신은 이미 충분합니다**. (김현정 역). 서울: 쌤앤파커스. (원저는 2018년에 출간).

Hinterkopf, E. (2016). **영성상담의 실제**. (안기민 역). 수원가톨릭대학교 출판부. (원저는 2015년에 출판).

Keating, T. (2021). **침묵의 대화**. (엄무광 역). 서울: 가톨릭출판사. (원저는 2012년에 출판).

Merton, T. (2010). **토마스 머튼의 시간**. (류해옥 역). 서울: 바오로딸. (원저는 1999년에 출판).

Merton, T. (2020). **마음의 기도**. (이영식 역). 서울: 성바오르. (원저는 1969년에 출판).

Oden, A. G. (2022). **지금 여기에서 기독교 마음챙김실천**. (장석연, 이현주, 주희연, 한정희 공역). 서울: 학지사. (원저는 2017년에 출판).

Philippe, J. (2016). **사랑하기 위하여 기도를 배운다**. (추교윤 역). 서울: 바오로딸. (원저는 2013년에 출판).

Plumb, A. M. (2011). Spirituality and counselling: Are counsellors prepared to integrate religion and spirituality into therapeutic work with clients? *Canadian Journal of Counseling and Psychotherapy, 45*(1), 1-16.

Post, B. C., & Wade, N. G. (2009). Religion and spirituality in psychotherapy: A practice-friendly review of research. *Journal of Clinical Psychology, 65*(2), 131-146.

Sutton, G. W., Arnzen, C., & Kelly, H. L. (2016). Christian counseling and psychotherapy: Components of clinician spirituality that predict type of christian intervention. *Journal of Psychology and Christianity, 35*(3), 204-214.

Walker, D, F., Richard, L., Gorsuch, R. L., & Tan, Siang-Yang. (2004). Therapist's integration of religion and spirituality in counseling: A meta-analysis. *Counseling and Values, 49*, 69-80.

제3부

기독교적 관점에서 초월영성상담

이정기

서론

1. 고흐의 별빛

별나라엔들 외로운 별 없으랴 _ 황동규

황동규의 시집 『버클리풍의 사랑 노래』에는 「세일에서 건진 고흐의 별빛」(A Flash of Gogh; 황동규, 2000)이라는 詩 한 편이 캄캄한 밤하늘에 반짝이는 '별빛처럼' 자리하고 있다. 그것도 고흐의 별빛처럼, 절정 같은 뜨거움으로 꿈틀대고 있다.

세일에서 건진 고흐의 별빛

나머지는 모두 모여 해와 달이 되어 빛나고 있다./ 빛나라, 별들이여, 빛나라, 편백나무여,/ 세상에 빛나지 않는 게 어디 있는가./ 있다면, 고흐가 채 다녀가지 않았을 뿐./ 농부들을 붙들고 묻는다./ '저 별들이 왜 환하게 노래하고 있지요?'/ '세상에 노래하지 않는 별이 어디 있소?'/ 빛나라, 보리밭이여, 빛나라, 외로운 별이여,/ 빛나라, 늘 걷는 길을 걷다/ 이상한 사람 만난 농부들이여.

반 고흐가 그저 좋다. "실편백나무가 불꽃처럼 넘실거리며, 하늘을 향해 치솟는"

(염명순, 2012) "별이 빛나는 밤에," 별빛들이 마치 "한 줄기 섬광(閃光)"처럼, 가슴을 두드려 온다. '섬광'은 영어로는 a flash, a glint of light, scintillation이다. "번쩍번쩍할 閃"에, "빛 光"이다(이상사 편, 1993). 그 빛은 "번쩍이는 빛" "순간적으로 내는 빛" "광물 따위의 다른 물질이 섞여 들어 번쩍번쩍 비쳐 반사되는 빛"이다(신기철, 신용철 편, 1995).

영어의 'Flash'는 "불, 섬광, 번쩍이다, 돌발"을 의미한다. 그리고 'a glint of light'는 "빛이 반짝거리는" 그리고 'scintillation'은 "불꽃, 섬광, 번뜩이기" 등을 뜻한다. 한마디로 '섬광'은 빛이 번쩍이듯이, 무언가 혼미한 상태 같은 의식 속에 갑작스러운 충격 또는 어떤 순간적인 '깨달음'이 온통 머리를 두드려 올 때 쓰이는 낱말이다.

아무튼 황동규의 고흐는 별빛과 함께 '섬광처럼' 그렇게 내게 다가왔다. 가슴을 두드려 온 것이다. 어떤 '깨달음(enlightenment)' 같은 것일지도 모른다. "고흐의 별빛처럼"이라는 표현은 그런 "충격적 변화" 같은 의미로 두드려 온다. 사실 고흐의 "별이 빛나는 밤"은 '깨달음'의 순간이다. 온몸을 꿈틀대며, 온 영혼을 사로잡는 어떤 격정, 무엇엔가 홀린 것 같은 무엇, '초월'이란 그런 상태를 말하는 것은 아닐까? '초월' 같은 존재(?) 자체가 와락 나의 영혼을 사로잡는 듯한, 그런 느낌…….

'근원적 실재'와의 만남을 강조하는 토마스 호라(Thomas Hora)[1]는 그러한 작용을 'omni-action'이라고 명명하고, 필자는 '하늘작용'이라고 읽는다. 그것은 '땅의 작용'이 아니다. '인간의 작용'이 아니다. 근원적 실재, 곧 '신(神)의 작용'이다. 그것은 결코 작위(作爲)일 수 없다. 마치 언어로 표현할 수 없는 크낙한 존재의 두툼한 손길 같아 전혀 반항할 수 없는 힘으로, 전 존재를 와락 사로잡는다.

고흐의 그림을 볼 때마다 나는, '하늘 바람'[2]을 따라, 태양을 두 눈으로 똑바로 바라보며, 수직으로 하늘을 날아오르는 한 마리 독수리를 상상하곤 한다. 독수리 한 마리가 꿈틀대고, 태양이 꿈틀대고, 온 우주가 벌겋게 타오르며, 나무며, 바다며, 숲들마

1) Thomas Hora는 『메타실존치료』를 개발한 창안자로서 'a pathbreaking psychiatrist and spiritual teacher'이다.
2) 전통적인 신학에서는 그에 해당하는 낱말로 넓은 의미의 '섭리(攝理, providence)'또는 '은총(恩寵, grace)'이라는 낱말을 사용한다. 성서적 전거로는 창세기 2장 7절에 나온 '생기(生氣, the breath of life)'가 이에 상응한다 할 것이다.

저 마치 살아 있는 듯이, 뜨겁게 꿈틀대고 있다. 온 우주가 장엄한 오케스트라를 연주하는 것이다.

이 시대 탁월한 영성가인 라즈니쉬(B. Rajneesh)는 인류역사 속에 존재해 온 예술 가운데, 음악보다 더 탁월한 예술은 없다고 토로한 바 있다. 고흐의 그림 속에서 바로 그 클래식 음악의 정수(core)가 꿈틀대며 흐르고 있다. 눈에 보이는 자연 한복판을 광란하듯 허우적거리는 어떤 보이지 않는 힘, 그 역동, 더불어 솟구치는 바로 그 '하늘작용' 바로 그 '고흐의 별빛' 까닭에, 삶은, 우주는, 나와 하나 되어 장엄한 오라트리오로 화한다.

시인(詩人)은 마치, "고흐의 별빛처럼", 그 모든 광경을, 우주를, 존재를, 초월을, 노래하고 있었다. 그는 알고 있었다. "별나라엔들 외로운 별 없으랴?" 해와 달, 편백나무와, 농부도, 보리밭도, 그 어느 것도 외로움(solitariness)의 저 깊은 무저갱 속에서 홀로움(solitude)[3]을 노래하고 있다는 사실을 온몸으로 체득해 가고 있었다. 비록 별나라에서 홀로 사는 외로운 별들도 "별이 빛나는 하늘 아래 편백나무 길"을 걷는 홀로움의 절정을 향유(享有, enjoyment)하고 있음을 그는 깨달아 알고 있었다.

'고흐의 별빛'은 초월의 빛이며, 영성(靈性, spirituality)의 빛이다. 비록 그 나라에서도 어느 누구 하나 외롭지 않은 사람이 없다는 사실을 부정하지 않는다. 그러나 "고흐의 별빛"이 비추고 있는 한, 그 별빛이 환하게 노래하고 있는 한, 지구별을 사는 어느 누구도, 어느 들꽃도, 어느 농부도, 그 꿈틀대는 "하늘작용"의 신비로움—그 '하늘 바람'을 맛볼 수 있는 것이다. "살아있음(aliveness)" 그 근원적 존재의 "역동(dynamics)"을, 그 전율을 전 존재로 마주하는 것이다. 그 누가 초월, 절정, 황홀이라, 또는 신비(神秘, mystic)라 일컫지 않으랴.

"별나라엔들 외로운 별 없으랴" 그러나 고흐가 다녀간 거리마다, 가슴마다, 모든 별들이 빛나고 있다. 해와 달이, 또 수많은 별들이 빛나고 있다. 편백나무인들 어떠하며, 이상한 나라 농부인들 어떠하며, 밤마다 홀로 울부짖는 외로운 별들인들 어떠하랴. 고흐가 채 다녀가지 않았을 뿐……. 고흐가 다녀가면, 그렇게 고흐의 손길이 닿

3) Henri Nowen은 『Reaching Out』이라는 책에서 그러한 상태를 'solitude'라 칭하였다. 필자는 그 solitude라는 낱말을 황동규 시인이 노래하는 '홀로움'이라는 낱말을 차용하여 사용하려고 한다.

으면, 뜨겁게 노래하지 않는 별이 어디 있으며, 환하게 빛나지 않는 별이 어디 있겠는가? 단지 고흐가 아직 다녀가지 않았을 뿐…….

『상처 입은 치유자(The Wounded Healer)』라는 책을 내어, 20세기에 새로운 목자상을 제시한 바 있는 네덜란드 출신의 가톨릭의 사제, 헨리 나우웬(Henri Nowen)은 반 고흐에 대하여 다음과 같이 증언하고 있다.

> 유명한 네덜란드 화가 빈센트 반 고흐의 생기 넘치는 멋진 꽃 그림들을 보라. 그는 고달픈 인생에서 얼마나 깊은 비애와 슬픔과 우울을 맛본 사람인가! 그런데도 그의 그림은 얼마나 아름다우며 환희에 차 있는가! 생명이 충일한 해바라기 그림을 보라. 슬픔이 어디서 끝나고 춤이 어디서 시작되는지 누가 알 수 있겠는가? 우리의 영광은 고통 속에 숨어 있다(Nowen, 2005).

"슬픔이 어디서 끝나고, 춤이 어디서 시작되는지", 반 고흐의 그림을 보고 있노라면, 우리는 어느 순간 비애와 슬픔과 우울을 넘어, 하늘 춤이 시작되는 그 모습에 온몸으로, 온 가슴으로, 온 영혼으로, 화답하게 된다. 그렇게 '아름다움과 환희' 가득한 생명의 충일(充溢, exuberance)을 맛보는 견고한 '홀로움(solitude)'의 경지에 이르게 되는 것이다.

2. 영적 노숙자

종교가 아니라 영성 NRBS

미국에서 활동하는 영성심리치료사 D. 스티어(D. Steere)는 『심리치료에서의 영적 현존』(Steere, 1999)이라는 책에서, '영적 노숙자(spiritually-homeless)'를 언급한 바 있다. 사회복지적 차원에서 다루는 노숙자(homeless)문제는 이미 오래 전부터 사회 문제로 이슈화되어 그 제도적 돌봄은 다양한 기관을 통하여 이루어져 가고 있다. 그러나 현대에 와서 우리는 전혀 다른 세계로 진입하고 있다. 그러한 미래를 전망하며, 이미 미국은 사회복지적 차원을 넘어서, 건강관리체계의 정신적, 영적 분야는 사적 영역과 공적 영역으로 나뉘어져 있다.

그럼에도 불구하고, '영적 노숙자'를 관리하는 문제는 아직도 구체적으로 그 담당 영역이 명시되어 있지 않다. 영성심리치료사 스티어(Steere, 1997)는 앞으로 상담 현장에 영성을 담당하게 될 세 번째 층이 구성될 것이라고 전망한다. 상담자들을 중심으로 영적 현존의 차원이 강조될 것이라는 것이다.

> 그들은 경제적으로 움직여지는 체계가 영적 차원을 지속시킬 것을 기대할 수도 없고, 기대해서도 안 된다는 것을 알지만, 그렇게 할 것이다. 그들은 영적으로 갈 곳이 없는 사람들, 영적 노숙자들(spiritually-homeless) 중에서…… 감소되거나 사라지지 않을 영적 현존의 느낌을 위한 필요에서, 영적 차원을 요구하는 것에 반응할 때 그렇게 할 것이다(Sperry, 2011).

그러나 영성심리치료사 렌 스페리(Len Sperry)가 주장하듯이, 관리 의료가 치유(healing)보다 치료(cure)에 더 치중하기 때문에 필연적으로 심리치료의 영적 차원을 우회하게 된다. 그러므로 영적 차원의 문제는 정신의학 분야보다는 목회상담 분야에 의뢰될 가능성이 크다. 그러나 정신의학 분야에서 영적 차원을 인정하고 지지하게 될 가능성이 있다고 하는 전제하에, 쌍방의 협력의 정도와 지지의 문제에 따라 그 향방이 정해질 것이라고 전망하는 것이다(Sperry, 2011).

그러한 관심들이 점증하는 사태는 NRBS로 요약된다. Not Religion But Spirituality, 즉 종교가 아니라 영성(靈性)이라는 미국의 종교적 상황과 맞물려 있다. 통계에 의하면, 미국 사람들의 90% 이상이 교회는 출석하지 않아도 하나님은 믿는다고 고백한다. 영성(spirituality)을 부인하지 않는 그들을 'NRBS'라 한다. 비록 제도적 교회는 참석하지 않지만(Not Religion), 영성(But Spirituality)은 부정할 수 없다는 고백이다.

물론 미국적 상황은 한국과는 같지 않다. 그러나 시사하는 바는 적지 않다. 한국에서 다양한 유사종교가 횡횡하는 이유 가운데 하나는 긍정적인 시각으로 보면, 제도적인 기존 종교가 제 구실을 못하고 있다는 반증이다. 미국식 표현으로는 'Not Religion, But Spirituality'이다. '종교 자체는 인정하지 않지만, 영성은 부정하지 않는다.'라는 사상은 뉴 에이지(New Age) 운동이 갖고 있는 부정적 요소를 간직한 채, 한국에서도 상처 입은 영혼들을 파고들고 있다.

몇 년 전에 가까운 지인이, '실존치료 연구소'를 빌려, 일요일마다 몇 달간 예배를 드린 적이 있었다. 이름이 '가나안 교회'란다. 교회 이름의 내력을 들었더니, '안 나가' 교회라고 한다. 기존 교회에 나가지 않고 있는 무리들이라는 것이다. 즉 기존 교회를 나가지 못하고 있는 무리들이 따로 모여 새로운 시도를 하고 있다. 한국적 NRBS의 다른 양상의 하나이다.

영적 노숙자 그들은 소위 '길 잃은 양들'인 것이다. 수많은 사람이 길을 잃고, 영혼의 거리를 유리방황하고 있다. Spiritually-Homeless, 영적 노숙자들이다. 보수주의 시각의 심리치료사 카라수(T. Karasu)는 '자비로운 회복과 구원자적 역할'로서의 영성 심리치료사의 필요성을 강조한다. '자기 자신을 넘어선 자기(the self)', 곧 자기초월을 추구하는 내담자를 돕는 상담을 꿈꾸고 있는 것이다(Sperry, 2011).

어쩌면 종교유무와 관계없이, 우리 모두는 Spiritually-Homeless들이 아닌가? 길을 잃고, 삶의 목적과 의미를 상실한 영적 노숙자들은 아닌가? 구원과 치유, 곧 신체, 마음, 영혼의 조화를 강조하는 영성상담이 요구되는 상황이다. 영성상담은 실존상담, 종교 상담 또는 분석심리학 등과 조심스럽게 구분된다. 그리고 영성심리치료사의 역할은 선생, 전이대상, 인지 교정자, 공감적 자기대상의 역할 수행자는 결코 아니다. 그러한 역할은 그리 중요하지 않다. 그것이 오늘의 세계적 추세이다. 바로 여기에 초월영성상담의 존재 이유가 있다(Sperry, 2011).

3. 황홀 체험[4)]

너의 지복(至福)을 따르라! Follow Your Bliss! _ 조셉 캠벨

우리는 인간 의식 너머의 영역을 초월(超越, transcendence)이라 부른다. 그리고 때로는 그 내용을 영성(靈性, spirituality)이라고 읽는다. 그런가 하면, 바로 그 영역이 우리의 눈으로, 우리의 몸으로 체득되는 사태를 현존(現存, presence)이라 한다. 그리고 바로 '지금 여기에서(hear and now)' 그 초월을 맛보는 상태를 '황홀(恍惚, ecstasy)'이라

4) 황홀(ecstacy)에 관한 집중적인 연구로는 〈Laski, M. (1961). *Ecstasy*. New York: St. Martin's Press.〉가 있다.

일컫는다. 존재심리학자 에이브러함 매슬로(Abraham Maslow)의 표현을 빌리면, 절정 체험(peak experience)이 곧 그것이다.

그러한 상태는 신비(神秘, mystic)영역에 속한다. 신화학자 조지프 캠벨(Joseph Campbell)이 "너의 지복(至福)을 따르라!(Follow your bliss!)"라고 선언한 그 지복(至福)의 경지는 신비, 곧 절정 체험의 다른 이름이다. 초월경험, 영성체험, 더 나아가 신비 체험이라는 말로 회자되는 영역은 과학이 아니다. 그러나 분명한 것은 바로 그 신비로운 영역이 없지 않고 있다는 바로 그 사실이 우리를 너무나도 황홀하게 한다는 것이다.

실존철학자 하이데거(M. Heidegger)는, 형이상학을 전개하면서 그 첫 페이지에서, "왜 그것이 여기에 없지 않고 있느냐?"[5]라고 소리 질렀다. 어쩌면 그는 존재의 '황홀'을 말하고 있는지도 모른다. 그 '황홀'이 왜 여기에 없지 않고 있느냐? 그는 무엇을 노래하고 싶었을까? 아마도 존재 자체, 곧 그의 존재론적 관심의 절정을 노래하고 싶지는 않았을까? 바로 그 기쁨이, 그 절정이, 지금 나와 더불어 존재하고 있다는, 바로 그 사실을 어느 누가 감히 부정할 수 있겠는가?

미국에서 현재 가장 영향력 있는 정신분석가의 한 사람으로 알려져 있는 마이클 아이건(Michael Eigen)은『황홀』이라는 책을 썼다. 그는 우리를 '황홀' 그 자체를 맛보는 것 같은 느낌에 빠져들게 한다. 어쩌면 그 책을 읽는다는 사실이 '황홀' 그 자체나 다름이 없다. 그는『황홀』에 앞서서,『전기가 흐르는 밧줄』, 그리고『정신분석적 신비주의』라는 책을 저술하였는데, 분석적 욕망을 통해 하나로 흘러 모으는 무한한 '원초적 향유(享有, jouissance)'를 그렇게 서술하였다고 스스로 고백하였다(Eigen, 2014).

그런데 그 '원초적 향유'란 무엇인가?

> 이 향유는 우리의 모든 정신적 행위의 일부이며, 또한 우리의 인격이 그 안에서 살아 숨쉬고 성장하는 환경 혹은 장(field)의 일부일 것이다. 이는 페데른(Federn)의 원초적이고 무한한 "나라는 느낌(I-feeling)"이나, 위니코트(Winnicott)의 "지속적 존재(going on being),

5) Martin Heidegger (1980). *An Introduction to Metaphysics*. New Haven. p. 1.
"Why are there Essents rather than nothing?"—This is the first of all questions?
"Essents"= "existents" "things that are"

> 밀너(Milner)의 "상징적 경험의 황홀한 정수"(orgasmic core), 그리고 비온의 "신뢰(faith)" 개념과 연결된다. 그러나 어떤 사람은 이 향유를 자기애적으로 누리고 착취한다. 그러나 어떤 사람들은 이 향유가 부과하는 도전을 인식하고 이를 모든 이, 즉 자신뿐 아니라 타인도 누릴 수 있도록 참으로 복잡한 여행을 시작할 수 있다(Eigen, 2014).

아이건은 이어서 결론을 내린다.

> 나는 황홀이 우리가 살아있다고 느끼는 데, 삶에 더 많은 빛깔을 더하는 데 도움이 된다고 믿는다. 또한 황홀은 삶의 음조와 질감의 일부이기도 하다. 이는 황홀과 함께 혹은 황홀 없이 살 수 있느냐 혹은 없느냐 하는 문제가 아니다. 황홀은 우리가 반드시 관심을 쏟아야 하는 일종의 능력이며, 우리는 이를 즐길 뿐 아니라, 연구해야 한다. 황홀로부터 배우는 법을 배워야 한다. 숨을 쉬지 않을 수 없듯 황홀을 없앨 수는 없다(Eigen, 2014).

어쩌면 황홀체험은 하늘이 인간에게 베풀어 준 가장 고귀한 존재체험은 아닐까? 그리하여, 하이데거의 충격적 놀람도 그 기쁨을 노래하는 것은 아닐까. "왜 이것이 없지 않고 있느냐?" 그 원초적 향유가 여기에 있어, 오늘도 존재는 그렇게 하늘 높이 비상할 수 있는 것은 아닐까.

4. 존재(存在)의 춤

춤은 최초의, 최고(最古)의 그리고 끝없이 지속되는 종교이다. _ 디아르무드 오 무르추[6)]

20세기의 위대한 실존주의 신학자 폴 틸리히(Paul Tillich)를 연구한 존 뉴포트(John P. Newport)는 폴 틸리히 신학의 존재론적 구조를 세 가지 낱말로 정리하였다. 본질(本質, essence), 실존(實存, existence), 본질화(本質化, essentialization)가 그것들이다.

6) O' Murchu, D. (2004). *Quantum Theology*, p. 40. "Dance is the first, most ancient, and most enduring form of Religion."

> 폴 틸리히의 전체 신학 또는 존재-신학적 체계는 그 구조와 형태를, 궁극적 실재는 실현되지 않은 본질을 실존으로, 그 다음으로는 다시 성취된 본질화(fufilled essentialization)로 회귀하는 움직임으로 전개되고 있다. …… 앤더스 니그렌(Anders Nygren)은 하나의 존재-신학(an onto-theology)이라고 말하였다. …… 본질-실존-본질화의 범주는 틸리히의 모든 체계 속에서 작용하며, 그 체계 자체의 핵심이 되고 있다(Newport, 1984).

삶의 종교적 차원은 인간 삶의 모든 의미의 차원을 선행한다. 종교적 차원은 왜 서구인들이 삶의 근거로서 하나님의 현존 감각을 상실하였는가를 설명해 준다. 그리하여 기독교 신앙은 인간과의 괴리 그리고 문화와의 간극으로 인도된다. 본질, 실존, 본질화라고 하는 모형은 존재의 근거와의 실존적 만남으로 인도하여 준다.

폴 틸리히는 '존재의 근거(the ground of being)', 곧 '존재 자체(the being itself)'가 되는 근원적 실재를 말한다. 하나님의 이름이 한글 성경에는 "나는 스스로 있는 자"라고 번역되어 있고, 영어 성경에는 "I Am."으로 번역되어 있다. 그러나 미국의 현대 신학자, 제닝스(T. W. Jennings Jr.)는 모세가 시내산 정상에서, 신의 현현(theophany) 속에서 만난 하나님의 이름은 히브리 원어로 'being itself' 곧 '존재 자체' 또는 존재 'being'이라는 의미라고 강조한다.[7] 결국, 존재의 춤은 존재의 근거 또는 존재 자체와의 실존적 만남, 그 자체인 것이다.

간디는 까비르(Kabir)의 시집을 인도 시문학의 최고봉이라고 극찬하였다. 그 시집을 번역한 류시화는 까비르에게 '아직도 끝나지 않은 춤'이라는 헌사를 바쳤다.

> 누군가 시(詩)는 역사가 아니라, 역사 밖에서 만나는 충격이라고 했다. 여기, 시공간 밖에서 마주치는 충격의 노래가 있다. 그칠 줄 모르는 춤이 있다. 손도 발도 없이 시작되는 춤, 손가락도 없이 연주되는 음악이 있다. 멈추지 않는 영원의 북이 있다. 달이 내 몸속에 빛나고 있다. 그러나 먼 내 눈은 그것을 보지 못한다. 달이, 해가 내 속에 있다. 울리지 않는 영원한 북이 내 속에서 울리고 있다. 그러나 먼 내 귀는 그 소리를 듣지 못한다(Tagore, 1990).

7) Jennings Jr., T. W. (1998). Transcendence, justice, and mercy: Toward a (Wesleyan) reconceptualization of God. In R. L. Maddox (Ed.), *Rethinking Wesley's theology* (p. 68). Nashville: Kingswood Books.

헨리 나우웬(Henri Nowen)은 그러한 상태를 '춤추게 하는 치유'라고 정의하였다.

> 결국 우리가 얻는 치유는 우리의 상한 영혼이 다시금 춤추게 하는 치유, 영원한 소망을 품고 사는 법을 알기에 고난과 죽음조차 두려워하지 않고 춤추게 하는 치유이다.

오랫동안 영성과 심리학을 연구한 바 있는 나우웬은 '구원(salvation)'을 '치유(healing)'라고 해석할 수 있는 대표적인 영성신학자이다. 그뿐만 아니라 영성은 온몸과 마음과 영혼을 '춤추게 하는 치유'라고 하는 사실을 스스로 체득한 사람이었다. 하나님은 '구원의 하나님'일 뿐만 아니라 '치유하시는 하나님'이시라는 사실을 그는 누구보다도 극명하게 맛본 사람이었다. 그러므로 성서가 말하는 '치유하는 광선(healing light)'은 그에게는 근원의 메시지일 수밖에 없었다.

성서가 증언하는 하나님, 곧 근원적 실재는 상한 영혼을 춤추게 하는 치유, 곧 인간이 추는 영혼의 춤, 곧 존재의 춤을 통하여 인간의 전 존재를 치유하시는 분이다. 필자는 '존재실현으로의 초대'[8]라는 집단실존치료를 진행하면서 그 목표를 다음과 같이 정리한 바 있다.

> 인간이라는 실존(實存, existence)은 황홀(恍惚, ecstasy)을 체험하고 살도록 되어 있는지도 모른다. 그것도 온몸(the whole body)으로, 그리고 온 영혼(the whole soul)으로, 자연과 교감하며, 춤을 추며 살도록 창조된 것이다. 실존이라는 낱말과 황홀이라는 낱말은 그 어원이 동일하게 초월(超越, transcendence)이라고 하는 의미를 갖고 있다는 것도 결코 우연이 아니다. 오죽하면 실존(實存)이 아니라, 존재를 초월한다는 의미의 탈존(脫存)이라고 말하고 있지 않는가(이정기, 2018).

8) 한국실존치료연구소 프로그램으로 진행하는 집단실존치료의 주제이다. 그와 같은 주제 아래, "너 자신이 돼라(Be Thyself!)"는 표어를 내걸고, 다음 네 가지 목표를 강조한다.
1. 마음껏 하늘 높이 날아라. (Enjoy flying sky-high spontaneously.)
2. 두려움 없이 참 자기를 신뢰하라. (Trust your authentic self fearlessly.)
3. 뜨겁게 불꽃 같은 사랑을 불태워라. (Ignite the flame of love passionately.)
4. 평화롭게 넉넉한 영혼을 간직하라. (Keep the blissful soul peacefully.)

최근에 미국의 대표적인 여성 영성가의 한 사람인 오리아 마운틴 드리머(Oria Mountain Dreamer)[9]는 오늘을 사는 현대인들을 향하여 질문한다. 그리고 강력하게 그러나 부드럽게 손짓하고 있다(Dreamer, 2001).

> "Can you dance?" "춤을 추실 수 있으십니까?"
>
> "Don't say, yes!" "'예'라고, 말씀하지 마십시오."
>
> "Just take my hand and dance with me." "그냥 나의 손을 잡고 함께 춤을 춥시다."

9) Dreamer, O. M. (2001). *Dance*. New York: HarperSanFrancisco. 『춤(Dance)』『소명(召命, Call)』『초대(Invitation)』라는 영성에 관한 귀한 책을 썼다.

02 신학(神學, theology)

신학은 궁극적 기원과 의미로서의 하나님 그리고 세계와 인간의 삶의 목적에 관한 훈련된 성찰이다. (Guthrie, 1990)

1. 춤추는 신(神)

나는 오직 춤을 출 수 있는 신(神)만 믿는다. _ 니체

20세기 미국의 대표적인 신학자인 마틴 E. 마티(Martin E. Marty)는『새로운 신학(New Theology) No. 7』이라는 책의 부제로 '초월의 회복(The Recovery of Transcendence)'이라는 제목을 달고[10] 서문에서 다음과 같이 언급하였다.

> 초월하다(to transcend)라는 낱말은 한계(limits)와 능력(power)을 넘어서다, 또는 무엇 그리고 누구 보다 더 높다(higher) 또는 더 위대하다(greater)를 의미한다. 서구 세계의 역

10) 대표적인 현대 신학자 마틴 마티(Martin Marty)가 '현대신학', 곧 '새로운 신학(new theology)'이라는 주제로 '초월'이라는 관점을 다루고 있다는 것은 초월이라는 관점이 현대신학의 주요한 주제라는 점을 반증한다고 볼 수 있다.

> 사적 경험에 영향을 받은 『옥스퍼드 영어 사전』은 한 단계 더 나아가, 신학 쪽으로 전환하였다: '초월'은 '신성'에 속한 것으로, 위에 존재하는 속성이며 우주와는 독립되어 있고 내재와도 구별되어 있다.(Marty & Peerman ed., 1970)

그 책은 신학과 영성, 철학과 종교, 신비주의 영성 등의(Marty & Peerman, 1970) 주제를 새 시대를 위한 신학적 주제들로 집중적으로 다루었다. 그 중에 '현대인을 위한 신화와 모델'이라는 제목 아래 두 가지 중요한 논문이 들어 있다. 당시 젊은 신학자로 『춤추는 신에게(To a Dancing God)』와 『알지 못하는 神에게(To the Unknown God)』 등의 책으로 유명한 샘 킨(Sam Keen)의 『디오니소스 신학을 위한 선언(Manifesto for a Dionysian Theology)』(1970)이 그것이다.

샘 킨은 지난 2천 년 동안 전개되어 온 아폴로니안적이고 합리적인 신학을 넘어서 신의 현존을 온몸으로 구체화하는 디오니소스적인 신학을 제창하고 있다는 점에서 그 충격과 의미가 크다. 그는 무신론적 실존주의 철학자 프리드리히 니체(F. Nietzsche)의 문장을 부제로 달았다. "나는 오직 춤을 출 수 있는 신(神)만을 믿는다(I would believe only in a God who could dance.)"(Nietzche, 1954).

이 시대를 위한 철학과 신학은 아폴로니안적 요소(the Apollonian way)와 디오니시안적 요소(the Dionysian way) 양자를 공유해야 한다. 샘 킨은 지금 디오니시안 요소를 회복하여야 할 것을 강조하면서, 그 상징적 특성으로 춤을 역설한다. '춤'을 디오니시안 신학의 핵심으로 해석하여 니체의 선언을 그 출발점으로 삼은 것이다.

> 나는 춤을 출 수 있는 신(神)만을 믿는다. 내가 악마를 보았을 때, 나는 그에게서 진지하고, 철저하며, 심각하고, 장엄한 모습을 본다. 그것은 중력의 영이었다. …… 그를 통해서는 만물은 실패한다. 우리는 죽음의 진노가 아니라, 웃음으로 죽일 수 있다. 오라. 중력의 영을 죽이자. …… 나는 지금 가볍다. 나는 지금 날고 있다. 나는 지금 나 자신 아래에 있는 것을 보고 있다. 지금 신은 나를 통하여 춤을 추고 있다(Nietzche, 1954).

그동안 서구 신학은 아리스토텔레스의 신(神) 개념, 곧 부동의 동자(the unmoved mover)에 몰두하였다. 그것을 벗어나라고 샘 킨은 질타한다. 신은 언제나 주는 자(giver)이지 받는 자(receiver)가 아니었다. 비록 서구 신학의 신은 십자가에서 죽는 신을 언급하나 결코 고통, 변화, 시간을 허락하지 않는다. 그는 부동(不動)의 동자(動者, the unmoved mover)일뿐 춤을 추지 않는다. 그는 실체일 뿐 과정이 아니다(Sam Keen, 1970).

현대신학은 "부동의 동자"라는, 곧 그의 안에 그림자가 없다는 신 개념을 배척한다. 그리고 춤추는 신(a dancing God)을 이야기하기 시작하였다. 춤추는 신은 완전하지 않으며 과정 속에 존재한다. 그는 관계의 상대성에 얽혀져 있다. 정적인 신은 죽었다. 모든 실체는 과정 속에 존재한다는 과학의 선언과 더불어 자기충족적 신인 아폴로니안 신은 이미 죽은 신이다.

샘 킨은 아폴로니안적 요소(the Apollonian way)와 디오니시안적 요소(the Dionysian way)를 비교한다. 요약하면 다음과 같다(Sam Keen, 1970).

1. 아폴로니안적 요소/창조적 인간, 조작적 인간(man-the-maker)
   디오니시안적 요소/춤추는 인간(man-the-dancer)이다.
2. 전자는 자아(the ego)가 지배, 후자는 이드(id)가 지배한다.
3. 전자는 의지(will)와 지성(intellect)이, 후자는 감정(feeling)과 감각(sensation)이 지배한다.
4. 전자는 남성적(masculine)이고, 후자는 여성적(passivity)이다.
5. 전자는 유신론(theism), 이신론(deism)이고, 후자는 범신론(pantheism), 범재신론(panentheism)이다.
6. 전자는 의식과 말씀의 신학(the theology of the word)이고,
   후자는 무의식과 영의 신학(the theology of the spirit)을 강조한다.

샘 킨은 미래를 위하여 의식(意識, consciousness)과 합리성을 강조하는 아폴로니안적인 전통적 말씀의 신학이 아니라, 무의식(無意識, unconsciousness)과 감성 그리고 이드(id)가 작동하는 춤(dance)을 넘어 초의식(超意識, superconcsiousness)을 겨냥하는 영(靈)의 신학을 강조하였다.

'춤'은 광란이 아니라 궁극(the ultimate)이며, 존재의 절정(climax)을 맛보는 황홀체험이다. 춤은 에이브러햄 매슬로가 말하는 절정 체험(peak experience)이며, 황동규의 '홀로움'이고, 헨리 나우웬의 'solitude' 그리고 반 고흐의 '별이 빛나는 밤'이다.

2. 신비주의

모든 종교의 원천은 신비체험이다. _ 윌리엄 제임스

20세기 기독교에 선불교의 신비주의적 요소를 접목시킨 대표적인 학자 중에 앨런 왓츠(Alan W. Watts)가 있다. 그는 영국 성공회 사제로서 미국의 노스웨스턴 대학교에서 활동하면서, 기독교와 선불교를 접목하여 수많은 저서들을 집필하였다. 그 대표적인 저서 중 하나인『영을 바라보라(Behold the Spirit)』라는 책에서 그는 신비주의(神秘主義)의 중요성을 강조하였다.

> 신비주의는 필수적이다. 그것은 단순히 종교의 꽃이 아니다. 그것은 꽃으로 하여 성취에 이르게 하는, 뿌리보다 앞서서 꽃 속에 들어 있는 그 꽃의 씨앗이다. 신비주의보다 더 고차원적 종교는 존재하지 않는다. 왜냐하면 신비주의가 없으면, 실재의 의미를 파악할 수 없기 때문이다. 네 마음과 영혼과 너의 온 마음을 다하여 하나님을 사랑하라는 제1계명은 너무나 당연하다. 이 계명에 모든 율법이 달려 있다. 이 율법에 모든 규정과 원리가 달려있다. 그것을 떠나서는 아무 것도 의미가 없다(Alan W. Watts).

그러한 사상은 미국 하버드 대학교의 교수로서, 종교심리학의 발전에 탁월한 공헌을 하였던 윌리엄 제임스(William James)의 연구를 통하여 확인되었다. 그는『종교체험의 여러 유형들』이라는 책에서, '신비체험의 네 가지 특성'을 언급하면서, "모든 종교의 어머니가 되는 원천은 개인의 신비적 체험에 자리하며, 모든 신학과 모든 교회론은 이차적이다."라고 주장하였다. 그가 정리한 종교체험의 다양한 유형들은 다음 네 종류이다(James, 1997).

> 첫째, 말로 표현할 수 없으며(ineffability) 둘째, 순수 이성적 특성을 가지며(noetic quality), 셋째, 일시적(transiency)이며, 마지막으로. 수동적(passivity)이다.

첫째, '말로 표현할 수 없음(ineffability)'의 상태는 하나의 신비적 의식을 경험한 상태를 의미한다. 그 상태는 어떠한 말로도 충분히 기술할 수 없으며, 단지 본인 자신이 직접 경험할 수밖에 없는 상태이다. 둘째, '순수 이성적 특성(noetic quality)'의 상태는 하나의 신비적 상태의 경험이다. 즉 산만한 지성에 의해서는 측정되지 않는 진리의 깊이를 통찰하는 상태이다. 조명과 계시, 의미 충만 그리고 말로 표현할 수 없는 상태를 뜻한다. 셋째, '일시성(transiency)'의 신비 상태이다. 오랫동안 지속되지 않고, 30분 또는 기껏해야 한두 시간이 신비 상태가 지속될 수 있는 한계시간을 의미한다. 마지막으로, '수동성(passivity)'의 상태이다. 정신집중이나 육체적 훈련, 또는 신비주의에서 종종 말하는 수행방법 등의 자발적인 행위를 통하여 도달하는 상태를 말한다. 신비적 의식 상태에 도달하여, 마치 자신의 의지가 정지된 것처럼 느낀다. 실제로 어떤 경우에는 더 높은 힘이 사로잡고 있는 것처럼 느끼게 된다.

그러한 상태는 캐나다의 정신과 의사 부크 박사(Dr. R. M. Bucke)가 '우주적 의식(cosmic consciousness)'이라고 명명한 것과 유사하다. 그는 자신이 특별하게 체험한 신비체험, 곧 새로운 세계에 대한 경험을 다음과 같이 설명하였다.

> 우주적 의식이란…… 우주의 질서와 생명에 대한 의식이다. 우주에 대한 의식과 더불어 지적인 깨달음이 주어진다. 이 깨달음은 개인을 새로운 실존의 장으로 인도한다. 즉 그를 거의 새로운 종의 일원으로 만든다. 이것과 더불어 도덕적 고양감정, 즉 말로 표현할 수 없는 상승감, 자신감, 기쁨, 그리고 도덕적 감각 등이 주어진다. 더 중요한 것은 지적 능력의 고양이다. 이러한 느낌과 더불어 영원에 대한 지각, 영생에 대한 의식 등이 주어진다. 그러나 이러한 의식은 그가 이것을 소유하게 될 것이라는 확신이 아니라, 그가 이미 이것을 가지고 있다는 의식이다(Bucke, 1901).

3. 초월과 내재

나는 이원론을 버렸다. 그 후에 두 세계가 하나가 되는 것을 보았다. _ 루미

종교와 신학은 초월과 내재의 개념을 깊이 사색한다. 그러나 초월은 무엇을 의미하며, 내재는 무엇을 의미하느냐, 라는 질문 앞에서 그 대답의 모호성 때문에 우리는 적지 않게 당황한다. 미국의 신학자 켈시(D. H. Kelsey)가 "신의 초월은 조각가가 조각품을 초월하는 것과 같다,"라고 말하면서, 다섯 가지 실례를 들어, '초월'과 '내재'

의 개념을 설명하여 주고 있다. 그 중의 하나가 조각가와 조각품의 관계이다(Hunter, 1990).

조각가와 조각품의 차이는 너무나 분명하다. 그러나 조각품 속에는 조각가의 혼이 들어 있다. 초월과 내재라는 개념은 조각가와 조각품 내에 존재하는 조각가의 혼과의 차이라 할 수 있다. 그런 의미에서 조각품은 곧 조각가의 혼 그 자체이다. 조각품 내에 존재하는 조각가의 혼, 초월과 내재라는 개념의 차이는 그렇게 정리될 수 있다.

기독교 인간관의 핵심인, '하나님의 형상(Imago Dei)' 개념도 이와 유사하다. 기독교는 하나님께서 인간을 하나님의 형상대로 창조하셨다고 선언한다. 그 선언은 인간의 모습 속에는 하나님의 형상, 곧 그의 영(靈, the spirit)이 내재해 있다는 것을 전제하고 있다.

독일의 신학자, 푈만(H. G. Pöhlmann)은 그의 『교의학』(2013)에서, 신의 초월성을 수직적 사고로, 신의 내재성을 수평적 사고라는 개념으로 설명하였다.

> 초월은 수직적 사고와 관계되고, 내재는 수평적 사고라고 이해할 수 있다. 현대신학에서, 특히 후기 본회퍼, 불트만, 틸리히, 로빈슨, 브라운이 수평적 사고로 하나님의 내재성을 강조했다면, 바르트, 골비처, 퀸네트와 같은 다른 신학자들은 수직적 사고를 함으로써, 하나님의 초월성을 강조하였다.

수직적 사고를 하는 대표적인 신학자는 20세기 최대의 신학자인 칼 발트(Karl Barth)이다. 그러나 후기 본회퍼(D. Bonhoeffer)와 불트만(R. K. Bultmann)은 바르트(K. Barth)의 수직적인 신학과는 반대로 수평적인 신학을 전개하였다.

> 불트만은 자신의 실존철학적 중심으로부터 하나님의 내재성을 강조했다. 그는 다음과 같이 주장했다. "하나님에 관해 말한다는 것은 자기 자신에 관해 말한다는 것을 의미한다." 다시 말하면, 오직 하나님이 우리에게 실존적으로 말할 때에만 우리는 하나님에 관해서 말할 수 있다(Marty & Peerman, 1970).

20세기 미국을 대표하는 대표적인 실존주의 신학자인 폴 틸리히(Paul Tillich)도 하나님의 내재성을 강조하였다. 하나님은 초월자가 아니다. 하나님은 내재화된 초월자이다. 그는 신론에서 하나님의 초월적 차원을 언급하고 있으나, 철저하게 내재성을 강조하였다. "하나님은 존재 자체이다."라는 사고를 지배하는 사상은 "초월자의 역설적 내재성"이다(Marty & Peerman, 1970).

『신에게 솔직히』라는 책으로 신학계에 커다란 물의를 일으킨 바 있는 로빈슨(J. Robinson) 감독의 신론도 본회퍼와 틸리히의 영향을 강하게 받았다. 그는 주장한다.

> 하나님은 세계 '위에' 그리고 세계 '밖에' 존재하는 실재가 아니라, '우리의 삶 한 가운데서 초월적이며, 우리의 모든 존재의 궁극적인 깊이'로 존재하신다. 하나님은 사랑이기 때문에, 오직 인간의 관계 안에서만 우리는 하나님을 온전히 만날 수 있다(Marty & Peerman, 1970).

현대 신학은 하나님은 초월자이며 동시에 내재적 존재자라고 결론을 내렸다. 전자가 '높이'를 상징한다면, 후자는 '깊이'를 말한다. 신약성서와 기독교는 하나님의 내재성을 강조한다. 예수 그리스도 안에서 전혀 다른 하나님이 우리의 하나님이 되었다. 구약성서의 초월자 주님(Adonai)은 예수에게 와서, 나와 친근한 내재자로 아바(Abba)가 되었다.

하나님의 본질은 사랑이다. 신약성서는 초월의 하나님이 아니라 비하의 하나님을 강조한다. 하나님은 단지 세계 위에만 있지 않으며, 단지 세계 안에만 있지 않다. 하나님은 세계 안과 위에 있고, 세계 안에서 세상 위에 있고, 세계 안에서 세계와 대립해 있다(Marty & Peerman, 1970).

4. 새로운 현존(現存)

새 포도주는 새 부대에 넣어야…… (마태 9:17)

20세기 미국의 신학자 새뮤얼 테리엔(Samuel Terrien)은 '현존의 새로운 신학을 지향하여(Towards a New Theology of Presence)'라는 글에서 현대인을 향하여 강한 톤으로 질문하고 있다(Marty & Peerman, 1970).

"새로운 스타일의 영성이 존재할 수 있는가?"

"Can there be a new style in spirituality?"

이어서 그는 "왜, 어느 누구도 '새로운 현존의 신학'을 향하여 여정을 시작하지 않는가? 우리 시대가 문화적으로 폭발하고 있음에도 불구하고, 안팎으로 인간이 당면하고 있는 어떤 특정한 실체가 왜 변화하지 않는가?"라고 질타하고 있다(Marty & Peerman, 1970).

그가 던진 질문은 신학자 폴 틸리히에게서 대답을 찾을 수 있다. 폴 틸리히(Paul Tillich)는 20세기 미국을 대표하는 실존주의 신학자로서, 새로운 존재(the new being)를 강조하였다. 어쩌면 그것은 테리엔이 던진 질문에 대한 대답의 하나가 될 수 있다.

> 만일에 이 시대를 위한 기독교의 메시지를 두 낱말로 요약한다면, 나는 바울과 더불어 '새로운 피조물'이라고 말하겠다. 기독교는 새로운 존재의 메시지이다. 그것은 예수라고 하는 존재에 나타난 새로운 실재이다. 바로 이러한 이유 때문에 예수는 그리스도라 일컬어진다. 그리스도, 메시아로 선택받아 기름 부은 바 된 자는 이러한 상태를 가져다준 존재이다(Tillich, 1990).

틸리히는 새로운 피조물(new creation) 또는 새로운 존재(new being)라는 개념을 새로운 상태(the new state of things)라는 의미로 설명하고 있다. 다시 말하여 현존(presence)이라는 개념은 바로 그 '영원한 지금'과 동의어이며, 그것도 궁극적으로 '새로운 상태(new state)'인 것이다. 더 나아가 '새로운 존재'라는 개념은 '궁극(the ultimate)이라는 개념과도 깊이 관계된다.

> 새로운 피조물, 그것은 우리의 궁극적 관심이다. 이것은 우리 인간의 무한한 열정이다. 이것이 문제다. 이것만이 궁극적으로 문제가 된다(Tillich, 1990).

틸리히에 의하면, '새로운 존재' 그리고 '새로운 피조물'이라는 개념은 인간의 궁극적 관심(the ultimate concern)이며, 무한한 열정이며, 새로운 상태로의 전환을 의미한다.

> 새로운 존재란 무엇인가? 새로운 존재란 옛 존재의 자리를 취한 무엇을 의미하지 않는다. 그것은 타락하고, 왜곡되며, 분열되고, 거의 파괴된 옛것을 갱신하는 것이다. 그러나 전적으로 파괴된 것은 아니다. 구원은 피조물을 파괴하지 않는다. 그러나 그것은 옛 피조물을 새로운 피조물로 변형시킨다. 그러므로 우리는 새롭다는 낱말을 갱신(re-newal)이라는 용어로 말할 수 있다. 말하자면 세 겹의 're' 로 말할 수 있다. 화해, 재결합, 그리고 부활이라는 낱말로(Tillich, 1990).

틸리히는 화해(re-conciliation), 재결합(re-union), 부활(re-surrection)은 새로운 피조물, 새로운 존재, 그리고 새로운 상태로의 변모라고 강조한다. 그는 기독교의 메시지를 새로운 실재, 사물의 새로운 상태로의 변모로 해석한다.

> "그것은 지금도 나타나고 있다. 그것은 감추어져 있고, 보여진다. 그것은 거기에 존재하고 있으며, 여기에도 존재한다. 그것을 받아들이라. 그 내면으로 들어가라. 그것이 당신을 붙들도록 하라" (Tillich, 1990).

새로운 스타일의 영성, 그것은 틸리히가 강조하는 새로운 존재의 영성이다. 궁극적 관심을 지향하는 새로운 존재(the new being,) 더 나아가 새로운 현존(現存, presence)의 영성이 그것이다.

03 영성

1. 영성

영성이란 'capax dei··· 풀이하면 하나님을 알고, 체험할 수 있는 능력이다. _ 안석모

영성(靈性, spirituality)이라는 낱말이 우후죽순처럼 난무하고 있다. 한국의 대표적인 목회상담학자인 안석모는 "어떻게 생각하면 영성이라는 말이, 이제는 어떤 정신이나 사조 또는 철학이라는 말과 별로 다를 바가 없게 되었다."(안석모, 2015)라고 날카롭게 지적한 바 있다. 그러한 비판은 아시아권의 대표적인 현대 신학자인 사이몬 찬(Simon Chan, 1998)에게서도 발견된다.

> 오늘날에는 사회문화적 운동, 동호회 혹은 특정한 대의명분과 관심사를 '영성(spirituality)'이라고 묘사할 수 있다. 예를 들면, 소그룹 영성, 결혼 영성, 독신생활 영성 같은 것들이다.

그러한 비판적 시각에서 두 신학자의 영성 이해는 유사하나, 영성을 정의하는 데 있어서는 큰 차이를 보인다. 전자는 "영성이란, 사람이 영을 지니고 하나님과 교통할 수 있음을 일컫는 말이다. 전통적인 언어로 'capax dei'로서, 풀이하면 '영성이란 하나님을 알고 체험할 수 있는 능력'이다."(안석모, 2015)라고 정의를 내렸다. 그러나 후자는 "영성이란 기독교 공동체를 규정하는 '받은 것(given)'에 대한 신실함…… 나사렛 예수의 삶, 죽음과 부활을 중심으로 한 기독교 이야기"(안석모, 2015)[11]로 요약된다.

그러한 극명한 차이는 신학적 관점의 차이에 근거한다. 전자는 토착화 신학적 관점에 서 있고, 후자는 소위 복음주의적 입장에 서 있는 듯하다. 그러한 전제하에, 우선 영성의 의미를 어원적 연원을 찾아서 천착하는 것이 의미가 있을 것 같다(안석모, 2015).

안석모도 지적하고 있듯이, 놀랍게도 성서 어디에서도 영성이라는 낱말은 존재하지 않는다. 우리가 흔히 영성(靈性, spirituality)이라고 번역하여 읽는 라틴어의 'spiritualitas'는 기독교 역사가 흐르면서 생겨난 낱말이다. 더 나아가 '신학(神學, theology)'이라는 용어도 성서에 존재하지 않는다. 그러나 그 용어는 기독교 역사에서 큰 역할을 하고 있다. 영성이라는 용어도 비록 기독교의 경전인 성서 속에는 나타나지 않지만, 그 근원을 의미하는 영(靈, spirit)이라는 낱말은 수없이 성서 속에 언급되고 있다(안석모, 2015).

> 그 대표적인 것이 '프뉴마'의 형용사에 해당하는 프뉴마티코스[pneumatikos(라틴어로는 spiritualis)]이다. 우리말 성경은 이것을 '신령한'이라고 일관되게 번역함으로써, 영이 영적인 사물과 관련된 것을 지칭하는 의미를 나타내었다. 그와 같은 실례는 성서에 무수히 나타난다(안석모, 2015).

그와 같은 의미를 갖고 교회 역사 속에서 사용되어 온 '영성'이라는 명사는 성서 속에서 '영적'이라는 형용사로 수도 없이 사용되면서, '영에 의하여 살아지는 삶의 성질' 혹은 '영적인 것의 성질'을 뜻할 수 있는 것으로 사용되어 왔음을 성서의 전체 흐름과 교회 역사 속에서 발견될 수 있다. 그러나 이러한 의미의 영성은 육적인 것과 대비되는 개념을 넘어서서 기독교의 신비성을 의미하는 용어로서 사용되면서, 경건이라는 의미와 더불어 신비로움이라는 의미를 포함하는 용어로 기독교 역사 속에서 사용되

---

11) 그러한 차이는 그 두 신학자의 신학적 입장의 차이라고 여겨진다. 전자는 토착신학적 관점에 서 있으며, 후자는 복음주의적 관점에 서 있기 때문이다. 전자는 일단『한국 토착문화와 기독교 영성』이라는 책의 제목이 암시하고 있으며, 후자는 복음주의 신학자를 자임하고 있다.

어 왔다(안석모, 2015).

영성은 '궁극적인 실재(the ultimate reality)'와 깊숙이 관계된다. 그러나 궁극적인 실재(reality)는 비종교적인 것일 수도 있다. 범신론이나 대부분의 동양적 종교관처럼, 인격적 교제보다는 '우주와의 조화'일 수도 있다. 토착화 신학적 관점을 중시하는 전자는 그와 같은 관점을 인정한다. 그러나 후자는 기독교 영성의 특징을 전통적인 신관에 근거하여 철저하게 궁극적 실재 또는 근원적 존재로서의 하나님의 자기계시에서 찾는다(안석모, 2015).

그럼에도 불구하고, 영성이란 "하나님을 알고 체험할 있는 능력"(안석모)이고, 또한 "실재(實在, real)로 여겨지는 모든 것에 대한 인간의 주관적인 반응"(Simon Chan)이라는 점에서 공통점을 갖는다. 하나님과 실재(real)라고 하는 두 가지 용어로 궁극적 실재(the ultimate reality)가 전제되고 있다. 그 용어들은 특정한 관심사에 대한 개인적 헌신에 동반되는 강렬한 태도 혹은 감정을 가리킨다. 전자는 신적 실재와의 교통 또는 체험하는 능력 등을 의미하며, 후자는 단지 헌신에 동반하는 강렬한 태도를 의미한다.

2. 궁극적 실재

모든 영성의 중심에는 궁극적 실재란 무엇인가에 대한 개념이 존재한다. _ Simon Chan

조직신학과 영성신학은 각각 궁극적 실재를 이해하는 시각에서 그 차이가 극명하다. 그들은 어떻게 다른가? 신학자 마이클 폴라니(Michael Polany)는 조직신학과 영성신학을 다음과 같이 비교하여 정리하였다.

> 조직신학은 비합리적인 것으로부터 합리적인 것으로 나아가는 반면에 영성신학은 합리적인 것으로부터 비합리적인 것으로 나아간다(Polany, 1966).

조직신학은 궁극적 실재의 경험이라는 비합리적 현상을 합리적으로 설명하기 위하여 철학적으로 전개해 나가는 과정이다. 반면에 영성신학은 합리적인 것으로부터 비합리적인 것으로의 전개과정이다. 합리적으로 추론되고, 철학적으로 인지되어 신학화된 종교현상을 구체적인 삶 속에서 어떻게 실천적으로 체화시킬 수 있는가에 영성신학은 관심한다.

복음주의 신학자인 사이몬 찬(Simon Chan)은 『영성신학』(Spiritual Theology)』에서, 지난 몇십 년 동안 '영성'이라는 이름으로 홍수처럼 쏟아져 나오는 현상들, 특히 다양한 문화 운동의 하나로 묘사되는 관심을 비판적인 시각으로 일갈한다.

> 오늘날에는 사회문화적 운동, 동호회 혹은 특정한 대의명분과 관심사를 "영성(spirituality)이라고 묘사할 수 있다. 예를 들면, 소그룹 영성, 결혼 영성, 독신생활 영성 같은 것들이다. …… 이와 같은 다양한 배경에서 그 용어는 특정한 관심사에 대한 개인적 헌신에 동반되는 강렬한 태도 혹은 감정을 가리킨다. 이런 의미에서 영성은 "실재(real)"로 여겨지는 모든 것에 대한 인간의 주관적인 반응을 나타낸다(Polany, 1966).

그러한 사회 현상을 직시하면서, 그는 피상적인 영성이해와 기독교가 말하는 영성개념을 구별한다. 그는 복음주의 신학적 관점에서 기독교 영성이 무엇인가를 설명한다.

> 우리는 일차적으로 영성에 대한 현상학적 설명이 아니라 진리에 관심을 갖고 있다. 그것은 "저 바깥 어딘가에(out there)" 존재하는 막연한 사물에 대한 진술이 그 대상과 상응한다는 의미에서의 진리가 아니라 기독교 공동체를 규정하는 받은 것(given)에 대한 신실함을 의미하는 것이다. 그 받은 것이란 나사렛 예수의 삶, 죽음과 부활을 중심으로 한 기독교 이야기이다. 바로 이 이야기가 우리 삶을 모양 짓고, 기독교 공동체로서 우리 존재의 본질을 정의해 준다(Polany, 1966).

> 영성은 "궁극적인 실재(the ultimate reality)"와 관계된다. 그러나 궁극적인 실재(reality)는 비종교적인 것일 수도 있다. 범신론이나 대부분의 동양적 종교관처럼, 인격적 교제보다는 "우주와의 조화"일 수도 있다. 그러나 사이먼 찬은 기독교 영성의 특징을 전통적인 신관에 근거하여 철저하게 궁극적 실재 또는 근원적 존재로서의 하나님의 자기계시에서 찾는다(Polany, 1966).

> 하나님은 "전적 타자"이며 동시에 "우리를 위한" 하나님이시다. 그러한 사상은 "내재성 안에 존재하는 초월성(transcendence-in-immanence)"으로 정리된다. 수직적 신학의 관

> 점에서 하나님과 창조세계를 구분하며, 창조와 구속을 하나님의 자유로운 행동으로 이해한다(Polany, 1966).

요약하면, 하나님은 초월적이시며 동시에 내재적이다. 세계를 넘어서 존재하시지만 동시에 세계 내에 존재하시는 궁극적 실재이시다. 하나님은 전적 타자이시며, 우리를 위한 하나님이시며, 초월적이시며, 내재적이고, 만물을 통합시킬 뿐만 아니라, 창조세계의 모든 다양성의 근원이 되기도 하신다(Polany, 1966).

3. 삼위일체 영성

하나님은 "창조와 구원과 성화"를 통하여 동시에 활동하신다. _ 볼프강 필립[12)]

삼위일체론은 기독교의 독특한 신론이다. 글자 그대로, 한 하나님에 세 위격(位格)이 존재한다는 의미이다. A.D. 4세기경에 형성된 후에 제1차 콘스탄티노플 공의회(381년) 이래 기독교의 신화적인 유산처럼 보호되어 오다가 계몽주의를 거치면서 어려움을 겪기도 하였다. 그 후 관념주의 신학 등을 거치면서 활기를 띠기도 하였고, 철학자 헤겔에 이르러 삼위일체 하나님으로 확실하게 정리되었다(Marty & Peerman, 1970).

> 하나님은 추상적인 "최고의 존재"가 아니라, 자신을 '삼위일체 하나님'으로 구체화한다. …… 하나님은 구별 안에서도 자신과 동일하며, 이러한 사랑 안에서 자신과 하나가 된다. 하나님은 영이시라는 사실은 이것을 의미한다(Peerman, 2012).

결국, "삼위일체 신론이 갖는 의미는 하나님은 자신을 나누고 자신을 통일하며, 하나님은 자신을 얻기 위해 자신을 잃으며, 하나님은 자신을 포기함으로써 자신에게 돌아온다."(Marty & Peerman, 1970)는 것이다.

현대에 와서는 삼위일체론을 인간학적인 관점에서 해석하려는 움직임이 강조되고

12) H. G. 필만 지음, 이신건 역, 『교의학』, 서울: 신앙과 지성사, 2012, p. 196

있다. 주로 인간론으로부터 새롭게 해석하면서, 삼위일체의 유비론이 등장하였다. 인간의 정신은 하나이지만 감각, 사고, 의지로 나누어지는 것과 같다는 시도의 하나이다. 더 나아가 인간의 영, 혼, 몸이라는 삼중성과도 비교되면서 피조물 가운데서 삼위일체의 흔적을 발견하기도 한다.

볼프강 필립(Wolfgang Philip)은 삼위일체론을 인간학적으로 새롭게 해석하려고 시도하기도 하였다. 그는 삼위일체론을 다음과 같이 설명하였다.

> "하나님의 자기계시" 안에서, 하나님의 초월은 비하(卑下)임과 동시에 고양(高揚)이다. 하나님은 '창조와 구원과 성화'를 통해 동시에 활동하신다. 따라서 우리는 피조물 안에서 삼위일체의 흔적이나 삼중성을 점점 더 많이 발견하게 된다(Marty & Peerman, 1970).

그와 같은 해석은 창조주 하나님, 구세주 예수, 성화케 하시는(sanctify) 성령이라는 의미를 갖는다. 그러한 해석은 기독교적 영성 이해를 위하여 세 가지 주요한 의미를 갖는다.

> 첫째, 구원은 본질적으로 하나님과의 인격적 연합이다. 하나님이 최고의 인격적 존재이므로 구원은 또한 하나님과의 인격적 연합이라는 관계적인 용어로 이해한다(Chan, 1998). 둘째로, 영적인 삶은 개별적이면서 본질적으로 관계적이다. 그리스도인이 된다는 것은 그리스도 안에 있는 것, 즉 세례를 받아 그의 몸인 교회에 속하는 것이다. 셋째로, 삶과 사역은 분리할 수 없다. 교회의 사명은 성부와 성자와 성령을 이 세상에 보내셨다는 삼위일체적 사역에 참여하는 것이다(Chan, 2002).

삼위(三位)라고 하는 세 위격으로 설명되는 삼위일체 교리는 대부분의 타 종교가 강조하는 일신론적 개념과 구별시켜 주는 기독교만 갖고 있는 독특한 영성이다. 삼위일체 하나님은 초월적인 하나님이시며 동시에 내재적인 하나님이시라는 사상을 구체적으로 설명해 주는 개념이다. 각 위는 각각 다음과 같이 정리된다.

성부의 영성은 창조주의 영성이다. 그것은 생태학적으로 창조세계의 영성이다. 창조세계는 그 자체가 하나님의 영광이다. 인간은 책임적 존재로서 창조세계를 보살피며 활용해야 한다. 사회학적으로는 보편적인 인간성을 인정하며, 구원론으로는 물질적인 세계와 영적인 세계 사이를 구분하지 않는다. 교회론적으로는 포괄주의적이다. 인간은 모두 다 하나님의 자녀이다. 성부의 영성은 총체적으로 사고하며, 물질과 영성의 이원론을 극복하여 새 하늘나라를 창조하게 한다(Chan, 1998).

성자의 영성은 구세주의 영성이다. 그리스도의 구속사역이 그 핵심이다. 그 영성의 핵심은 그리스도와의 생명력 있고 인격적인 만남을 통하여 변화케 하는 회심의 영성이다. 그것은 다양한 영성으로 해석된다. 억압받는 자들의 구세주, 세리와 죄인들의 친구, 사회 정치적 해방자, 고난을 극복하는 십자가의 영성이다. 더 나아가, 비인격화되고 정체성을 상실한 세상에서 문화를 뛰어넘어 구원을 선포하고, 실천하며. 구현해 가는 영성이다(Chan, 1998).

성령의 영성은 성화(聖化, sanctification))시키는 영성이다. 곧 거룩하게 하는 영성이다. 성화는 그리스도와의 만남이라고 하는 회심, 곧 거듭남 이후, 점진적으로 계속되는 과정의 영성이다. 크게 두 가지 흐름으로 나타난다. 하나는 복음주의적 시각의 은사주의 영성이고 다른 하나는 해방신학적 관점에서 확산되는 해방의 영성이다. 전자는 개인 내적인 변화에 관심하고, 후자는 사회 구조적 변혁에 관심한다. 더 나아가, 죽음 이후의 세계를 관심하는 초의식(superconsciousness) 운동도 성령의 영성 중 하나이다. 인간의 지각을 넘어서 신의 현현(theophany)과의 연계성 속에서 전개되는 운동이다(Chan, 1998).

4. 중생과 성화

회개는 종교의 현관(porch)이고, 믿음은 종교의 문(door)이며, 성화는 종교 자체(religion itself)이다. _ 요한 웨슬리

기독교는 변화의 종교이다. 크게 두 가지 변화를 강조한다. 하나는 중생(重生, regeneration)이고, 다른 하나는 성화(聖化, sanctification)이다. 그 두 가지 변화는 순간적 의미와 동시에 과정적 의미를 갖는다. 불교가 강조하는 돈오점수(頓悟漸修) 개념과도 유사하다. 돈오는 깨달음의 순간을 강조하는 순간적 의미를, 점수는 깨달음 이후에 지속적으로 성취되어 가는 과정적 의미를 강조한다는 점에서 그러하다.

'중생'은 순간적 깨달음을 의미하고 '성화'는 지속적으로 성취해 가는 과정적 의미를 갖는다. 중생은 급진적 회심(回心, radical conversion)이라 일컫고, 성화는 점진적 회심(gradual conversion)이라 이른다. 전자는 순간적 시작이라는 의미 그리고 후자는 과정과 완성이라는 의미를 함축한다.

중생(重生, regeneration)은 '거듭남'이다. 부모를 통하여 이 세상에 태어난 육신이 '믿음'을 통하여 다시 태어난다는 의미에서 거듭남이다. 영국의 종교개혁자 요한 웨슬리(John Wesley)는 신생(新生, new birth)이라고 불렀다. 중생은 육적으로 태어난 것과 구분하여, 영적으로 새로 태어난다는 의미에서 새로운 창조(new creation)(Maddox, 1998), 새로운 피조물(new creature),[13] 새로운 존재(new being)(Tillich, 1990) 등으로 일컬어지기도 한다.

중생은 급진적으로, 새로 나는 또는 거듭나는 사건을 시작으로 성령을 통하여 우리 안에서(in us) 하나님의 형상을 회복하는 일이 시작된다(John Wesley). 그런 의미에서 중생은 성화(聖化, anctification)의 시작이고, 성화는 중생의 완성이다. 요한 웨슬리는 중생은 은총의 첫 번째 행위(the first act of grace)이며, 성화는 두 번째 행위(the second)라고 말하였다(Hulme, 1966). 더 나아가 "회개는 종교의 현관(porch)이고, 믿음은 종교의 문(door)이며, 성화는 종교 자체(religion itself)이다."라고 하였다.

달리 말하면, 거듭남, 곧 중생을 가능케 하는 동력은 '믿음으로 말미암는 은총이다. 웨슬리는 선재은총(先在恩寵, prevenient grace)을 말하기도 하였다. 믿음보다 앞서 존재하는 은총이라는 의미다. 이성(理性, reason),[14] 양심(良心, conscience)[15] 그리고 자유의지(自由意志, Free will)[16] 등이 이에 해당한다.

그렇게 중생으로 시작한 하나님의 은총은 성화의 과정을 거치면서 사랑으로 완성된다. 거듭남은 곧 영적인 탄생을 의미한다. Re-birth(重生) 또는 new birth(新生)라고 일컫는 이유가 그것이다. 더 나아가 "잃어버린 하나님의 생명을 다시 찾는 것으로 해석되기도 한다."(김홍기, 1996).

그러나 믿음은 단순한 지적 인정만을 일컫는 것이 아니다. 전 존재를 맡기는 신뢰

13) St. Paul, Galatians 6:15
14) John Wesley, "The Case of Reason Impartially Considered," *The Works*, vol.2. pp. 587-588
15) John Wesley, "The Original, Nature, and Properties of the Law," *The Works*, vol.2. p. 15
16) John Wesley, "On Working out Our Own Salvation" *The Works*, vol.3. pp. 203-204

(total trust)를 포함한다. 더 나아가 기독교가 말하는 소망은 현세적인 것이 아니고 영원한 하늘나라를 향한 소망이다. 그리고 기독교가 말하는 사랑은 자기 사랑과 세속적인 사랑에서 하나님 사랑과 이웃 사랑으로의 전환을 의미한다(김홍기, 1996).

그렇게 중생에서 성화의 과정을 거치는 동안 믿음이 더욱 큰 믿음으로, 소망이 더욱 큰 소망으로, 사랑이 더욱 큰 사랑으로 성장하고 발전한다. 거듭남의 순간에 위로부터 하나님의 성품을 부여받으며, 성화의 과정에서 계속 하나님의 성품으로 변화하여 간다(impartation of image of God). 요약하면,

> 거듭남이 성령이 내주하는 은총이라면, 성화는 성령의 충만함을 체험하는 은총이다. 거듭남이 성령의 내적 증거로 나타나는 은총이라면, 성화는 성령의 외적 증거로 나타나는 열매이다(김홍기, 1996).

더 나아가 성화는 개인적 차원을 넘어서서, 사회적 성화로 확장된다. 종교개혁자 마르틴 루터(Martin Luther)는 예수 그리스도를 역사 변혁자(transformer) 또는 사회 변혁자라고 일컬었다. 그리스도인은 분명한 역사의식을 갖고 세계사의 한복판에서 살아야 한다. 그것이 소위 하늘나라를 완성하는 기독자의 사명이다. 요한 웨슬리는 그것을 사회적 성결(social holiness) 또는 사회적 성화(social sanctification)라고 일컬었다.

그러나 그러한 사상은 거기서 그치지 않는다. 더 나아가 인간존재의 변화는 '우주적 성화(the cosmic sanctification)'로 완성된다. 새 우주와 역사에 참여하는 것이다. 그와 같은 사상은 사회적 존재로서의 인간관을 넘어서 우주적 존재로서의 인간관을 의미한다. 생태학적 세계관을 넘어, 곧 우주적 세계관으로의 확대는(이정기, 2011) 우주적 존재로서의 인간관에 근거하여 우주적 성화론이 확립되어야 함을 웅변한다.

그와 같은 해석은 그리스도 요법을 제창한 버나드 타이렐(Bernard Tyrrell)이 '마음-비우기(mind-fasting)'와 '영혼-즐기기(spirit feasting)'로 번역하여, 메타실존치료사 토마스 호라(Thomas Hora)가 존재변화의 과정으로 인용하고 있는 장자(莊子)의 심제(心齋)와 좌망(坐忘)을 기독교적으로 해석하였다는 점에서, 심리치료적 관점에서 우주적 존재의 인간관에 대한 새로운 가능성을 제시하여 주고 있다(Tyrrell, 1975).

그것이 기독자에게 주어진 구원의 완성(perfection)을 위한 삶의 순례이다(Tyrrell,

1975). 종교개혁자 웨슬리는 그러한 과정 자체를 영적 예배(spiritual worship)라고 일컬었다.[17]

> "또 내가 새 하늘과 새 땅을 보니, 처음 하늘과 처음 땅이 없어졌고, 바다도 다시 있지 않더라. 보라, 내가 만물을 새롭게 하노라. I am making everything new." (계 21:1, 5)

17) "Scripture Worship", *Works*, vol. IV. p. 430.

04 영성심리치료

현재 기독교 내에서 실시되고 있는 영성 지향적 심리치료는 영성지도, 목회상담, 그리고 영성심리치료로 정리될 수 있다(Sperry, 2012).

1. 영성지도[18)]

영성지도는 일대일의 신뢰하는 관계 속에서 실행되는 영적 가르침의 예술이다.

_ Len Sperry

영성지도(spiritual direction)는 다양한 이름으로 불리어 왔다. 영성지도(spiritual direction), 영적 안내(spiritual guidance), 영적 우정(spiritual friendship) 영적 친구(soul friend), 멘토링(mentoring) 등이다. 각 종파에 따라 그 명칭이 다양하게 소개되기도 하였고, 그 지도방법도 다양하게 실시되어 왔다(Sperry, 2011).

18) 영성지도에 관한 관심으로, 2010년 5월 29일에 한국목회상담협회 주관으로 연례학술대회가 열렸다. 주제는 "영성지도와 목회상담"이었다. 목회상담에서 영성지도의 필요성을 강조하는 좋은 기회였다고 생각된다. 그러나 현실적으로 영성지도가 개신교권에서 얼마나 실천되고 있는지는 구체적으로 알 수가 없다. (참고: 제16차 한국목회상담협회 연례학술대회 자료집)

모든 종교의 전통에서는 다양한 형태로 영성지도를 실시해 왔다. 기독교의 경우, 그 뿌리가 3세기로 거슬러 올라간다. 그러나 종교개혁 이후, 영성은 경건과 헌신으로 요약되어 하나님의 은총의 중요성을 강조하면서, 인간의 노력을 등한시한 경향이 많아 영성지도에 무관심했다. 그러나 에큐메니칼(ecumenical) 운동이 전개된 30여 년 동안 인간의 노력과 공동체와의 관계의 중요성이 강조되며 영성지도가 활발해졌다 (Sperry, 2011).

한국 교회 내에서는 영성지도가 소극적으로 이루어지고 있는 형편이다. 그 내용을 요약하면 다음과 같다.[19]

1) 정의

영성지도에 관한 정의는 넓은 의미와 좁은 의미로 나뉘어 설명할 수 있다.[20]

(1) 넓은 의미의 영성지도

"한 사람의 크리스천이 다른 크리스천의 신앙생활 전반에 걸쳐 영적 성숙을 돕는 행위를 말하며, 이런 행위는 사도들의 성경적 사례와 그 후, 특히 사막의 교부들의 예를 거쳐 수도원이나 수도회에서는 매우 보편화된 제도였으며, 종교개혁 후에는 다양한 형태의 목회활동이나 소그룹모임 등의 형태로 이어져 왔고, 이 경우 영적지도는 spiritual guidance, spiritual friendship, soul friend, mentoring 등과 거의 같은 의미로 사용되어 왔다."[21]

19) 제16차 한국목회상담협회 연례학술대회 자료집.

20) 이만홍. "영성지도와 심리치료: 통합을 위한 시도". 제16차 한국목회상담협회 연례학술대회 자료집, p. 19. 이만홍 교수가 번역한 영성지도 관련 도서는 다음과 같다.
- 로즈마리 도어티(1910). 그룹 영성지도. (이만홍, 최상미 옮김). 로뎀 출판.
- 틸든 에드워즈(2010). 영혼을 돌보는 영성지도. (이만홍, 최상미 옮김). 로뎀 출판.

21) 이만홍. 영성지도와 심리치료: 통합을 위한 시도. 제16차 한국목회상담협회 연례학술대회 자료집, p. 19.

(2) 좁은 의미의 영성지도

> 최근 30~40년 전부터 새롭게 조명되기 시작한 특정한 형태의 영성운동, 즉 묵상생활과 기도(contemplative life and prayer) 및 영적 분별(spiritual discernment)을 주 개념으로 하는 보다 체계적이고 구조화된 지도를 특별히 의미한다.[22]

그와 같은 정의는 영적 지도는 "그리스도인 사이의 계약교제로서, 그중 한 사람은 상대방이 하나님의 임재를 식별하고 하나님의 소명에서 유래하는 관상생활을 하도록 돕는다."라고 정리되었다.[23]

2) 영성지도의 실제

영성지도를 위한 실제로는 크게 "말씀 묵상"을 통한 영성지도[24]와 "기도 훈련"[25]을 통항 영성지도가 있다.

---

22) 이만홍. "영성지도와 심리치료: 통합을 위한 시도". 제16차 한국목회상담협회 연례학술대회 자료집, p. 19.

23) 권명수. "영성지도: 영적 여정의 동반". 제16차 한국목회상담협회 연례학술대회 자료집, p. 4 재인용. 권명수 교수가 인용하고 있는 영성지도 도서는 다음과 같다.
- 유혜룡(2007). 기도체험과 영성지도. 장로회신학대학교 출판사.
- 윌리엄 베리(1998). 하나님 만남과 영성지도. (김창훈 옮김).
- 토머스 그린(2005). 영적지도에 꼭 필요한 리더쉽. 성바오로출판사.

24) 박순희. "영성지도의 실제: 말씀 묵상지도". 제16차 한국목회상담협회 연례학술대회 자료집. pp. 33ff, 발표자의 논문에서 인용하고 있는 영성지도 관련도서는 다음과 같다.
- William A. Berry & William J. Connolly (1995). 영성지도의 실제. (김창제, 김선숙 옮김). 서울: 분도출판사.
- Bromo Giordani (1994). 영성지도. (박영호 옮김). 분도출판사.
- Len Sperry. 목회상담과 영성지도의 새로운 전망. (문희경 옮김). 솔로몬 출판.
- Gerald May. 영성지도와 상담. (노종문 옮김). IVP.

25) 최창국. "영성지도의 실제: 기도치유". 제16차 한국목회상담협회 연례학술대회 자료집, p. 66ff. 최창국 교수가 인용한 번역도서는 다음과 같다.
- David Benner (2007). 거룩한 사람에 눈뜨다. (노문종 옮김). IVP.
- 제네트 A. 바크(2007). 영성지도. (최승기 옮김). 은성출판사.
- 존 윌킨스(20056). 성경과 치유. (김대수 옮김). UCN.

(1) 말씀 묵상을 통한 영성지도

영성지도에서 다루는 구체적인 내용은 영성지도자와 피지도자에 따라 각기 다를 수가 있다. 어떤 경우에는 지난 면담과 이번 면담 사이에 있었던 하나의 중요하고 의미가 있는 사건이나 깨달은 통찰을 중심으로 이야기한다. 또 다른 경우에는 그 기간 동안의 성경말씀을 묵상하거나 기도하며 가졌던 내면의 체험이나 통찰을 나눌 수도 있다. 어떤 경우에는 꿈을 자료로 사용하여 이야기하기도 한다. 아마도 영성지도의 가장 일반적인 두 가지 형태는 기도의 체험을 나누는 것과 하나님과의 관계의 관점에서 삶의 경험을 나누는 것이다.[26]

(2) 기도치유를 통한 영성지도

영성지도를 위한 기도 유형은 특별히 세 가지로 정리될 수 있다. ① 구송기도(verbal prayer) ② 묵상기도(meditation prayer) ③ 관상기도(contemplation prayer)이다.[27]

구송기도는 우리의 이성을 활발하게 사용하고 언어를 상징적으로 사용함으로써 하나님 앞에서 자신을 표현하는 것이다(Houston, 1966에서 재인용). 묵상은 더 인격적으로 하나님을 사랑하고 하나님이 우리에게 원하시는 대로 살기 위하여 우리의 의지로 성경과 하나님의 진리들을 숙고하는 것을 의미한다(Houston, 1966). 관상(contemplation)이라는 용어는 라틴어 컨템플라리(contemplari)에서 비롯된 것으로서, 템플룸의 성스러운 울타리 안에서 하나님의 뜻을 추구하는 임무를 가리키는 것이었다. (Leech, 1985에서 재인용)

묵상기도에서는 일반적으로 어떤 주제에 대한 이성적인 추리를 강조하면서 하나님과의 대화를 추구한다. 반면에 관상기도는 이성적인 사고보다는 사랑에 의해 하나님의 임재체험과 관련된 말이다. …… 관상기도란 항상 계시는 하나님의 현존을 깨닫는 방법이다.[28]

26) 박순희. "영성지도의 실제: 말씀 묵상지도". 제16차 한국목회상담협회 연례학술대회 자료집, pp. 33ff
27) 최창국. "영성지도의 실제: 기도치유". 제16차 한국목회상담협회 연례학술대회 자료집, pp. 81-87.
28) 최창국, "영성지도의 실제: 기도치유" 제16차 한국목회상담협회 연례학술대회 자료집. p. 84.

3) 영성지도사

영성지도사(spiritual director)는 어떻게 훈련을 받는가? 그리고 영성지도는 보통 어떻게 이루어지는가? 그와 같은 질문에 영성지도를 위한 필수요건은 없다. 렌 스페리는 말한다(Sperry, 2011).

> 어떤 사람들은 영성지도가 전문 직업이라기보다는, 공식적인 교과 학습과 슈퍼비전이 중요하지 않은 특별한 하나의 소명이라고 주장한다. 어떤 사람들은 신학과 심리학의 선별된 영역에서 특별히 훈련받는 것이 유용하다고 주장한다. 현재 공식적인 대학원 영성지도 훈련 기관과 프로그램이 많이 있지만, 전 세계적으로 인정받는 자격증이나 면허는 없다.

2. 목회상담

성적인 치유와 성장을 촉진시키는 것은 모든 목회와 상담의 핵심이다._ 하워드 클라인벨

목회상담(pastoral counseling)[29]은 '영혼의 돌봄' 또는 '영혼의 치유' 등을 목적으로 목회자 또는 기독교인들이 하는 상담을 일컫는다. 그 형태는 크게 두 가지가 있다. 하나는 단기목회 상담으로, 간략하고 시간이 제한된 형태로 이루어지는 문제해결 중심 상담과 유사하다(Benner, 2009). 다른 하나는 장기 목회상담으로 종종 정신분석적으로 행해지며, 인격의 변화에 초점을 맞추는 상담이다(Sperry, 2011).

29) 한국에서는 목회상담을 한글로 번역하는 데 용어상 문제가 있었다. 60년대, 70년대에는 '목회 문의학' '목회카운슬링' '목회상담학' '기독교 상담' 등 다양한 명칭이 혼재해 있었으나, 현재는 '목회상담'으로 정리되어 있다. '목회적인(pastoral)'이라는 의미가 '목사가 수행하는'이라는 의미를 넘어서서 목회적 실천을 아우르는 행위를 의미한다. 그러므로 pastoral counseling은 기독교인 누구나가 행하는 목회실천의 하나로서의 상담이라는 의미를 갖는다.

1) 전략적 목회상담/ 단기구조 모델[30)]

미국에서 활동하는 상담전문가로서 목회상담분야에 지대한 공헌을 하고 있는 대표적인 상담전문가인 데이비드 베너(David G. Benner)는 『전략적 목회상담』이라는 책을 출판하였다. 그 책의 부제가 말해 주듯이, 단기구조모델(a short-term structured model)의 상담이다. 단기구조모델인 전략적 목회상담은 세 단계로 이루어져 있다.

첫째, 만나기(encounter) 단계이다. 이 단계는 목회상담자와 도움을 구하는 사람과의 첫 번째 만남에 해당한다. 그 내용은 다음과 같다.

1. 얼굴 익히기와 한계 설정하기
2. 핵심적인 관심과 관련된 역사 찾기
3. 목회진단 수행하기
4. 서로 합의된 상담 초점에 이르기

둘째, 맞물리기(engagement) 단계이다.

1. 문제의 정서적, 인지적 그리고 행동적 국면을 탐구하기
2. 대처와 변화를 위한 자원들을 확인하기

셋째, 끝내기(disengagement) 단계이다.

1. 진행평가와 남은 관심 측정하기
2. 의뢰 준비하기(필요하다면)
3. 상담 끝내기

30) 〈David G. Benner (2009). 전략적 목회상담. (이정기 옮김). 부천: 한국상담신학연구소.〉 미국에서 활동하는 대표적인 상담학자인 David G. Benner는 단기 목회상담을 전략적 목회상담이라는 이름으로 구조화하였다. 전략적 목회상담을 목회현장에서 구체적으로 적용한 간단한 매뉴얼로는 〈이정기, 윤영선 공저(2010). 목회상담매뉴얼. 서울: 상담신학 연구소.〉가 있다.

2) 목회상담 및 목회심리치료[31]

수 세기 동안 목회자들은 기독교인들이 갖고 있는 개인적인 문제들과 아픔을 도와주고, 정신적인 질병을 앓고 있는 자들을 위하여 목회돌봄(pastoral care)을 제공하여 왔다. 목회상담은 목회자가 제공하는 목회 돌봄뿐만 아니라 임상목회교육(clinical pastoral education), 병원의 원목, 학교의 교목 또는 군대의 군목 등이 수행하는 활동(chaplaincy)에도 깊이 뿌리를 내리고 있다(Sperry, 2012).

이러한 활동을 돕는 이들을 전문적으로 훈련하는 노력들이 있었다. 신학대학원 내에 설립된 상담대학원을 통한 교육기관과 한국목회상담협회 또는 그 외의 기독교 관련 상담학회 등을 통하여 특화된 교육과 훈련을 받은 후, 공식적으로 슈퍼비전을 받고 자격증을 받은 목회자나 평신도들을 훈련하고 있다. 그러나 그 모든 과정은 일반 심리치료와 그 특성을 구분하기가 쉽지 않다. 그러한 경향은 미국사회 또는 미국 교회의 현상과도 유사하다(Sperry, 2011).

(1) 목회상담의 목표

① 일차적 목표: 목회상담의 일차적 목표와 기능은 신체적으로, 심리적으로, 정서적으로 또는 도덕적으로 갈등을 겪고 있는 사람들 또는 삶의 의미 문제 등으로 고민하는 사람들로 하여금 적절하게 잘 대처하도록 돕는 것이다.

② 이차적 목표: 두 번째 목표는 심리적인 변화로서, 증상 완화와 문제 해결을 포함한다. 목회상담의 기본 가정은 특히 믿는 자들이 갖고 있는 개인적인 문제와 아픔들을 효과적으로 다루는 데 있어서 영적이고 종교적인 필요를 다루는 것은 필수적이라는 것이다.

(2) 내담자

목회상담에서의 내담자는 전형적으로 고통받고 있는 개인들이다. 그들은 삶의 변

31) Sperry, L. (2012). *Spirituality in Clinical Practice*, New York: Routledge, pp. 13-16에 수록된 내용을 요약 정리하였다.

화, 정서적이고 관계적인 문제를 갖고 있다. 또는 죄의식 문제, 학대, 중독, 낮은 자존감 등으로 고통을 받는 사람들이다. 그들을 상담하는 일차적 목표는 문제 해결, 심리적인 건강의 회복, 더 나아가서 성격변화 등이 될 수 있다.

(3) 과정과 개입

① 과정

㉠ 관계 형성: 심리치료의 경우와 마찬가지로, 목회상담자와 내담자의 관계형성은 매우 중요하다(Sperry, 2011).

㉡ 임상적 거리: 진단과 치료적 변화를 위하여, 어느 정도의 임상적 거리를 유지하는 것이 필요하다(Sperry, 2011).

㉢ 협력관계: 그럼에도 불구하고 상담자와 내담자가 상호 협력관계를 유지하는 것이 필요하다(Benner, 2009).

㉣ 평가: 평가는 목회평가와 목회진단을 포함한다. 평가의 차원은 하나님에 대한 각성, 하나님의 은총에 대한 용납, 회개와 책임, 신앙공동체에의 참여 등을 포함한다(Benner, 2009).

② 치료개입

㉠ 치료개입은 언제나 적극적 경청과 문제-해결 또는 해답 중심적 상담 방법 등을 포함한다.

㉡ 그것은 또한 용서와 같은 종교적 영적 문제에 대한 충고를 포함할 수 있다.

㉢ 영적 지도(spiritual direction)와는 달리, 목회상담은 전형적으로 치유, 성장 또는 통합을 목표로 하지만, 내담자의 신앙공동체에 대한 자료를 활용하지는 않는다.

㉣ 목회상담은 내담자에게 관심을 가지나, 내담자의 배우자 또는 가족을 포함시키지는 않는다(Sperry, 2011).

㉤ 회기는 보통 일주일 단위로 한다. 장소는 교회보다는 상담소를 활용한다.

㉥ 더 나아가 목회상담사는 내담자를 영적으로 통합된 상담사 또는 심리치료사에게 의뢰한다.

(4) 훈련

목회상담사는 종종 심리학적으로 또는 신학적으로 훈련을 받아야 한다. 그러나 목회상담사는 사역을 위하여 필요한 신학 부문 학위를 반드시 받아야 한다든가 목회상담 훈련 그리고 정신건강 훈련을 반드시 받아야 하는 것은 아니다. 상당한 수의 전문가들이 상담 실제를 위하여 자격증을 받는다. 보통으로는 일반 상담전문가 자격증을 받는다.

(5) 훈련기관

한국 내에서 목회상담전문가 양성을 위한 기관으로는 신학대학교 내에 설립된 상담대학원들이 있으며, 그 외에 연합기관으로는 한국 목회상담학회와 한국기독교상담심리학회의 학회 차원의 기관이 있다.

3. 영성심리치료

영성심리치료는 영적 차원에 민감한 다양한 심리치료적 접근을 말한다. _ Len Sperry

영성심리치료(spiritual psychotherapy)는 영성에 대한 관심이 고조되고, 영적 가치에 대한 기대가 존중되며, 내담자의 필요가 고려되는 현상이 치료적 과정에 결합되어 마침내 그 이론적 근거가 확립되기 시작하였다. 그러한 관심은 존재심리학자 에이브러햄 매슬로가 인간주의 심리학을 넘어선 제4심리학의 필요성을 강조하면서 더욱 증대하였다. 그 결과, 마침내 초개인 심리학(the transpersonal psychology)의 이론적 근거가 확립되기 시작하면서 더욱 강조되었다(Sperry, 2011). 미국에서 영성심리치료 전문가로 연구하고 활동하는 렌 스페리에 의하면,

> 영적 차원에 관심을 갖는 영성심리치료는 그 범주가 비기독교적 접근부터 초개인심리치료(Cortright, 1997; Karasu, 1999), 유신론적 치료(Richards & Bergine, 1997)부터 기독교적 접근까지 다양하다(Steere, 1997).

이들 다양한 학자들에 의하여 다양한 접근 방법이 시도되고 있지만, 그 모든 접근

방법들이 갖고 있는 영성심리치료의 목표, 내담자, 과정, 훈련 그리고 전문기관은 다음과 같이 요약 정리될 수 있다(Sperry, 2012).

1) 목표

비록 영성심리치료의 목표는 영적 변화와 영적 성장이라고 할 수 있으나, 그것 차체는 이차적 목표이며, 그 일차적 목표는 심리적 변화에 두어야 한다. 따라서 이와 같은 접근방법을 통한 증상완화, 성격변화 등은 일차적 결과이다. 종종 심리학적인 증상과 관심을 제시하는 것과 관련하여 제시되는 종교적 또는 영적 이슈는 다음 세 형태로 구분된다.

(1) 심각한 건강 문제, 개인적인 또는 전문적인 상실 문제 또는 상호 인간관계적인 갈등 문제
(2) 배신, 어린아이의 죽음, 신앙의 위기 또는 삶의 의미를 반영하는 상실과 관계된 갈등
(3) 점증하는 정신건강과 영적 성장을 위한 추구

비록 영적 성장에 초점을 맞추는 일이 전통적인 영적 지도와 일치를 이루고 있지만, 내담자들은 그들의 영적 성장과 발달을 위하여 목회자나 영적 지도자를 찾아가는 것보다는 심리치료사를 찾아가는 경우가 증가되고 있다.

2) 내담자

영성심리치료를 받으려는 내담자는 두 종류로 나뉠 수 있다. 하나는 비교적 건강한 영성 추구자이고 다른 하나는 영적으로 병든 내담자들이다. 후자는 삶의 기능 중 하나 또는 둘 이상의 증상의 문제가 있는 사람들이거나 생존 기능에 문제의 징후를 나타내는 장애를 가지고 있는 사람들이다. 치료의 초점은 내담자가 제시하는 필요에 따라서 다양하다. 내담자들은 영적으로 긴급한 치료를 요하는 사람들이거나 영적 성장의 필요를 요하는 사람들이다. 그들은 심리적 안녕, 자기 성취 또는 개성화에 관심

하는 사람들로부터, 증상을 완화하려는 사람 또는 기본적인 기능을 회복하는 것을 원하는 사람 등 다양할 수 있다(Sperry, 2012).

3) 과정과 개입

특정 종교나 특정 기관에 관계되어 영적 자원이나 충고를 주는 목회상담자와는 달리, 영적으로 지향된 상담자나 심리치료사는 특정한 종교가 갖고 있는 해결책에는 관심이 없을 수도 있다. 전형적인 치료적 관심은 상호 관계적이다. 따라서 영성심리치료사는 내담자가 가지고 있는 영적 가치와 관심에 대하여 존중해 주는 모습을 가져야 한다.

다양한 심리치료적 또는 심리 영적 개입은 내담자의 필요와 지적에 의지하여 활용되어야 한다. 앞서서 지적하였듯이, 치료나 입원이 발생할 수 있는 정신의학적 평가를 위한 언급이 발생할 수도 있다. 영적인 간섭 또한 포함된다. 이것은 기도와 명상 같은 영적 실천도 포함할 수 있다. 그리고 필요에 따라 목회자나 원목과 협력하여야 할 경우도 있을 수 있다.

4) 훈련

영적으로 통합된 심리치료는 어떻게 수련을 쌓으며, 영성으로 통합된 심리치료는 어떻게 수련을 쌓을 수 있는가? 사실상 심리치료 분야에서는 영성심리치료가 필요하다고 하는 관심이 증대하고 있음에도 불구하고, 더 나아가 심리치료 분야에서 영성에 관심하는 심리치료의 필요성이 여러 가지로 표현되었음에도 불구하고, 아직도 영성으로 통합된 심리치료사 훈련은 공식화되고 있지는 않고 있다(Russel & Yarhouse, 2006; Worthington, 1998; Yarhouse & fisher, 2002).

비록 영적으로 관심하는 심리학에서 박사과정이 열려 있기는 하지만, 영성 문제를 포함하는 대부분의 프로그램은 비영성적이다. 최근에는 야르하우스(Yarhouse)와 피셔(Fisher, 2002)가 영성을 훈련프로그램에 접목시키는 세 가지 모델을 제시한 바 있다. 아주 최근에는 워팅톤(Worthington)과 그의 동료들이 영성과 종교적 이슈를 가지고 특별히 훈련하는 프로그램에 도전한 바 있다(Worthington et al., 1996).

5) 전문 기관

미국에서는 몇 군데 전문적인 기관이 영성심리치료를 위한 기구를 대표하고 있다. APA, ACA 등 여러 기관이 협력하여 활동하고 있으므로, 그 영역을 넓혀가고 있으리라고 짐작될 수 있다. 한국에서는 한국 목회상담학회와 한국기독교심리치료학회에서 목회상담 또는 기독교상담이라는 이름 아래서 소위 목회상담을 깊이 연구하고 훈련을 쌓아가고 있으나, 영성을 집중적으로 다루는 훈련은 아직도 미비하다.

영성심리치료분야는 보다 더 전문적인 훈련을 목표로, 2012년에 처음으로 한국영성과심리치료학회가 창립되면서 제1회 학회를 개최한 바 있다. 그리고 『영성과 심리치료』라는 창간호를 출판하였다(한국영성과심리치료학회, 2012). 그 후 몇 년 동안 학회도 열고 학회지도 출간하면서 한국 내에서의 정착을 위하여 노력하고 있다.

05

그리스도 요법[32)]

1. 깨달음을 통한 치유

그리스도 요법은 그리스도께서 우리를 자유케 하시는 진리-가치로서의 깨달음을 통한 치유이다. _ 버나드 타이렐

그리스도 요법(Christo-therapy)[33)]은 가톨릭 신학자 버나드 타이렐(Bernard J. Tyrrell)이 창안한 심리치료의 하나이다. 그는 인생의 중반을 거치면서, 심각하게 심리-영성 문제로 고민하고 있었다. 그는 친구 사제인 헨리 나우웬(Henri Nowen)[34)]으

32) 그리스도 요법을 중심으로 한국에서 나온 박사학위논문은 다음과 같다.
- 정계현(2012). 존 웨슬리의 영성에 근거한 목회상담/ 그리스도 요법을 중심으로. 서울신학대학교 일반대학원 박사학위논문.
- 문영주(2013). 그리스도 요법 집단상담 참여자의 치유경험, 서울신학대학교 신학전문대학원 박사학위논문.
- 신은자(2013). 부성상실을 경험한 어린이를 위한 영성상담/ 그리스도 요법을 중심으로. 서울신학대학교 신학전문대학원 박사학위논문.

33) Bernard J. Tyrrell(1975). *Christo-therapy*, New Jersey: Paulist Press.
Bernard J. Tyrrell(1982). *Christo-therapy II*, New Jersey: Paulist Press.
Bernard J. Tyrrell(2003). 그리스도 요법. (이정기 역). 서울: 예영 B&P.

로부터 메타실존치료사(meta-psychiatry) 토마스 호라(Thomas Hora)[35]를 소개받아 심리치료를 받으면서 심리학적 충격을 받았고, 나름의 독특한 변화를 체험하게 되었다. 그 후에 자신이 체험한 메타실존치료에 근거하여 예수의 영성과 메타실존치료를 통합하여 그리스도 요법을 창안하였다.

그의 변화체험은 세 가지로 정리된다.

첫째, 그는 나름의 실존적 격변을 겪게 되면서, 20세기 대표적인 가톨릭 신학자 버나드 로너건(Bernard Lonergan)의 신학[36]을 통하여 신학적 전환을 체험하였다. 곧 초월적 존재와의 연속성(continuity)을 강조하는 전통적 가톨릭 신학을 넘어서서, 비연속성(discontinuity)을 강조하는 개신교적 접근을 시도하였다는 점이다. 그는 그것을 '날카로운 각성(sharp awareness)'이라고 표현하였다. 그것은 단테의『신곡: 연옥편』의 순례자처럼 길이 없는 숲속에서 자기 자신을 발견하는 "긍정적 붕괴", 곧 순간적으로 하늘의 은총을 맛보는 경험을 의미한다.[37]

둘째, 그가 "심리학적 충격"이라고 표현하였던 치유의 가능성을 메타실존치료를 통하여 경험하게 되었다. 토마스 호라는 타이렐과 상담하는 과정에서 "종교는 생명과 빛으로서 존재의 모든 차원을 변화시키는 치유의 전체성이 되어야 한다."라고 말하여, 타이렐은 충격을 받았다. 그 충격은 그에게 엄청난 깨달음의 계기가 되었고, 그리스도를 통한 전인치유의 가능성을 모색하게 되었다(이정기, 2013). 그리하여 그는 "참된 종교는 통전적으로 전인을 치유할 수 있으며 또한 그러해야 한다는 깨달음

34) Henri Nowen은『상처 입은 치유자』를 비롯하여 수많은 영성과 관계된 실천적 목회를 위한 책을 출판하여, 현대 목회의 새로운 목자상을 제시하였다는 평가를 받는 대표적인 가톨릭 신학자요, 영성운동가이다.

35) Thomas Hora는 메타실존치료(existential metapsyciatry)라고 하는 심리치료를 독자적으로 창안하였다. 메타실존치료는 기독교와 선불교를 통합하여, 초월적 관점에 근거하여 인간으로 하여금 근원적 존재와의 만남을 목표로 하는 하나의 영성 심리치료라 할 수 있다.

36) 캐나다에서 활동하는 20세기 대표적인 가톨릭 신학자로서, 전통적인 가톨릭 신학의 강조점과는 달리 거듭남, 곧 회개와 중생, 곧 변화라는 관점을 특별히 강조하여 가톨릭 신학에 남다른 신학적 공헌을 하였다. 로너건 연구의 대표적인 한국학자로는 서강대학교 신학대학원 교수를 역임한 변희선 교수가 있다. 저서:『신학 수행법 입문』(2014), Bernard Lonergan의 신학 방법 연구 1. 서울: 문학과 현실사.

37) Bernard J. Tyrrell (2013). 그리스도 요법 입문(Christotherapy). (이정기 역). 부천: 도서출판 실존, p. 19.

에 이르렀고"(Tyrrell, 1975), 그와 같은 깨달음은 그로 하여금 메타실존치료를 통한 치유의 가능성을 발견하게 하였다. 즉, 근원적 존재를 향한 메타실존적 관심과 예수 그리스도를 접목시켜 영성적 관점에서 치유의 가능성을 발견하게 된 것이다. 그리하여 스스로 마음-비우기(mind-fasting)와 영혼-즐기기(spirit-feasting)라고 하는 두 가지 과정을 겪어 가면서 영성 치유의 원형으로서의 예수 그리스도를 발견하였고, '중생'과 '성화'라고 하는 존재변화를 위한 영성 신학적 개념을 마음-비우기와 영혼-즐기기라고 하는 도식으로 심리치료에서 구체화하였다.

셋째, 그는 미네소타에 있는 게스트하우스(guest house)에서 묵으면서 그가 깨달은 바를 실천적으로 증명하는 기회를 가졌다. 그는 그곳에 머무르면서 '그리스도 요법'의 원리를 통하여 치유를 증명하였다. 그렇게 공동체를 통하여 역사하는 성령의 역사를 체험하면서, '사랑의 분위기'라는 영성공동체의 중요성을 강조하게 되었다(이정기, 2013).

그러한 깨달음은 그로 하여금 중생과 성화라고 하는 신학적 개념을 메타실존치료적 관점에서 재해석하여 "그리스도가 치유하신다."(Christ heals)라는 기치를 높이 들고, '그리스도 요법: 깨달음을 통한 치유(healing through enlightenment)'라는 이름으로 영성 중심적 기독교 상담을 창안하게 되었다.

2. 영성-심리 통합

그리스도 요법은 기독교 메시지의 내용을 심리치료의 현대적 해석과 관계시키는 수많은 시도 중의 하나이다. _ 오슬로 스트렁크

미국에서 발행된『목회 돌봄과 상담 사전』에서 미국의 대표적인 목회상담학자인 오슬로 스트렁크(Oslow Strunk)는 "그리스도 요법은 기독교 메시지의 내용을 심리요법의 현대적 해석과 관계시키는 수많은 시도 중의 하나이다."라고 정의하였다. 기독교 영성과 심리치료를 통합하였음을 강조한 것이다. 타이렐 스스로도 '그리스도 요법'은 빅터 프랭클(Viktor E. Frankl)의 '의미요법', 윌리엄 글래서(William Glasser)의 '현실요법', 토마스 호라의 '메타실존치료' 등과 같은 선재하는 치료법들과의 변증법적 대화의 터 위에서 창출되었음을 고백하였다(Tyrrell, 1975).

> 그리스도 요법이라는 표현은 빅터 프랭클의 의미요법, 윌리엄 글래서의 현실치료에서 영감을 받았다. 그리스도 요법은 빅터 프랭클과 더불어 의미의 치유적 능력을 공유한다. 말씀이 육신이 되신 예수 그리스도를 그가 성육신하신 의미를 통한 치유자와 의미치료사로서 바라본다. 그리스도 요법은 또한 글래서 박사의 통찰도 공유한다. …… 그리고 그리스도 요법은 뉴욕의 탁월한 실존치료사인 토마스 호라의 많은 원리들을 공유한다(Strunk, 1990).

그는 더 나아가서 인간심리의 치유와 성장을 목표로 하는 현대적 접근 방법을 네 가지 종류로 대별하였다(이정기, 2013).

> 인간 심리의 치유와 성장에 효과를 미치는 네 가지 현대적 접근 방법은 전적으로 영적인 접근 방법, 전적으로 물질적인 접근 방법, 두 접근 방법의 전문 영역을 분리시키는 접근 방법 그리고 영적-심리 통합을 시도하는 접근 방법이 있다(Tyrrell, 1982).

그와 같은 분류는 미국의 목회상담학자 윌리엄 커윈(William Kirwin)이 신학과 심리학을 관계시키는 네 가지 유형의 분류와 유사하다. 커윈이 교리적 신학에 근거하여 분류하였다면(Bridger & Atkinson, 2012), 타이렐은 경험적 신학에 근거하여 분류하였다. 그와 같은 관점에서 타이렐은 영성-심리 통합을 이루어 새로운 심리치료 체계를 제공한 바 있는 학자들의 견해를 집중적으로 연구하며, 자신의 그리스도 요법의 틀과 내용을 형성하는 데 힘입은 바가 크다.

그중에 대표적인 영성심리치료로는 로베르토 아싸지올리(Roberto Assagioli)의 『정신통합(Psychosynthesis)』(Firman & Gila, 2016), 융 심리분석가로서 기독교의 영적 원리와 융 심리학의 접목을 시도한 존 샌포드(John Sanford), 기독교의 은사체험을 강조한 정신분석학자 알퐁스 칼라브레세(Alphonse Calabrese)가 있다. 그는 억압과 전이 등 프로이트의 원리를 적용한『기독교적 사랑 치료(The Christian Love Treatment)』라는 책에서 치료과정 속에서 기독교의 기도를 소개하며 책임과 실천을 강조한 분석가이다(Tyrrell, 2005).

다음으로는 퀴블러 로스(E. Kübler Ross) 여사의 모델을 영적 전통 속에 통전시킨 데니스와 매튜 린(Dennis Linn & Matthew Linn) 형제가 있다. 그들은 로즈 여사의 다섯 가지 원리를 치유와 용서의 개념과 통전시켜 심리치료에 적용하였다(Tyrrell, 1982). 그 외에도, 그가 깊은 관심을 가진 학자는 대표적인 보수주의 임상심리학자인 로렌스 크랩(Lawrence Crabb Jr.)이다. 그는 '격려에 의한 상담'을 강조하면서, '성경상담'의 기본 원리를 제시하였고, 상처받은 그리스도인들을 도와주어야 한다는 입장에 깊은 관심을 가지기도 하였다(Tyrrell, 1982).

3. 마음-비우기와 영혼-즐기기

마음-비우기와 영혼-즐기기는 그리스도 요법의 실존적 기법이다. _ 버나드 타이렐

1) 실존적 기법

그리스도 요법은 중생과 성화라고 하는 기독교 구원관의 중요한 두 가지 개념을 상담심리학적으로 적용하였다. 성육화의 의미와 가치를 통한 치유에 관심한 것이다. 구원을 향한 순례의 과정으로서의 중생과 성화를 상담현장에서 구체적으로 적용하기 위하여 타이렐은 메타실존치료를 원용하였다.

마음-비우기(mind-fasting)와 영혼-즐기기(spirit-feasting)라고 하는 두 가지 개념이 곧 그것이다. 그 용어들을 타이렐은 다음과 같이 설명하고 있다.

> 마음-비우기와 영혼-즐기기는 기법이다. 왜냐하면 그들은 깨달음을 통한 치유의 다양한 선물을 적극적으로 받아들이는 방법이기 때문이다. 그들은 실존적이다. 왜냐하면 그들은 인위적이거나 또는 독단적이지 않고, 전체성과 깨달음의 성결을 향하여, 기본적으로 인간의 열린 사고와 은혜로운 부름이 역동적으로, 자연적으로 발생하기 때문이다(Tyrrell, 1975).

마음-비우기와 영혼-즐기기는 실존적 기법이다. 실존적이라 함은 깨달음의 성화라는 존재의 변화를 목표하는 영성 지향과 관계되고, 기법이라 함은 깨달음을 통한 치유의 선물을 받아들이는 방법과 관계된다.

마음-비우기는 깨달음을 통한 성화, 곧 영성을 받아들일 준비로서, 토마스 호라가

인용하고 있는 장자(莊子)의 용어인 심제(心齊, mind-fasting)에 해당하며, 영혼-즐기기는 마음-비우기의 과정을 통하여 도달하게 된 상태, 곧 안회가 경험한 좌망(坐忘, spirit-feasting)의 자리이다. 그 자리는 그리스도와 하나 되는 체험의 단계로서 영성을 삶 속에서 실존적으로, 전 존재로 향유(享有, enjoyment)하는 상태를 의미한다(노치허, 2018).[38]

타이렐은 장자의 '창문의 비유'를 실례로 들고 있다.

> 이 창문을 보라. 그것은 벽에 있는 하나의 구멍에 불과하다. 그러나 바로 그것 때문에 방 전체는 빛으로 가득하다. 그러므로 능력들이 비워질 때, 가슴은 빛으로 가득하다. 빛으로 가득하게 되면, 그것은 다른 사람들을 은밀한 중에 변형시키는 하나의 영향이 된다(이정기, 2013).

비움과 채움의 다른 이름으로, 마음-비우기는 '비움'에, 영혼-즐기기는 '채움'에 해당한다. '창문의 비유'에서 말하고 있는 벽에 있는 구멍은 빛을 받아들이는 비움의 상태이며, 그 비움을 통하여 빈방 속으로 들어와 방을 가득 채운 빛은, 호라의 해석에 의하면, "영으로 듣는 것(hearing with the spirit)"을 가능하게 하는 하나의 인지적 기도의 유형으로서, 하나의 명상 상태에 해당한다(이정기, 2013).

마음-비우기의 목표는 비움이다. 그리고 그 비움의 목표는 채움이다. 어둠을 비우고, 밝음을 채우는 것이다. 그 채움은 곧 실존적 예배(existential worship)이다. 삶 자체가 하나의 예배가 되는 형태를 의미한다. 실존적 예배를 통하여 인간은 조화, 평화, 사랑의 하나님과 하나가 되는 영혼-즐기기의 상태를 누리게 된다. 곧 마음-비우기는 나-자기를 버리는 연습이며, 영혼-즐기기는 그리스도-자기를 배우고 실천하는

---

38) 장자는 공자와 안회와의 대화를 꾸며 내면서, 심제(心齊)와 좌망(坐忘)의 상태를 논한 바 있다. 공자는 제자 안회가 도달한 그 좌망의 상태에 대하여, 同卽 無好也, 化卽 無常也라고 화답함으로써, 영혼-즐기기의 상태로 안회가 말하고 있는 좌망에 대하여, 부러움과 극찬을 보여 준 바 있다[Thomas Hora. 메타실존치료. (이정기, 윤영선 공역). pp. 104-105].
그 대화 내용을 메타실존치료사 토마스 호라가 『메타실존치료』라는 책에서 인용하였으며, 버나드 타이렐은 『그리스도 요법』의 기법으로 심제를 mind-fasting 으로, 좌망을 spirit-feasting으로 번역하여 차용하였다.

과정이다. 전자는 실존적-분석이며, 후자는 실존적-식별에 해당한다(이정기, 2013).

2) 마음-비우기의 네 단계

> 마음-비우기에서 영혼-즐기기의 상태에 이르기 위하여서는 네 가지 과정을 거친다. 첫째, 경험, 둘째, 반성적 기도, 셋째, 계시, 마지막으로는 증명하는 과정이다(이정기, 2013).

첫째, 마음-비우기를 위한 실마리는 그가 현재 경험(experience)하고 있는 질병, 사고, 부조화 등과 같은 실제로 당면한 경험 속에서 발견된다. 즉 부조화는 순수하지 못한 생각과 욕망의 현존에 대한 확실한 징후로서 자기-초월을 위한 부름이다.

둘째, 반성적 기도(reflective prayer) 또는 이해를 위한 기도이다. 그들이 드리는 실존적 기도는 "주여, 나는 무엇을 하여야 합니까?"라기보다는 "주여, 나는 무엇을 알아야 합니까?"를 묻는 기도이다.

셋째, 계시(revelation)는 경험의 실존적 의미를 이해하는 선물이다. 곧 통찰의 단계이다. 순수하지 못한 생각에 대하여 실존적으로 분석한다. 그 순간에 부조화의 경험의 기초가 되는 생각, 욕망 그리고 느낌을 이해하게 된다.

넷째, 증명(demonstration)의 단계이다. 앞서 계시의 단계에서 받은 통찰을 자신의 삶으로 가져와 실제로 살아가는(living-out) 것이다.

3) 영혼-즐기기의 네 단계

그리스도 요법은 '치유'를 다음과 같이 정의 내린다.

> 치유는 무엇보다도 마음을 오류와 무지로부터, 그리고 가슴을 거짓 욕망과 가치로부터 자유롭게 하는 마음과 가슴의 변화의 문제이다(이정기, 2013).

그러한 치유의 정의에 근거하면, 마음-비우기와 영혼-즐기기는 다음과 같이 정의된다.

마음–비우기와 영혼–즐기기는 그리스도–자기에 이르도록, 그리고 그리스도–가슴을 하나의 선물로서 능동적으로 수용하도록, 점진적으로 일생 동안의 변화과정 속으로 인도하고, 그 과정 속에서 성취되는 은혜의 작용이다(Tyrrell, 2005).

(1) 자기 발견하기

1단계–긍정적 자료: 참으로 사람을 완전케 하고 풍요롭게 하는 어떤 가능한 근원의 현존 앞에, 자신을 내어놓았던가 또는 내어놓으려는 자신을 발견하기. 예: 성서, 아름다운 자연의 풍경, 예술작품, 사람과 사람들 사이의 만남(Tyrrell, 1982)

(2) 분별지를 위하여 기도하기

2단계–분별을 위한 감사기도: 참된 실존적 풍요로움을 가능케 하는 근원에 대하여, 실존적으로 분별하고 가치를 부여하기 위하여 감사하는 마음으로 청원하는 기도(Tyrrell, 1982)

(3) 계시된 가치에 대하여 감사하기

3단계–계시/인지: 자신에게 계시된 가치를 감사하는 마음으로 분별하고 즐길 수 있도록 성령을 통하여 주어진 선물(Tyrrell, 1982)

찬양과 감사 그리고 기쁨이 넘치는 경배의 기도는 가장 풍성한 실존적 예배의 한 형태이다. 그러한 기도는 어린양 혼인잔치 자리에서 영원을 통하여 다시 울릴 것이다. 그곳에서 영혼–즐기기는 영원한 영적 신부의 열락을 누리면서 그 절정에 이르게 될 것이다.

(4) 축제처럼 살기

4단계–결단/증명: 자신에게 선물로 주어진 것을 분별할 수 있는 것에 대하여 감사하고,

그것에 일치하는 행동으로 결단하는 깨달음; 이것은 자신이 받은 계시를 심화시키기 위하여 하나님에게 계속하여 드리는 기도를 포함한다(Tyrrell, 1982).

그것은 계시된 가치와 조화를 이루어 축제를 베풀고, 살아가며, 그 안에서 기쁨으로 성령과 더불어 계속적으로 협력하게 된다. 성령의 인도하심을 따라 마음과 가슴 그리고 상상을 즐기는 일을 계속하여 실천하므로, 평화, 사랑, 감사, 확증, 찬양 그리고 기쁨을 누리게 된다. 그렇게 분별에 근거한 영혼-즐기기의 열매를 맛보게 된다.

4. 실존적으로 사랑하기

그리스도 요법의 가장 기본적인 방법론은 "실존적으로 사랑하기"이다. _ 타이렐

버나드 타이렐은 영성지도사(spiritual director), 목회 상담사(pastoral counselor), 그리고 그리스도-테라피스트(Christo-therapist) 모두에게 다음과 같은 동일한 자세를 요청하고 있다.

그는 그의 내담자를 사랑하여야 한다. 그렇지 않으면 그가 하나님에 관하여 말하는 모든 것이 무익한 것이 될 것이다(Isabell, 1976).

타이렐은 그러한 확고한 신학적 토대 위에서 "실존적으로 사랑하기"가 그리스도 요법의 가장 기본적인 방법론이 된다고 강조하였다.

그리스도 요법의 가장 기본적인 방법론의 하나는 "실존적으로 사랑하기(existential loving)"이다(Tyrrell, 1975).

'실존적 사랑하기'는 그 특성이 몇 가지로 정리된다.

1) 부름(calling): 근거

그리스도-테라피스트의 자격과 존재 이유는 하나님의 부름(召命, calling)에 근거한다.

> 그리스도-테라피스트는 그를 찾아오는 내담자를 '실존적으로 사랑하기' 위하여 부름을 받았다. 사람을 실존적으로 사랑하는 것은 그 사람이 육화시킨 고유한 실존이 가지고 있는 선물에 가치를 부여하는 것이다. 실존적으로 사랑하기는 동시에 감정적이고, 관상적이며 그리고 의지적인 전인적 형태의 사랑하기이다. 참으로 다른 사람을 실존적으로, 전인적으로 사랑하는 것은 그 사람이 가지고 있는 좋은 것만을 바라는 의지적인 사랑이 아니라, 그 사람을 그저 좋아하는 것이다(Tyrrell, 1982).

그리스도-테라피스트의 일차적 자격은 하나님의 부름(God-given calling), 곧 소명(召命)에서 온다. 그 부름의 목적은 인간의 의지적인 사랑이 아니라, 그 사람을 하나님의 자녀로서 '그저 좋아하는' 실존적 사랑하기이다.

2) 회심(回心, conversion): 자격

그리스도-테라피스트의 자격은 심리적 탄생(psychic birth)이다. 그런 사람만이 실존적 사랑을 효과적으로 수행할 수 있다.

> 심리적 탄생의 선물을 받은 사람만이 자기-가치와 자기-존중의 기본적 감각을 소유하며, 그리하여 자신을 위하여 다른 사람들을 조건 없이 효과적으로 사랑할 수 있다(Hunter, 1990).

타이렐의 강도 높은 비판에 의하면, 목회상담사가 영성적 차원에 일차적 중요성을 부여하지 않으면, 그가 하는 상담의 실제는 사역(ministry)이 아니라, 직업(job) 수행에 불과하다. 회심의 순간에 믿음, 사랑의 눈 그리고 자기-변혁(self-transformation)을 통하여 하나님께서 주시는 '새로운 가슴(new heart)'을 부여받은 자만이 다른 사람을 효과적으로 그리고 실존적으로 사랑할 수 있는 것이다(Tyrrell, 2005).

3) 존재(存在, being): 실존적 사랑하기의 본질

실존적 사랑하기는 내담자의 '존재 그 자체(being itself)'를 사랑하는 것이다. '있는 그대로(as she/he is)' 사랑하는 것이다. 그것도 가슴에 홍수처럼 넘치는 사랑으로 사랑하는 것이다. 타이렐에게 엄청난 충격을 준 신학자 로너건(Bernard Lonergan)은 회심을 "하나님의 사랑이 인간의 가슴에 홍수처럼 밀려드는 선물"이라고 말하였다(Tyrrell, 2005).

타이렐은 요셉 피퍼(Joseph Pieper)의 『About Love(사랑에 관하여)』라는 책에 나온 다음 문장을 인용하여 실존적 사랑하기의 본질을 극명하게 설명해 주고 있다.

> 다른 사람을 사랑한다고 하는 것은 그 사람에게 자기 자신의 존재의 핵심으로부터 "당신의 존재 그 자체가 곧 '선(善, goodness)입니다.'라고 말하는 것이다"(Pieper, 1974).

그러한 사랑은 그 사람의 독자성(uniqueness)과 가치 속에서 기쁨을 누리는 것을 의미한다.

4) 기도(祈禱, prayer): 실존적 사랑하기의 동력

그리스도-테라피스트에게 요구되는 실존적 사랑하기를 수행하는 동력은 바로 끊임없는 기도에서 온다.

> 그리스도-테라피스트에게 있어서 그들 자신을 사랑하는 은사를 위하여 그리고 그들에게 도움을 요청하기 위하여 찾아오는 사람들을 위하여, 계속하여 실존적 형태의 사랑을 심화시켜 가는 자세로, 매일 매일 기도하는 것은 매우 중요하다(Tyrrell,1975).

그리스도 요법은 '기도가 풍성한 마음 비우기'를 강조한다. 그것은 곧 '반성적 기도'로서, "무엇을 하여야 합니까?"를 묻지 않고, 단지 "주여, 나로 하여금 알게 하옵소서."라고 기도한다.

5) 해방(解放, liberation): 실존적 사랑하기의 목표

실존적 사랑하기는 감상적인 사랑이 아니라, 강력한 형태의 사랑으로서 직면 형태의 사랑이라고 할 수 있다.

> 참된 실존적으로 사랑하기는 감상적이지 않다(not sentimental). 그것은 아주 강인하다(tough). 그것은 비록 용납(acceptance)을 의미하지만, 무책임한 것을 너그럽게 용서하지 않는다. 오히려 그것과 마주하여 직면(confront)토록 한다(Tyrrell, 1982).

미국에서 목회상담을 정초하는 데 크게 기여한 바 있는 클라인벨(Howard Clinebell)은 칼 로저스(Carl Rogers)의 돌봄(care)상담 중심을 넘어선다. 돌봄이 제사장적 역할이라면 직면은 예언자적 역할이다. 그리하여 이스라엘 공동체는 돌봄(care)+맞섬(confront)이라고 하는 두 가지 역할을 공존시킴으로 해서 평화(shalom) 공동체를 구현할 수 있었다. 예언자적 직면을 통하여 심리적 억압으로부터 해방시켜 주는 것이 실존적 사랑하기의 목표이다(Clinbell, 1994).

5. 그리스도-테라피스트

만일 소경이 소경을 인도하면, 둘이 다 구덩이에 빠지리라. _ 마 15:14

미국의 대표적인 심리상담학자인 제럴드 코리(Gerald Corey)는 『심리상담의 이론과 실제』에서 심리상담사를 두 가지 관점에서 정리하였다. 하나는 '한 사람의 인간'이라고 하는 관점이고, 다른 하나는 '한 사람의 전문가'라는 관점이다.

> 심리상담치료사의 인간적 자질과 경험은 심리상담/치료에 영향을 미친다. 필자의 판단으로는 내담자의 치료적 만남을 결정하는 가장 강력한 결정인자가 바로 이 부분이라고 생각한다. 내담자가 성장하고 변화하기를 원한다면, 심리상담/치료사 자신이 성장해야 한

다. 긍정적인 방향으로 영향을 미치는 가장 강력한 것은 심리상담/치료사가 자신이 누구인가를 아는 것과 심리상담/치료사가 원하는 삶을 어떻게 결정하는지 본보기를 보이는 것이다(Corey, 2003).

그러한 관점은 그리스도 요법에서도 결코 예외는 아니다. 그리스도 요법을 수행하는 심리상담사, 곧 그리스도-테라피스트는 그 점에서 동일한 자질을 요청받는다. 그러나 거기에서 그치지 않는다. 그리스도-테라피스트는 크리스천으로서의 덕목이 그 위에 하나 더 첨부된다. 곧 거듭난 크리스천이어야 한다.

그리스도-테라피스트는 넓은 의미에서 목회상담자이다. 단지 그가 수행하는 심리상담 과정에서 그리스도 요법이라는 영성지향적 원리를 적용하다는 것뿐이다. 타이렐 스스로도 그리스도-테라피스트를 목회상담이라는 넓은 범주에 넣고, 그의 이론을 전개하였다.[39]

그리스도 요법은 넓은 의미의 목회상담으로 심리-영적 치유와 성장을 목표한다. 즉 영성을 추구하며 영성을 강조하는 목회상담이다. 그 점에서 소위 목회상담이라는 이름 아래 정신분석적 관점을 강조하거나, 성경상담이라는 이름으로 단지 성경 구절을 대입 또는 제시하는 형태의 상담과는 철저하게 구별된다. 그리스도 요법은 철저하게 그리스도에 초점을 맞추는 영성상담이다.

1) 거듭난 크리스천

그리스도-테라피스트의 기본적인 자질은 두 가지이다. 첫째, 거듭난 사람이어야 한다. 그것도 지속적으로 거듭남의 삶을 살아가는 사람이어야 한다. 둘째, 자기-지식, 곧 자기를 아는 삶의 여정을 끊임없이 수행해 가는 사람이어야 한다. 그는 거듭난 크리스천으로서의 자기-지식과, 심리상담전문가로서의 자기-지식을 철저하게 점검해 가는 사람이어야 한다(Tyrrell, 1982).

39) R.J. Wicks, R.D. Parsons, & D.E. Capps, (Eds.). *Clinical Handbook of Pastoral Counseling*, pp. 58-75, Bernard Tyrrell, "Christotherapy: An approach to Facilitating Psycho-spiritual Healing and Growth."

> 그리스도-테라피스트에게 있어서 지속적인 거듭남과 자기-지식이라고 하는 특징들이 현존하여야 함은 그에게 도움을 요청하는 사람들을 위하여뿐만 아니라, 그리스도-테라피스트 자신의 건강한 영성을 위하여서도 마찬가지로 필수적이다(Tyrrell, 1982).

미국을 중심으로 조사된 통계에 의하면, 의사들 사이에 존재하는 마약 남용과 자살률은 평균적으로 일반인보다 높다. 그 점은 심리상담사의 경우도 다르지 않다. 더 나아가 성직자의 경우도 마찬가지이다(Fehr & Hands, 2017). 타이렐은 다음과 같은 결론을 내리고 있다.

> 나는 종종 그것은 이러저러한 영역에서의 거듭남의 부재, 특정한 자연적, 영적 특질과 그리고 참된 자기-지식의 결여라고 믿는다. 그것들은 돕는 전문가들의 탈진, 마약 남용, 자살의 뿌리에 놓여 있다(Tyrrell, 1982).

심지어 그리스도 요법 형성에 크게 영향을 끼친 바 있는 메타실존치료사 토마스 호라는 "심리치료사가 충분히 깨달음에 이르지 못하면, 그 치료사는 내담자를 만나는 동안 병들게 된다."고 강력하게 언급하였다.

2) 지속적 거듭남

그리스도-테라피스트는 지속적인 거듭남의 과정을 거쳐야 한다. 지속적 거듭남이란, 소위 중생(重生, regeneration)과 성화(聖化, sanctification)라고 하는 신학적 개념의 구체화를 의미한다. 전자는 순간적 변화(radical conversion)이며, 후자는 점진적 변화(gradual conversion) 과정이다.

지속적 거듭남은 종교적 거듭남, 도덕적 거듭남, 지적 거듭남, 심리적 거듭남 그리고 중독으로부터의 거듭남을 포함한다. 지속적 거듭남의 과정을 통하여 그리스도-테라피스트는 참 자기를 아는 자기-지식(self-knowledge)에 이르는 삶을 살아가는 존재가 되어 간다(이정기, 2013).

06 메타실존치료[40)]

1. 근원적 질서

메타실존치료의 목표는 내담자로 하여금 현상(現像, phenomenon)의 세계에서 깨어나 실재(實在, reality)와 접목된 의식을 획득하도록 돕는 것이다. _ 토마스 호라

메타실존치료[41)]는 영어의 원래 명칭이 existential metapsychiatry이다. 간단히 metapsychiatry라고 일컫기도 한다. 한국어로는 『메타실존치료』(Hora, 2020)로 번역하였다. 창시자는 토마스 호라(Thomas Hora)이다. 그는 헝가리 출신 정신과 의사로서 헝가리와 체코에서 의학 학위를 받고 수련을 마친 후, 1952년부터 미국과 유럽의 정신의학 분야에서 왕성한 활동을 하였다. 미국에서 제1회 카렌 호나이(Karen Horney) 상을 받았다. 기독교와 선불교에서 많은 영향을 받았고, 그중에도 특히 예수에게서 많은 것을 배웠다.[42)]

40) 한국에서 메타실존치료 연구로 제출된 박사학위논문으로는, 〈윤영선(2012). 가족치료를 위한 실존치료 집단 경험자의 영성체험에 관한 질적 연구. 서울신학대학교 신학전문대학원.〉이 있다.

41) '메타실존치료'는 원래의 영어 명칭은 existential metapsychiatry이다. 직역하면, '실존적 초정신의학'이 될 것이다. 창시자가 원래 정신과 의사이기 때문에, 그러한 명칭을 사용하였을 것이다. 필자는 상담/심리치료적 관점에서 '메타실존치료'로 번역하였다.

그는 메타실존치료의 기본적인 개념을 다음과 같이 정리하였다.

> 실존주의란 무엇입니까? 실존주의는 인간 실존의 본성과 인간 실존이 그 자체를 드러내는 상황을 철학적으로 탐구하는 것입니다. 실존 철학은 다음과 같은 것들을 질문합니다. 인간이란 무엇인가? 삶이란 무엇이고, 그것을 지배하는 법칙이란 무엇인가? 삶의 의미와 목적은 무엇인가? 실재는 무엇이고, 비실재란 무엇인가? 진리, 건강, 악, 질병, 죽음이란 무엇인가? 실존의 이러한 요소들은 어떻게 인식되는가?(Hora, 2020).

메타실존치료는 철학적으로 실존주의이다. 토마스 호라의 실존주의적 사상은 특히 하이데거(M. Heidegger)에게서 많은 영향을 받았다. 그는 실존주의를 "인간 실존에 대한 철학적 탐구"라 지칭한다. 그러한 관점은 인간과 삶 그리고 그것을 지배하는 법칙, 삶의 의미와 목적, 실재와 비실재, 진리, 건강, 악, 질병, 죽음의 의미 등을 포함한다. 그러한 철학적 근거 위에서 그는 메타실존치료를 다음과 같이 정의한다.

> 실존주의 심리치료는 실존의 근원적 질서와 의식적인 조화를 이루기 위하여 개인과 집단을 도우려는 하나의 노력이다(Hora, 2020).

메타실존치료의 접근 방식은 일반적인 상담심리치료와는 근본적으로 다르다. "실존의 근원적 질서와의 의식적인 조화"라는 정의가 그 극명한 차이를 입증한다. 그는 "근원적 질서"를 전제한다. 전제가 다르므로 목표도, 과정도, 결과도 다르다. 토마스 호라는 메타실존치료의 목표를 다양하게 진술한다.

> ① 실존적 접근법의 목표는 실존의 근원적 질서와 조화를 이루도록 사람들을 돕는 일

42) 토마스 호라(Thomas Hora, M.D.)는 'pathbreaking psychiatrist and spiritual teacher'이라는 평을 듣는 탁월한 심리치료사이다. 미국에서 오랜 기간 활동하였으며, 제1회 Karen Horney상을 받았다. 그러나 정신분석의 한계를 일찍이 간파하고, 초개인적 관점에서 실존철학, 동양의 선불교, 그리고 기독교의 성서에 집중적으로 천착하면서 메타실존치료라고 하는 새로운 분야를 개척하였다. 그는 뉴욕을 중심으로 PAGL이라는 연구소를 설립하고 활발하게 활동하던 중 1995년에 사망하였다.

입니다. ② 실존주의 심리치료의 목표는 내담자로 하여금 현상의 세계로부터 깨어나 실재와 접목된 의식을 획득하도록 돕는 것입니다. ③ 실존주의 심리치료의 목표는 이러한 종류의 건강을 얻도록 돕는 것이며, 그러한 건강을 영적 건강이라고 말합니다. 그것은 모든 것을 포함하는 건강입니다. ④ 실존주의 심리치료의 목표는 사람들이 존재의 본래성(authenticity of being)을 획득하도록 돕는 것입니다.(Hora, 2020).[43)]

그러한 정의와 목표에서 강조하는 '근원적 질서'란 무엇인가?

존재의 근원적 질서란 무엇입니까? 존재의 근원적 질서의 본질은 무엇입니까? 그것은 완전한 조화, 평화, 확신, 감사, 기쁨, 사랑, 자유입니다. 실존의 근원적 질서는 영성입니다. 그리고 인간은 영적 존재입니다. 영적 가치는 본래적인 건강을 증진시킵니다. 우리가 영적 가치에 더욱 깊이 침잠해 들어갈수록, 우리는 더욱 건강해집니다. 영적 가치는 하나님에게 유용한 인간이 되게 하는 것입니다(Hora, 2020).

요약하면, '근원적 질서와의 의식적인 조화'를 이루는 것이 곧 메타실존치료의 목표이다. 그러면 그 근원적 질서와의 조화라고 하는 목표는 구체적으로 무엇을 말하는가? 그가 실례로 드는 다음과 같은 이야기에서 그 목표를 찾을 수 있다.

한 작은 소년이 조각을 하고 있는 조각가를 지켜보고 있었습니다. 몇 주 동안 이 조각가는 커다란 대리석을 조금씩 깎아 내고 있었습니다. 몇 주 후에 그는 아름다운 사자를 만들었습니다. 작은 소년은 놀라서,"아저씨, 그 바위 속에 사자가 있는 줄을 어떻게 알았어요?" 라고 물었다(Hora, 2020).

토마스 호라는 이 아름다운 이야기 끝에, 다음과 같이 질문하고 있다.

43) 토마스 호라는 불성(佛性, Buddha consciousness)과 그리스도 의식(Christ consciousness)을 동일시하면서, 그 특성으로 사랑, 진리, 지성, 조화, 평화, 확신, 감사, 기쁨, 완전한 건강, 자유, 무한한 연민, 영감을 받은 지혜 등을 언급하였다.

> 당신은 이 이야기가 의식을 깨우친 사람이라는 개념을 주장하는 데 있어서 적절하다는 것을 아십니까?

메타실존치료는 커다란 대리석과도 같은 인간 실존이 조각가의 손에 의하여 아름다운 사자로 변형되는 사건을 말한다. 그러한 작업은 마치 예술작업과도 같다. 커다랗고 거친 대리석은 인간 실존의 모습을, 그리고 조각가는 메타실존치료사를 상징한다.

그 조각가에 의하여 조각된 아름다운 사자는 근원적 질서, 곧 동양사상에서 말하는 본래면목(本來面目, the original face) 또는 진면목(眞面目)(the true face)을 의미한다. 더 나아가 실존철학에서 말하는 인간 실존의 본래성(本來性, authenticity)을 형상화한 것이다. 메타실존치료는 그것을 실재(實在, reality) 또는 영성 (spirituality)이라고 말한다 (Frankl, 1985).

2. 초월적 관점

초월적 관점은 형상(形象)과 무형상(無形象)을 초월한다. _ 토마스 호라

한국어 번역판『메타실존치료』의 표지에 적힌 부제는 "초월적 관점에 근거한 실존주의 심리치료"이다. 그 부제에는 메타실존치료의 기본 철학이 담겨 있다. 호라는『Self-Transcendence(자기-초월)』(Hora, 1987)이라는 소책자에서, '초월적 관점(transcendent regard)'의 중요성을 강조하고 있다. 그리고 칼 로저스(Carl Rogers)가 인간중심상담에서 강조하는 긍정적 관점(positive regard)과 비교하여 그 차이를 극명하게 설명하고 있다.

> 초월적 관점은 무엇인가? 그것은 어떤 면에서 긍정적 관점과 다른가? 긍정적 관점은 상호작용적(interactive)이다. 그것은 인간을 긍정적인 방법으로 바라보는 시도이다. 초월적 관점은 형상과 무형상(form and formless)을 초월한다. 그리고 사랑-지성(love-intelligence)(Hora, 1987)[44]의 무차원적 실재(non-dimensional reality)의 문맥에서 개인

44) 초월적 실재, 또는 근원적 실재를 지칭하기 위하여 토마스 호라가 주조한 독특한 개념이다. 그는

들을 바라본다. 초월적 관점은 상호작용적 사고를 초월한다. 그리고 인간들을 보는 대신에 (instead of persons) 영적 특성을 갖고 있는 무차원적 인간(non-dimensional man)을 바라본다(Hora, 1987).

'형상과 무형상(形相, 無形相)'이라는 구절은 영어로 'form and formlessness'로 번역된다. 초월적 관점은 형상의 차원과 무형상의 차원을 구별하지 않는다. 그런 점에서 무차원적이다. 토마스 호라가 강조하는 사랑-지성(love-intelligence)은 차원적 실재를 넘어서 무차원적 실재를 전제한다. 사랑-지성이란 형상과 무형상을 넘어서는 실재, 곧 차원을 넘어서는 실재이다. 그러므로 인간을 소위 차원적 존재로서 보지 않고, 차원을 넘어서 존재하는 인간을 바라본다. 초월적 관점이란 바로 그러한 상태를 지향하는 관점이다.

호라는 그 상태를 설명하기 위하여, 우리에게 익숙한 성서의 한 구절을 인용하고 있다. "네 이웃을 네 몸과 같이 사랑하라(Love thy neighbor as thyself)." 그 문장은 예수께서 인간 사랑을 강조하는 대표적인 성경 구절이다. 그러나 그는 그 구절에서 인간을 보는 상호작용적 시각을 지적하고 있다. "네 이웃을 네 몸과 같이 보라(See your neighbour as thyself)."는 해석이 그것이다.

전자가 상호작용적 관점이라면, 후자는 초월적 관점이다. 그는 그 문장 다음에 다음 구절을 덧붙인다. "초월적 관점을 가지고(with transcendent regard)." 네 이웃을 바라 볼 때에 초월적 관점을 가지고 바라보라. 그러한 해석은, 네 이웃은 네가 사랑하여야 할 대상으로서의 누군가가 아니라, 바로 너 자신이라는 의미를 함축한다.

심리치료 상황에 적용시키면, 내담자를 볼 때에 다른 누가 아니라 바로 너 자신을 보듯이 하라는 것이다. 그것도 초월적 관점을 가지고 그리하라는 것이다. "초월적 관점을 가지고."라는 문장을 도식화하면 다음과 같다.

초개인적 관점은 두 손을 함께 나란히 위로 향하여 들고, 기도하는 자세로 설명될 수 있

---

love-intelligence(사랑-지성)를 harmonizing principle of the universe(우주의 조화로운 원리)라고 설명하고 있다.

습니다. 이 자세는 수직적 자세를 상징합니다. 그것은 맞물리는 것이 아니기 때문에, 마찰 없이 자유롭게 움직입니다. 그러한 결혼은 관계가 아닙니다. 그것은 "애착의 끈 없이(with no strings attached)" 더 가깝게 가거나 또는 어느 순간이라도 마찰 없이 멀어질 수 있도록 완전히 자유롭게 실존에 함께 참여하는 것입니다. 방향은 언제나 수직적입니다. 대인관계 인생관과 비교하면, 초개인 심리학적 관점은 관계가 아니라 하나의 참여(a participation)입니다(Hora, 2020).

3. 하늘작용

하늘작용은 근원적 실재와 인간 실존 사이에서 발생하는 작용이다. _ 토마스 호라

칼 로저스의 인간중심상담(person-centered counselling)은 상호작용(interaction)을 강조한다. 그러나 토마스 호라는 하늘작용(omniaction)(Hora, 2020)[45]을 강조한다. 상호작용은 인간과 인간 사이에서 발생하는 작용을 의미한다. 하늘작용은 근원적 실재와 인간 실존의 관계 속에서 발생하는 작용을 의미한다. 다음은 사례발표에서 토마스 호라가 집단사례발표에 참석한 사람과 나눈 대화 중 일부이다.

호라: 상호작용은 존재하는 것 같으나, 존재하지 않습니다. 하늘작용은 존재하지 않는 것 같으나, 존재합니다. 실제로 존재하는 하늘작용을 바라볼 수 있는 사람은 복 있는 사람입니다.

의견: 나는 자연 속에서 하늘작용이 존재한다는 것을 쉽게 바라볼 수 있습니다.

호라: 우리는 나무를 자라게 할 필요가 없습니다. 그것은 저절로 자라납니다. 물질적 삶은 하나의 꿈입니다. 꿈꾸는 자도 하나의 꿈입니다. 꿈은 우리가 다른 사람들과의 상호작

45) Omniaction은 번역하기가 쉽지 않다. 신학에서는 omniscience(전지,全知), omnipotence(전능, 全能), omnipresence(편재, 遍在) 등의 용어들이 이미 번역되어 있다. 그러나 omniaction을 그와 같은 유형으로 번역하기가 쉽지 않다. 전지, 전능, 편재 등은 神의 속성을 설명하는 낱말들이다. omniaction은 그런 의미에서 전능하신 神의 작용이라는 의미를 갖는다. 神은 우리 옛말로는 하느님, 하나님, 한님, 하늘님, 천주(天主)님, 등의 의미를 갖는다. 이 단어들의 어원은 '하늘'이다. 필자는 그 어원을 존중하여, omniaction을 하늘작용으로 번역하였다.

> 용 속에 살고 있다는 것입니다. 그러나 하늘작용만이 존재할 뿐입니다. 이 진리를 조금이라도 깨달을 수 있으면, 그 순간에 모든 문제는 치유됩니다(Hora, 1977).

'춘래초자청(春來草自靑)'이라는 문장을 우리는 기억한다. 그 말은 '봄이 되면, 풀은 저절로 푸르다.'라는 뜻이다. 집단사례발표에 참가한 사람이 "자연 속에서 하늘작용이 존재한다는 것을 볼 수 있다."라고 한 말도 같은 뜻이다. 우리는 나무를 자라게 할 필요가 없다. 나무는 저절로 자라난다. 메타실존치료는 상호작용을 하나의 꿈으로 본다. 하늘작용만이 존재한다. 그 진리를 깨닫는 순간, 치유는 발생한다.

사례발표 시간이 끝나갈 무렵, 참가자 중 한 사람이 호라에게 질문을 던졌다. 그리고 호라가 그에게 대답하였다. 대화의 내용도, 장면도 아름답다.

> 질문: 석양의 아름다움(beauty), 그것은 자연입니까? 아니면 신(神)입니까?
>
> 호라: 석양은 자연입니다. 그리고 아름다움은 신(神)입니다. 우리가 신(神)을 볼 때, 우리는 아름다움, 조화, 선함, 사랑, 순수함, 지혜, 완전함, 기쁨을 봅니다. 모든 것은 정말로 가치가 있습니다. 우리가 상호작용의 꿈에서 깨어날 때, 우리는 신(神)을 보기 시작합니다(Hora, 1977).

메타실존치료사는 삶의 문법(context)이 다르다. 그는 상호작용(interaction)이라는 문법이 아니라, 하늘작용(omniaction)이라고 하는 문법 속에서 삶과 우주를 바라본다. 그리하여 우주와 인간의 삶 속에서 하늘이 움직이고 있는 모습, 곧 하늘이 작용하고 있는 모습을 발견한다. 그 하늘작용을 목도할 수 있는 자는 평화, 확신, 감사, 사랑, 의미를 맛보며 살 수 있다(Hora, 2020).

하늘작용을 설명하기에 가장 적절한 비유는 독수리 이야기이다. 주지하다시피 독수리는 하늘을 나는 조류 중에 하늘작용을 몸소 체득하고 맛보는 가장 대표적인 새이다. 독수리는 다른 새들과는 달리 그만이 갖고 있는 나름의 특성이 있다. 그는 태양을 바라보면서도 직선으로 날아오를 수 있는 능력을 가지고 있다. 그 이유는 독수리는 다른 새들과는 다르게, 인간으로 비유하면 선글라스와 같은 기능을 하는 눈을 태생적으로 갖고 있기 때문이다. 그리하여, 태양을 향하여 정면으로 날아오를 수가 있다.

독수리는 하늘 높이 솟아오를 수 있다. 어떻게 가능한가? 독수리만이 갖고 있는 초능력 중의 하나이다. 하늘 바람의 존재를 독수리는 믿는다. 일정한 높이에 오르면, 다른 새들은 그 이상을 날아오르지 못한다. 그러나 독수리는 그 너머까지 솟아오를 수 있다. 하늘 바람에 내어맡기기 때문이다. 하늘 바람에 전 존재를 내어 맡기고 독수리는 하늘 높이 날아오른다.

내어 맡김[46]—때로 우리는 그 낱말을 surrender라고 말한다. 항복 또는 굴복으로 번역된다. 하늘 바람에 전 존재를 내어 맡김은, 곧 surrender 그 자체이다. 그때 우리는 이 시대의 대표적인 영성지도사 중의 한 사람인 글로리아 카르핀스키(Gloria D. Karpinski)가 말했듯이, "the shift from 'I do' to 'I am'" 의 자리에 들어서게 된다. "행위에서 존재에로의 변환"이 곧 그것이다(Karpinski, 1990).

'I am.'은 구약성서에서 신이 모세에게 들려 준 신의 이름으로서, 히브리어로 존재를 의미하며, being itself(존재 자체) 또는 the ground of being(존재의 근거)으로 해석된다(Karpinski, 1990).[47] 토마스 호라의 용어로는 실재(實在, reality) 또는 근원적 질서(fundamental order)가 이에 해당한다.

그렇게 독수리는 하늘 바람에 온전히 자기 자신을 내어 맡긴 채, 태양을 정면으로 바라보면서 하늘 높이 솟아오를 수 있다. 그 하늘 바람의 작용을 하늘작용(omniaction)이라 한다.

46) 내어 맡김은 기독교가 강조하는 믿음, 곧 신앙(faith)의 다른 이름이다. 혹자는 내려놓음이라 해석하기도 하나, 분명한 의미는 내어 맡김이다.

47) 실존주의 신학자, 폴 틸리히가 정의내리고, 미국의 대표적인 현대신학자인 테오도르 제닝스(Theodore Jennings Jr.)가 주석하였듯이, 神의 이름은 being itself(존재 자체) 또는 the ground of being(존재의 근거)를 의미한다. 미국의 대표적인 현대정신분석가 마이클 아이건(Michael Eigen)은 그의 책, 『황홀』에서 모세가 만난 神의 이름을 존재라 칭하였다.

4. 유익한 현존

메타실존치료는 유익한 인간이 아니라, 유익한 현존(現存)을 지향한다. _ 토마스 호라

메타실존치료는 '유익한 현존(beneficial presence)'이라는 독특한 개념을 갖고 있다. 토마스 호라가 주조한 개념의 하나이다. 그 개념은 메타실존치료가 목표하는 변화된 인간상의 다른 이름이다. 그는 말한다.

> 인간은 하나님의 사랑이 세상 속으로 흘러 들어오게 하는 채널이다. 그러한 인간을 유익한 현존(a beneficial presence)이라고 일컫는다. 그의 세계-내-존재 양식은 유익한 현존의 양식이다. 유익한 인간이 아니라, 유익한 현존이라는 것에 유의하시라. 그 차이는 무엇인가? 유익한 인간은 독선적이고 조작적이기 쉽다. 유익한 인간과 유익한 현존의 차이를 이해하는 것이 중요하다(Hora, 2020).

여기에서 실존철학자 하이데거(M. Heidegger)가 말하는 세계-내-존재 양식이 갖는 의미와 토마스 호라가 의미하는 세계-내-존재 양식이 지향하는 의미의 유사성을 발견한다. 그러나 하이데거는 세계-내-존재로서의 하나의 실존, 곧 인간에 관심한다. 그러나 토마스 호라가 말하는 "유익한 현존"은 그것을 넘어선다. 전자는 하나의 존재로서의 인간을 지칭하는 데 반하여, 후자는 하나의"영향"으로서의 의미를 갖는다.

그런 점에서 유익한 현존이라는 개념은 하나님의 선이 그 자체를 표현하는 채널로서의 의미를 갖는다. 그러므로 메타실존치료가 목표하는 인간상은, "하나의 인간(not a person)"이 아니라, "하나의 현존"(but a presence)을 의미한다. 구약성서에서 아브람을 축복 할 때, 신(神)은 말한다.

> "내가 …… 네게 복을 주어 네 이름을 창대케 하리니,
> 너는 복의 근원이 될찌라." (창 12:2)
> "I will bless you …… and you will be a blessing."

한글성서는 "You will be a blessing."이라는 문장을 "너는 복의 근원이 될찌라."로 번역하였다. 'a blessing'이 '복의 근원'으로 번역된 것이다. 그 번역은 아주 틀린 번역은 아니다. 그러나 원래의 의미를 많이 훼손하고 있다. 그냥 '복 덩어리'라고 번역해야 옳다. 토마스 호라도 같은 뉘앙스로 'a blessing'을 이해하고 있다. 그 'a blessing'은 그냥 하나의 영향이다. 하나의 인간으로서가 아니라, 하나의 영향이 되라는 것이다. 그런 의미에서 'a blessing'은 토마스 호라의 용어로는 "a beneficial presence, 有益한 現存"이지, 결코 "a beneficient person, 有益한 人間"일 수 없다.

그 두 개념의 차이는 토마스 호라가 전해 주는 생선장수 이야기에서 분명해진다.

> 아주 가난하고 남루한 생선 장수가 있었다. 어느 날, 시장에 한 루머가 돌기 시작하였다. 그 가난한 생선 장수가 득도하였다는 것이다. 어느 날 그의 친구가 찾아와서 말하기를, "이 동네 사람들이 그러더군. 네가 득도하였다고. 그런데 내가 자네를 보니 하나도 전과 달라진 게 없네. 자네는 여전히 가난하고, 옷은 여전히 남루하고, 그리고 자네에게서는 항상 생선 냄새가 나는군. 그런데 어떻게 자네가 득도하였단 말인가?" 그러자 그 생선 장수가 말하기를, "사실은 나도 나를 모른다네. 한 가지 특별한 것을 알아차린 게 있는데, 내가 어디를 가든지, 심지어 죽은 나무들까지도 살아난다는 거야(Wherever I go, even the dead trees come alive)."

토마스 호라는 이 이야기를 전하면서, 다음과 같이 결론을 내리고 있다.

> 여기에 그리스도와 같은(Christ-like) 사람이 하나 있다. 그러나 이념적인 그리고 감정적인 근거 위에서가 아니라, 인지적인 그리고 실존적인 근거 위에서 그렇다. 그는 누구도 확신시키려고 할 필요가 없다. 그는 그저 하나의 복 덩어리(a blessing)로 이 세상을 살아가고 있을 뿐이다(Hora, 1997).[48)]

48) He has no need to convince anyone; he simply is in the world as a blessing.

5. 치료의 원리

현상은 무엇인가? 그리고 실재는 무엇인가? _ 토마스 호라

1) 존재적 관점[49]

메타실존치료의 인간관은 '존재적 관점(ontic perspective)'에 근거한다. 그 기본 원리는 다음과 같다.

> 실존치료는…… 인간을 일차적으로 존재적 관점에서 파악한다. 실존치료는 인간의 실존과의 조화와 부조화에 일차적으로 관심을 갖는다. 정신병리학은 인간이 그 실재(which he truly is)를 성취하는 데 있어서 실패한 결과이다(Hora, 2002).

메타실존치료는 '본래적 인간(the authentic individual)을 발견하는 것'을 그 기본 목표로 삼는다(Hora, 2002). 그 목적을 성취하기 위하여, 메타실존치료사는 심리치료라고 하는 기술적 관심으로부터 자유로운 영혼이 되어야 한다.

> 메타실존치료사의 일차적 자격은 인위적인 치료와 상담기술 그리고 선입관을 가진 이론적 독단론(단순히 하나의 실존철학으로서의 실존주의를 포함하여)으로부터 자유로운 사람이어야 한다는 것이다. 이것은 그가 심리치료에 관한 이론을 배우지 않았다거나, 심리치료 훈련을 받지 않은 사람이어야 한다는 의미가 아니다. 반대로 그는 모든 심리치료 이론을 숙지하여야 한다. …… 그러나 메타실존치료사는 그런 기술적 관심으로부터 자유로워야 한다(Hora, 2002).

기술적 필요를 넘어서는 초월적 관점만이 치료사와 내담자 사이에서 참된 만남의

49) 존재적 관점(ontic perspective)은 존재론적 관점(ontological perspective)과 구별된다. 전자는 존재가 직면하고 있는 실존적 상황 그 자체에서 바라보는 관점이고, 후자는 존재론을 언급하는 학문적 관점을 의미한다.

발생을 가능하게 한다. 그러므로 치료사와 내담자의 실존적 만남이 중요하다.

> 실존적 만남을 통하여 내담자는 자유롭게 치료의 구조, 치료사의 간섭, 교정 등에 관계 없이 그의 세계-내-존재 양식을 드러낼 수 있으며, 치료사는 이론적이고 기술적인 고려가 제기하는 장애로부터 자유로울 수 있다. 그리하여 현상학적으로 내담자의 문제가 정말로 무엇인가(what really is)를 파악할 수 있으며, 그리하여 치료사는 바로 그 문제에 대하여 "빛을 비춰 줄(shed light)" 수 있다(Hora, 2002).

2) 현상과 실재

메타실존치료가 강조하는 11개의 기본 원리[50]도(Hora, 2001) 그와 같은 존재적 관점에 기초하고 있다. 그 11개의 원리들은 메타실존치료가 주장하는 기본 철학의 요약이다. 그 열 번째 원리는 "실재를 알면 현상은 소멸된다."이다. 내담자의 실재를 파악하면, 그가 가지고 있는 현상의 문제는 해결된다. 그러므로 메타실존치료사가 내담자에게서 나타나는 현상의 뒤에 숨어 있는 실재가 무엇인가를 파악하는 일이 가장 중요한 과제이다. 실재를 파악하면 내담자의 문제는 사라진다.

메타실존치료에서는 두 가지 지성적 질문(two intelligent questions)을 강조한다(Hora, 1996).[51]

50) 메타실존치료는 다음과 같은 11가지의 원리를 강조한다.

1. 하나님의 선 이외에 다른 관심을 갖지 말라. 그것이 곧 축복이다.
2. 무엇을 해야 하는가 하지 말아야 하는가, 생각하지 말라. 너희는 먼저 하나님의 선이 무엇인지 찾아라. 그것은 이미 존재하고 있다.
3. 어디에도 상호작용은 없다. 어디에도 하늘작용은 존재한다.
4. 예는 선한 것이다. 아니오 또한 선한 것이다.
5. 하나님은 그에게 맡기는 자를 돕는다.
6. 만일에 당신이 '무엇'을 안다면, 당신은 '어떻게'도 안다.
7. 초대하지 않으면 경험되지도 않는다.
8. 문제는 우리를 교육시키기 위하여 계획된 과제이다.
9. 실재는 경험되거나 상상될 수 없다. 그러나 그것을 깨달을 수는 있다.
10. 실재를 알면 현상은 소멸된다.
11. 진주를 준비되지 않은 자에게 보여 주지 말라. 왜냐하면 그들은 그 진주를 손상시키기 때문이다.

메타실존치료 작업을 하면서, 우리는 두 가지 질문을 한다. (1) 보이는 것의 의미는 무엇인가?(What is the meaning of what seems to be?) (2) 실제로 존재하는 것은 무엇인가? (What is what really is?) 이 두 가지 질문의 도움으로 우리는 현상으로부터 실재를, 그리고 악으로부터 선을 구분할 수 있다(Hora, 1996; Hora, 2020).

두 질문은 각각 현상(phenomenon)과 실재(reality)를 질문하는 물음이다. 실존철학자 하이데거의 용어로는 세계-내-존재(Heidegger, 1977)[52] 양식을 질문하는 것이다. 실존철학자 칼 야스퍼스(K. Jaspers)의 용어를 빌리면, 세계관(Weltanschauung, world view)(Honderich, 1995)[53]을 질문하는 것이다. 내담자를 마주하고 있는 메타실존치료사는 먼저 스스로에게 질문하여야 한다. 이 현상은 무엇을 의미하는가? 그리고 그 실재는 무엇을 의미하는가?

그러나 의미는 소위 계산적 사고(calculative thinking)로는 저절로 드러나지 않는다. 현상과 실재의 의미가 스스로 드러날 때까지 기다려야 한다. 메타실존치료사는 무엇보다도 먼저 메타실존치료가 무엇인가, 그 정의를 명확히 이해하여야 하며, 메타실존치료는 어떻게 하는 것인가, 그 방법에 대하여서도 명확하게 파악하고 있어야 한다. 더 나아가서 메타실존치료가 지향하는 삶에 동의하여야 하며, 메타실존치료의 철학을 자신의 삶의 철학으로 믿고 살아가는 사람이어야 한다. 그러면 어떠한 치료적 상황에서라도 그 문제와 의미가 자연적으로 드러나게 될 것이다(The Oxford Companion to Philosophy, 1995).

51) 토마스 호라는 이 두 질문을 '지성적 질문(intelligent questions)'이라고 말하면서, 메타실존치료의 필수적인 질문이라고 본다. 반면에, 다른 모든 심리치료학파에서 일반적으로 요구하는 질문은 인과율적 관점에서 비롯된 무익한 질문(six futile questions)이므로, 메타실존치료에서는 사용할 것을 금하고 있다.

52) "세계-내-존재는 현존재이다." "현존재는 존재자를 넘어서며, 나아가 현존재는 이 넘어섬에서 비로소 존재자와 관계를 맺을 수 있으며, 또한 비로소 존재자로서 자신과 관계를 맺을 수 있다"(p. 303). "넘어섬이 향하는 그곳이 현존재가 머무르고 있는 곳이다. 초월함은 세계-내-존재를 뜻한다"(p. 304).

53) 일반적으로 세계관은 세계와 그 안에 존재하는 인간의 행위에 영향을 끼치는 총체적인 견해를 의미한다. 딜타이(W. Dilthey)는 물질주의, 범신론적 생기론, 이상주의의 세 종류로 정리하였다. 실존철학자 칼 야스퍼스는 주관적 경험에 있어서의 세계관의 뿌리를 연구하였다.

3) 명료화와 세계-내-존재 양식

첫째, 내담자의 문제와 기대를 명료화해야 한다. 내담자들은 의식적이든 무의식적이든 자신이 갖고 있는 문제에 대하여 나름의 명백한 합리화, 곧 이유와 기대를 가지고 온다. 그러므로 무엇보다도 먼저 내담자의 문제를 명료화하는 것이 중요하다. 내담자의 문제들이 명료화되어야 내담자의 기대가 표면에 나타날 수 있다. 다음으로, 가능한 한 빨리 그 문제를 수용하는 형태를 취하면서 내담자로 하여금 이 문제를 직면토록 도와주어야 한다.

그러므로 내담자가 갖고 있는 기대가 무엇인지, 명백하게 말하게 하는 것이 필요하다. 그리하여 그가 갖고 있는 내면의 은밀한 욕구를 현상학적으로 식별하여야 한다. 이를 위하여 상담자와 나누는 대화를 통하여 의사소통이 완전하게 개방되어야 한다. 의사소통이 원활하지 못하면 내담자는 상담자에 대하여 오해를 불러일으킬 수도 있다(Hora, 2020).

둘째, 내담자의 세계-내-존재 양식이 무엇인지 파악하여야 한다. 세계-내-존재 양식은 요약하면, 내담자의 세계관 또는 가치관으로 설명될 수 있다. 그것은 내담자와 대화하는 과정 속에서 그리고 치료적 맥락 속에서 저절로 드러날 수 있다. 그리고 내담자의 과거사의 맥락 속에서 드러날 수도 있다(Hora, 2020).

07 맺는말

기독교적 관점에서 본 초월영성상담을 한국적 상황에서 전개하려고 노력하였다. 주최 측에서 제시한 목차의 실례를 근거로 하여, 약간의 수정을 가하여 서술하였다. 일단 서론적 부분에서는 소위 초월영성에 대한 필자의 주관적 이해를 서술하였다. 소위 서론 전개라고 하는 일반적 의식에서 약간 동떨어진 느낌을 갖게 될 수 있다. 그러나 한국적 심리상담의 상황 속에서 초월영성에 대한 이해가 정리되지 않고 있는 점을 감안하여 이해를 돕는 노력의 하나라고 생각한다.

본론에서는 크게 신학, 영성, 영성심리치료, 그리스도 요법, 메타실존치료 등의 순서로 소개하였다. 일단 개신교적 관점에서의 기독교 영성 이해를 위하여 개신교 신학의 관점을 약술하였고, 다음으로 개신교 관점에서의 영성 이해를 다루었다. 그 후에, 개신교적 관점에서 다루어지고 있는 영성심리치료를 소개하였다.

다음으로는 비록 가톨릭 신부가 창시한 영성심리치료이지만, 협의의 가톨릭적 관점을 넘어, 소위 연속성에 근거한 가톨릭 신학을 넘어서서 비연속성에 근거하여, 신/구교 전체 신학을 아우르며, 특별히 영성을 초점에 맞추어 전개한 그리스도 요법을 대표적인 기독교의 영성심리치료의 하나로 소개하였다.

다음으로는 기독교인을 대상으로 하는 영성심리치료라고 전제하고, 기독교인, 비기독교인을 망라하여 적용할 수 있는 영성심리치료의 하나로서, 메타실존치료를 소개하였다. 그 이유는 그리스도 요법이 기독교인 내담자를 대상으로 하는 영성심리상담으로는 탁월하지만, 비기독교인들까지 아우르는 상담으로는 개념상 한계가 있을 수 있다고 생각하기 때문이다.

마침 한국초월영성상담학회가 추구하는 목표와도 맞물리겠지만, 모든 종교를 초월하는 영성상담의 하나를 제시하여야겠다는 생각에서도 더욱 그러하다. 초월영성상담이라는 주제 자체가 의미하듯이, 인간 존재의 초월이라는 의미를 전제하고, 그러기 위해서는 종교마저도 초월하는 영성상담이어야 한다는 전제에서 더욱 그러하다.

그러한 관심을 충족시켜 주는 영성상담의 하나로 메타실존치료를 소개하였다. 종교인들뿐만 아니라, 소위 NRBS라는 현대인들의 종교성 내지 영성 이해를 생각하면, 비종교인들도 망라하는 초월영성상담이 필요하다는 생각에서 더욱 그러하다. 부족한 채로 이론을 소개한다.

앞으로 더욱 전개해야 할 것 같은 부분은 한국적 영성, 어떤 의미에서 토착적 영성에 대한 노력이 있어야 할 것 같다. 그것이 한국인의 영성에 맞는 초월영성상담이 되리라 생각한다. 그 후에야 어쩌면 부끄럽지 않게 세계에 내어 놓을 한국적 초월영성상담이론이 이루어질 수 있으리라 생각한다. 끝으로, 상담의 실제를 제공하여 준 두 분에게 감사를 드린다.

참고문헌

김홍기(1996). **존 웨슬리의 구원론**. 서울: 성서연구사.

노치허(2018). **장자직해**. 서울: 학지원.

문영주(2013). 그리스도 요법 집단상담 참여자의 치유경험. 서울신학대학교 신학전문대학원. 신학박사 상담심리학 전공 학위논문.

변희선(2014). **신학 수행법 입문: Bernard Lonergan의 신학 방법 연구 1**. 서울: 문학과현실사.

글로벌인문학연구소(2018). **공감 담은 가족 이야기**. 경기: 서울신학대학교출판부.

신기철, 신용철 편(1975). **새우리말 큰사전**.

신은자(2013). 부성상실을 경험한 어린이를 위한 영성상담/ 그리스도 요법을 중심으로. 서울신학대학교 신학전문대학원. 신학박사 상담심리학 전공 학위논문.

안석모 외(2009). **목회상담 이론 입문**. 서울: 학지사.

안석모(2015). **한국 토착문화와 기독교 영성**. 서울: 도서출판 목회상담.

양기성 편(2021). 펜데믹 시대목회, 웨슬리에게 묻다. 웨슬리언 교회지도자 협의회.

염명순(2008). 태양을 훔친 화가 빈센트 반 고흐. 서울: 아이세움.

유혜룡(2010). 기도체험과 영적 지도. 서울: 장로회신학대학교 출판부.

윤영선(2012). 가족치료를 위한 실존주의 심리치료 집단 경험자의 영성체험에 관한 연구. 서울신학대학교 신학전문대학원. 신학박사 상담심리학 전공 학위논문.

이상사 편(1993). 한한최신실용옥편. 서울: 이상사.

이상억, 권명수, 김진영(2009). 목회상담 실천 입문. 서울: 학지사.

이장호(2005). 상담면접의 기초. 서울: 중앙적성출판사.

이정기(2012). 존재의 바다에 던진 그물. 경기: 도서출판 실존.

이정기(2013). 그리스도요법. 경기: 도서출판 실존.

이정기(2013). 그리스도 요법 입문. 경기: 도서출판 실존.

이정기(2018). 황홀을 춤추게 하라, 공감 담은 가족 이야기. 경기: 서울신학대학교 출판부.

이정기, 윤영선(2010). 목회상담매뉴얼. 경기: 상담신학연구소.

정계현(2012). 존 웨슬리의 영성에 근거한 목회상담/그리스도 요법을 중심으로. 서울신학대학교 일반대학원. 철학박사 목회상담 전공 학위논문.

〈제16차 한국목회상담협회 연례학술대회 자료집〉

한국영성과심리치료학회 편(2012). 영성과 심리치료(주제: 실존, 영성, 치유).

한국영성과심리치료학회 편(2014). 영성과 심리치료(주제: 영성과 실존상담).

한국영성과심리치료학회 편(2013). 영성과 심리치료(주제: 영성과 심리치료).

한국영성과심리치료학회 편(2016). 영성과 심리치료(주제: 영성과 심리치료).

한국영성과심리치료학회 편(2011). 영성과 심리치료(주제: 영성과 심리치료).

한국영성과심리치료학회 편(2015). 영성과 심리치료(주제: 영성과 여성상담).

한국영성과심리치료학회 편(2016). 영성과 심리치료(주제: 영성과 예술치료).

한국영성과심리치료학회 편(2017). 영성과 심리치료(주제: 영성과 정신통합).

한국영성과심리치료학회 편(2015). 영성과 심리치료(주제: 영성과 행복추구).

황동규(2000). 버클리풍의 사랑 노래. 서울: 문학과 지성사.

Benner, D. G. (2009). 전략적 목회상담 (*Strategic pastoral counseling*). (이정기 역). 경기: 한국상담신학연구소. (원저는 1992년에 출판).

Bridger, F., & Atkinson, D. (2012). 상담신학 (*Counseling in context*). (이정기 역). 경기: 도서출판 실존. (원저는 1998년에 출판).

Bucke, R. M.(1901). *Cosmic consciousness: A study in the evolution of the human mind.* Philadelphia: Martino Publishing.

Chan, S. (1998). 영성신학 (*Spiritual Theology*). (김병오 역). 서울: IVP.

Clinbell, H. (1994). 성장상담 (*Well being: A personal plan for exploring and enriching the seven dim*). (이종현 역). 성장상담연구소. (원저는 1992년에 출판).

Corey, G. (2003). 심리상담과 치료의 이론과 실제 (*Theory and practice of counseling and psychotherapy*). (조현춘, 조현재 공역). 서울: 시그마프레스. (원저는 2000년에 출판).

Cortright, B. (1997). *Psychotherapy and Sprit: Theory and practice in transpersonal psychotherapy*. Albany, NY: State University of NY Press.

Dreamer, O. M., (2001). *Dance*. SanFrancisco: HarperCollins.

Eigen, M. (2014). 황홀 (*Ecstasy*). (김건종 옮김). 눈출판사. (원저는 2001년에 출판).

Fehr, W. L., & Hands, D. R. (2017). 성직자를 위한 건강한 영성 (*Spiritual wholeness for clergy*). (이정기 역). 경기: 도서출판 실존. (원저는 2009년에 출판).

Finly, J. (2016). 하나님 임재체험 (*Christian meditation*). (권명수, 김현주, 윤종권 공역). 서울: 시그마프레스. (원저는 2004년에 출판).

Firman, J., & Gila, A. (2016). 정신통합 (*Psychosynthesis*). (이정기, 윤영선 공역). 서울: 씨아이엘. (원저는 2002년에 출판).

Frankl, V. E. (1985). *The Unconscious God*. New York: Washington Square Press.

Guthrie, S. C. (1990). Christian theology. *Dictionary of pastoral care and counseling*. Nashville: Abingdon Press.

Heidegger, M. (1977). 철학입문 (*Einleitung in die Philosophie*). (이기상, 김재철 공역). 서울: 까치. (원저는 1928년에 출판).

Honderich, T. (ed.). (1995). *The Oxford companion to philosophy*. Oxford: Oxford University.

Hora, T. (1977). *Dialogues in metapsychiatry*. New york, A Crossed Book.

Hora, T. (1987). *Self-transcendence*. Orange: PAGL Press.

Hora, T. (1996). *Beyond the dream*. New York: The Crossroad Publishing Company.

Hora, T. (1997). *A hierarchy of values*. New York: PAGA Foundations.

Hora, T. (2001). *One mind*. Old Lyme: PAGL Foundation.

Hora, T. (2002). *Existential metapsychiatry*. Connecticut: Old Lyme.

Hora, T. (2002). *In quest of wholeness*. Old Lyme, PAGL Foundation.

Hora, T. (2020). 메타실존치료 (*Exsistential metapsychiatry*). (이정기, 윤영선 공역). 서울: 학지사. (원저는 1977년에 출판).

Houston, J. (1966). *The transforming power of prayer*. Colorado Springs: NayPress.

Hulme, W. E. (1966). *The dynamics of sanctification*. Minneapolis: Augsburg Publishing

House.

Hunter, R. J. (Ed.). (1990). *Dictionary of pastoral care and counseling.* Nashville: Abingdon Press.

Isabell, D. (1976). *The spiritual director.* Chicago: Franciscan Herald Press.

James, W. (1997). **종교체험의 여러 모습** (*The varieties of religious experiences*). (김성민, 정지련 공역). 서울: 대한기독교서회. (원저는 1902년에 출판).

Jennings Jr., T. W. (1998). Transcendence, justice, and mercy: Toward a (Wesleyan) reconceptualization of God. In R. L. Maddox (Ed.), *Rethinking Wesley's theology* (p. 68). Nashville: Kingswood Books.

Karasu, T. (1999). Spiritual psychotherapy. *American Journal of Religion and Health.*

Karpinski, G. D. (1990). *Where two worlds touch.* New York: Ballantine Books.

Keen, S. (1970). Manifesto for a Dionysian Theology. In M. E. Marty & D. G. Peerman (Eds.), *New theology no.7.* New York: The Macmillan Com.

Laski, M. (1961). *Ecstasy.* New York: St. Martin's Press.

Leech, K. (1985). *Soul friend: A study of spirituality.* London: Shelton Press.

Len, S. (2011). **영성과 심리치료.** (이정기, 윤영선 옮김). 경기: 도서출판 실존.

Maddox, R. L. (Ed.). (1998). *Rethinking Wesley's theology.* Nashville, Kingswood Books.

Marty, M. E., & Peerman, D. G. (Eds.). (1970). *New theology no. 7.* New York: The Macmillan.

Newport, J. P. (1984). *Paul Tillich.* Waco: Word Books, Publisher.

Nietzche, F. (1954). Thus Spake Zarathustra. In W. Kaufmann (Ed.). *Portable Nietzsche.* New York: Viking Press.

Nowen, H. (2002). **춤추시는 하나님** (*Turn my mourning into dancing*). (윤종석 역). 서울: 두란노 서원.

Pieper, J. (1974). *About love.* (translated by Richard and Clara Winston). Chicago: Fransciscan Press.

Pilman, H. G. (2012). **교의학** (*Abriss der Dogmatik*). (이신건 역). 서울: 신앙과 지성사. (원저는 1980년에 출판).

Polany, M. (1966). *The tacit dimension.* London: Routledge & Kegan Paul.

Richards, P., & Bergin, A. (1997). *A Spiritual strategy for counseling and psychotherapy.* Washington DC: American Psychological Association.

Robinson, I. A. T. (1964). *Gott ist anders,* 5. auft,.

Sperry, L. (2011). *Spirituality in clinical practice: Theory and practice of spiritually oriented psychotherapy*. New York: Routledge.

Steere, D. (1997). *Spiritual presence in psychotherapy: A guide for caregivers*. New York: Brunner/Mazel.

Tagore. (Ed.). (1990). **여기 등불 하나가 심지도 없이 타고 있네**. (류시화 역). 서울: 청매.

Tillich, P. (1990). *The new being*. New York: Charles Scribner's sons.

Tyrrell, B. J. (1975). *Christo-therapy*. New Jersey: Paulist Press.

Tyrrell, B. J. (1982). *Christo-therapy II*. New York: Paulist Press.

Tyrrell, B. J. (2005). **그리스도 요법** (*Christotherapy*). (이정기 역). 경기: 상담신학연구소.

van Deurzen, E. (2010). **실존주의 상담과 심리치료의 실제** (*Existential counselling & psychotherapy in practice*). (이정기, 윤영선 공역). 경기: 상담신학연구소. (원저는 1988년에 출판).

van Kaam, A. L. (2018). **실존주의 상담학** (The art of existential counselling). (이정기, 윤영선 공역). 경기: 도서출판 실존. (원저는 2012년에 출판).

Watts, A. (1998). *Behold the Spirit*. Vintage.

Wesley, J.(2001). *The Works of the Rev. John Welsey*, vol.4.

Wesley, J.(2011). *The Works of the Rev. John Welsey*, vol.2.

Wesley, J.(2012). *The Works of the Rev. John Welsey*, vol.3.

Worthington, E. (1998). An empathy-humility-commitment model of forgiveness applied with family dyads. *Journal of Family Therapy, 20*, 59-78.

Worthington, E. et al. (1996). Empirical research on religion and psychotherapeutic processes and outcomes: A 10 years review and research prospectus. *Psychological Bulletin, 119*, 448-487.

별첨 1/ 그리스도 요법 상담사례[54)]

"내가 무얼 원하는지 모르겠어요."

사례/ 50세의 남성 K는 고졸, 기독교인, 삼형제 중 막내이다. 아버지는 K가 4살 때 파상풍으로 돌아가셨고(39세), 어머니는 최근에 돌아가셨다. 큰형은 어릴 때 저수지에서 익사하였고, 둘째 형은 법대를 졸업하고 법무사로 일하다가 대인관계와 알코올 문제, 경제문제로 가족들을 힘들게 하다가 지금은 홀로, K와 가끔 찾아오는 이모의 경제적 도움을 받으며 근근이 살고 있다. K는 동갑 아내(회사원)와 결혼하여 딸 하나가 있다. 3년 전, 아내와 심하게 다툰 후 집을 나와 어머니와 생활하다 어머니가 돌아가신 후 2년째 고시원에서 생활 중이다.

1) 그리스도 요법에서 본 K의 호소 문제 오래된 실존적 차원의 부조화가 그의 내면에 영향을 주고 있다. 인간 실존은 다양한 차원으로 존재한다. 신체적, 도덕적, 정신적, 심리적, 또는 영적 차원 등 다양하다. 그 어느 차원이든 질병, 사고, 부조화에 대한 경험은 상존한다. 타이렐은 그리스도 요법에서 모든 부조화를 자기-초월을 위한 하나님의 부름으로 해석한다. 그것들은 곧 순수하지 못한 생각과 욕망이 현존하고 있음을 말해 주는 확실한 징후에 해당한다.

2) 상담 목표 내담자 자신이 누구인지, 무엇을 원하는지, 어디로 가고 있는지 자각하도록 한다.

3) 내담자의 삶의 여정 어머니의 일을 도우면서 20대를 보내고, 8년 전에 지금 회사로 이직하였으나 적성에 맞지 않아 힘들게 다니고 있는 중이다. 불규칙적인 수입으로 아내와 다툼 잦아졌다. 아내는 중학교 때 아버지가 돌아가시고 몇 년 후 오빠마저 사고로 사망하였다. 집안일을 스스로 해결하는 억척스럽고 강한 아내는 완벽하리

54) 이 사례는 서울신학대학교 신학전문대학원에서 '그리스도 요법'으로 박사학위를 취득하고 현재 어울림 상담소 소장으로 수고하시는 신은자 박사의 상담사례 중 하나이다.

만큼 집안 살림을 관리하며, K의 일상 모습이 마음에 안 든다며 짜증내며 늘 잔소리를 했다. 아내는 남편에게 이혼을 요구하였고, 내담자는 아내에게 미안했다.

K는 어려서부터 엄마가 시키는 대로 했다. 엄마가 꽃을 팔기 위해 며칠씩 지방에 가시면, 형은 밤늦게 오고 늘 혼자 지낸 K는 아무런 생각 없이 TV 보고 라면 끓여 먹는 것이 일상이었으며, 엄마가 시키는 대로 성경 한 장을 읽고 기도하며 잠이 들었다. 어머니는 형에게 많은 기대를 하셨으나 형은 고등학교 때 교회를 떠났고, K는 20대 초반에 잠시 교회를 떠났다가 엄마의 부탁으로 다시 교회생활을 하게 된 후, 누구보다도 교회생활에 열심인 충성된 성도였다고 자신을 평가하였다.

어느 날 형이 사는 지역의 관할 사회복지사로부터 연락이 왔는데, 형이 방 안에서 취사를 하다가 벽에 불이 붙어서 화재경보가 울렸다고 한다. 술에 취해 있으며 분노 조절도 안 되어, K가 갔을 때 K에게 술과 담배만 사오라고 하였다. 무기력하고 자기 조절도 못하는 형의 모습 속에서 자신의 모습도 발견하였다. 어쩔 수 없는 삶의 파도에 저항 한번 못하고 나약해진 형이 술에게 자신을 내던진 불쌍한 영혼으로 보였고, 자신도 중년이 다 되어 가도록 하나님이 부여하신 진정한 삶을 위해 열정을 가지고 도전하지 못하고 나약하게 주저앉아 있는 모습이었다고 자각하였다.

집을 나온 후, 3개월 정도는 아내에게 생활비를 주었으나 그 이후로 보내지 못해서 아내에게 연락도 못 하고 지내고 있는 중이다. 딸에게는 한 달에 한 번 정도 문자를 보내면 짧은 답문이 온다. 주일이면 교회에서 강박적으로 일을 찾아 하던 패턴을 내려놓고 조용히 자신의 마음을 들여다보는 묵상의 시간을 갖고 있다. 이혼을 요구하던 아내는 어머니 장례 이후 지금까지 아무런 연락이 없으며, K가 이혼을 원치 않는 것을 아내도 알고 있다. K는 혹시 아내와 헤어지더라도 자신이 하나님 안에서 심리·영적으로 변화된 모습을 보이고 가족에게 진심어린 사과를 하고 싶어 한다.

4) 그리스도 요법의 진단 K는 사회적으로는 중년의 인생 주기를 보내고 있지만 그동안 살아오면서 자신에 대한 자각과 분별의 시간을 가질 수 없었다. 깨달음이 없는 실존은 그릇된 방향으로 가고 있어서 어려움을 겪을 수밖에 없는데, K가 자신의 삶의 징후를 이해하기 위하여 세상의 분주함을 멈추고 빛 되신 그리스도 앞에서 조명받기 위해서, 그리고 영성의 성장을 위해서 인간의 역할이 있음을 인식할 필요가 있다.

5) 그리스도 요법의 관점 인간의 모든 경험은 이해할 수 있는 눈과 열린 가슴을 가지고 있는 사람을 위하여 그 나름의 가치와 의미가 있다고 본다. 그럼에도 불구하고 오래되고 익숙한 부정적 자기이미지와 비합리적인 사고에 깊이 함몰된 사람은 분별을 추구하는 갈망을 갖고 있더라도 마음으로부터 환상적인 생각과 욕망의 유혹적인 지배에 너무 많이 종속되어 있기에, 하늘로부터 오는 계시의 선물을 받을 준비를 하기 위해 상담사가 치료적 상황에서 함께 버티어 줌이 필요하다. K에게는 저절로 주어지는 선물 같은 깨달음, 그리고 순수한 기도에 응답하시는 하나님이 지금도 일하신다고 하는 신뢰 가득한 내버려-두기가 필요하다.

내버려-두기는 어떤 목적지향적인 행위를 위하여 에너지를 쌓아 두는 것이 아니다. 그저 있는 그대로 내버려 두는 것이다. 타이렐에 의하면, 내버려-두기는 사물을 있는 그대로 존재하도록 하여, 그 존재의 본질 속에서 그 자체를 드러나게 할 수 있는 자유롭고 사랑이 넘치는 허용의 문제이다. 하나님을 우리 자신의 빛으로, 구주가 되도록 '그를-내버려-두는' 만큼 우리가 스스로 선택할 수 있는 자유를 허용하시는 것이다. 그렇게 남보다 교회생활에는 헌신적이었으나, K는 평생 믿어 온 하나님에 대한 자신의 믿음이 인격과 인격 사이의 관계로 보지 않고, 그저 열심히 착한 일을 하면 안전하고 복을 받을 것으로 생각하였다고 한다.

6) K의 자각 타이렐이 제시하는 지옥의 문과 낙원의 문에 대해서 K와 나누었는데, K는 자신이 진실치 못한 기도를 했던 사람이라는 것을 자각하게 되었다. 그동안 자신의 기도는 감각주의자와 감정주의자의 기도 형태를 취했노라고 고백하는 K는 기분 좋음에의 욕망이 경건을 가장하고 있었다는 것을 깨닫게 되었다. 때로는 종교적인 이름으로 행해지는, 피학적으로 과하게 부담지우는 다양한 육체적 노동과, 교회의 인정을 통해 기분 좋게 되는 것에 일차적으로 초점이 맞추어져 있음을 알게 된 것이다.

7) K의 상담 후 변화된 모습 어린 시절 몰입할 수 있었던 절정경험을 탐색하자, K는 어려서부터 기계 다루는 것을 좋아했음이 드러났다. 라디오나 시계를 나사로 조이고 분해하고 조립하는 시간들이 신났었고 친구들과 담임선생님에게 인정을 받은 적이 있다. 지금도 교회에서 건물이나 기계 수리는 맡아서 할 정도로 관심과 성취감

을 느낀다고 한다.

K는 에어컨 수리와 청소 기술을 배우고 훈련과 실습기간을 마쳤고, 이제는 현장에서 작업을 하고 있는데, 꼼꼼하게 일처리를 잘한다는 피드백을 받으며 자신이 선택한 길에서 오랜만에 존재감을 느꼈다고 한다. 땀 흘리며 일하는 자신이 그 어느 때보다도 당당하게 느껴지며 수입도 증가하여 머잖아 아내에게 생활비도 입금할 수 있을 것 같다. 저녁에 집에 들어가면 땀으로 젖은 옷을 벗으면서 행복한 미소를 짓고 있다. 이전 회사를 그만두면서 대표에게 그동안 도움을 준 것에 대해 진심어린 감사인사를 드렸다.

딸의 생일에 케이크 쿠폰을 보냈더니 "아빠 고마워요."하고 문자가 와서 기분이 좋았으나, 아내와 딸이 자신의 행동을 보고 마치 바리새인을 보는 것 같다는 느낌이 들어서 마음이 아팠다. K는 사람을 의식하고 행동하는 자신의 순수하지 못한 점들을 지속적으로 깨달으면서 비우고 버려야 할 것들이 많다고 고백한다.

별첨 2/ 메타실존치료 상담사례[55)]

사례/ 37세의 여성 내담자는 남편이 자신을 구속하는 것 같은 느낌 때문에 우울하고, 앞으로도 그런 상태에서 벗어날 수 없을 것 같다는 불안을 호소하였다. 예상하지 않았던 일이 벌어지는 것에 대하여 분노가 치밀어 오르는 문제로 남편과 갈등을 빚고 있었다. 상담에 오기 며칠 전 남편과 시댁엘 가기로 했었는데 남편이 집에 돌아오는 날짜를 내담자가 예상했던 것보다 하루 뒤로 얘기하는 바람에 남편과 이혼의 위기로까지 갈만큼 심하게 다투었다. 그 후 내담자는 살고 싶지도 않고 우울했다. 이 사례에 메타실존치료의 접근법을 적용한 과정과 절차는 다음과 같다.

1) 평가 단계 메타실존치료는 우리가 선택한 것이 성찰한 만한 가치가 있다는 것과 삶의 약속과 가능성뿐만 아니라 위험과 도전에 대한 통찰도 매우 중요하다고 본다. 고통 받고 있다고 해서 그들이 모두 실존주의 접근법으로부터 유익을 얻을 수 있는 것은 아니다. 고통 받는 것에 대하여 기꺼이 성찰할 수 있는 의지가 필요하다. 때로는 역경이나 고통이 우리들로 하여금 자기 자신에게 더 가까이 가게 하고 삶의 도전과 문제에 더 감사할 수 있게 하기도 한다. 삶을 배운다는 것은 인간 실존의 불가피한 고통과 고뇌에 직면하는 것을 의미한다(van Deurzen, 2010).

이 내담자는 미래에 대한 불안과 남편과의 갈등에서 비롯된 문제들로 고통받고 있지만 그 문제를 해결하기 위하여 상담을 요청했고, 현재의 문제 상황에서 벗어나기 위한 의지가 있기 때문에 실존주의 접근법으로 도움을 받을 수 있다. 그리고 문제로부터 벗어나기 위한 욕구는 영적 성장의 욕구로까지 이어질 수 있으므로 메타실존치료의 접근법을 통하여 드러난 문제를 명료화하고 그 문제의 의미를 탐색하여 실제로 있는 것이 무엇인가를 탐색하는 데까지 나아갈 수 있다. 상담 초기가 되는 평가 단계에서 상담자는 현재 겪고 있는 내담자의 고통을 통하여 영적 성장으로 이어지는 과정을 설명하고 그것에 대한 합의가 이루어질 수 있도록 한다.

55) 이 상담사례는 2012년 서울신학대학교 신학전문대학원에서 메타실존치료를 전공으로 박사학위논문을 제출하고 현재 한국실존치료연구소 소장으로, 그리고 ACA신학대학원 상담학 교수로 활약하는 윤영선 박사의 상담사례 중 하나이다.

2) 라포형성 단계–신뢰와 사랑 상담자가 내담자를 만날 때 첫 과제는 신뢰감을 형성하는 일이다. 처음에는 기법의 적용보다는 수용적이고 온화한 태도로서 내담자에게 깊은 관심을 나타내는 것이 무엇보다 중요한 일이다(이장호, 2005). 내담자가 상담자와의 신뢰 관계를 통하여 자신의 문제를 드러내 이야기하게 될 때, 상담자는 사랑하는 마음으로 경청하여 문제를 탐색하고 내담자의 성장 의지와 동기를 확인한다.

3) 드러난 문제 명료화하기 메타실존치료의 첫 번째 타당한 질문은 "겉으로 드러난 문제는 무엇인가?"이다. 위의 내담자는 미래에 대한 불안과 통제할 수 없는 것에 대한 불안 때문에 많은 고통을 겪고 있고, 그것은 가족에게도 영향을 미쳐서 아이들 양육이나 남편과의 조화로운 관계를 유지할 수 없게 했다. 내담자가 상담에 오기 며칠 전에 겪었던 남편과의 다툼은 내담자로 하여금 분노하게 하였으나, 제대로 표출되지 못한 분노가 우울함으로 이어져 그 후 내담자는 우울해지고 삶에 대한 의욕도 잃게 되었다.

4) 그 문제의 의미 탐색 불안과 우울로 나타난 내담자의 증상은 자신의 삶을 스스로 통제하고 싶은 욕구 그리고 자아–만족과 관련이 있다. 내담자는 자신의 삶을 통제하고 분노 정서를 표출함으로써 자아–만족(ego-gratification)을 성취하고 싶었으나 그것이 이루어지지 않았다. 자아–만족은 우리가 자아를 만족시키는 데 성공하면 할수록 더 병들게 되고, 우리의 자아를 만족시키는 데 더 실패하게 된다. 실패하면 우리는 더 병들게 된다. 즉, 자아–만족에 성공해도 저주받는 것 같고 성공하지 못해도 저주받는 것 같다(Hora, 2002).

5) 실제로 존재하는 것 탐색 메타실존치료의 두 번째 질문은 "실제로 존재하는 것은 무엇인가?"이다. 불안과 우울은 겉으로 드러난 현상이지만 내담자가 실제로 추구하는 것은 평화, 확신, 감사와 사랑(PAGL)이다. 아이 양육과 남편과의 갈등으로 인하여 겉으로 드러난 불안과 우울은 내담자의 존재 전체가 아니고 내담자의 일부분으로서, 내담자가 통제할 수 있는 정서이다. 겉으로 드러난 문제를 통하여 내담자가 성찰할 수 있는 것은 남편과 내담자 자신 안에 있는 하나님의 형상이며 사랑과 감사가 자신의 삶에 있음을 바라보는 것이다.

6) 실제로 존재하는 것과 영적 성장 확인하기 내담자는 비록 아이 양육과 남편과의 갈등으로 인한 고통 때문에 우울과 불안을 경험하였지만, 하나님이 모든 상황 속에 지속적이고도 조화롭게 현존해 계신다는 사실을 깨달음으로써 실제로는 내담자의 삶 속에 평화, 확신, 감사 그리고 사랑이 있음을 자각할 수 있다. 그것이 지속적인 영적 성장으로 이어지게 하기 위하여 상담자는 내담자의 경험을 확인한다.

7) 종결 상담은 내담자가 처음에 가져왔던 문제가 해결되고 장래의 생활에서 그와 비슷한 문제가 발생하더라도 처리할 자신이 생겼을 때 자연스럽게 종결된다(이장호, 2005). 메타실존치료 접근법에 근거하여 진행된 위의 내담자와의 상담은 드러난 문제와 그 의미의 명료화 그리고 실제로 존재하는 것, 즉 평화, 확신, 감사와 사랑을 깨닫고 경험한 것을 상담자와 내담자가 함께 확인한 후 상담을 종결한다. 그것을 아래의 표와 같이 정리하였다.

표 3-1 메타실존치료의 실제

상담내용	두 가지 질문		
	현상		실재
	증상	의미	
관심의 방향	불안, 우울	통제욕구, 자아-만족	PAGL
원하는 것	남편과 상황이 변하기를 원함	건강과 행복을 구함	하나님의 선을 바라본다.
깨달음	통제욕구, 자아-만족	실존적 삶을 살지 못함	하나님이 모든 상황 속에 지속적이고도 조화롭게 현존해 계심

가설: 내담자는 남편과의 갈등이라는 드러난 현상을 고통으로 경험하면서 남편과 삶의 상황이 변하기를 원했다. 그러한 현상과 원하는 것의 의미는 통제욕구와 자아-만족 성향이 있다는 것을 의미하고 건강과 행복을 구한다는 것이다. 이는 또한 실존적 삶을 살지 못했다는 의미를 담고 있어서 궁극적으로 내담자가 깨닫고 알아야 할 것은 하나님의 선이며 PAGL이다.

제 4 부

불교에서의 초월영성상담

김재성

01 선치료 상담을 중심으로

1. 서론

이 글에서는 불교에서의 초월영성상담인 선치료 상담을 이론적인 면을 중심으로 소개하고자 한다. 한국에서 불교상담 또는 불교심리치료에 대한 본격적인 관심은 2000년대에 들어와서였다. 한국정신치료학회에서 도(道)정신치료를 표방한 것은 1979년이었고, 조계종 포교원 불교상담개발원 2000년, 한국불교심리치료학회 2007년, 한국불교상담학회 2008년, 밝은 사람들연구소 2006년, 서울불교대학원대학교 불교상담학 전공 2008년, 동국대학교 불교대학원 명상상담학과 2009년, 동방문화대학원대학교 자연치유학과 명상치료전공 2008년, 중앙승가대학교 불교상담심리학과 2013년, 국제선치료연구소-한국지부 2013년, 능인대학원대학교 명상심리학과가 2014년에 설립되어 불교상담, 불교심리치료, 명상심리, 명상상담, 명상치료, 선치료 등으로 불교상담의 길을 모색해 오고 있다.

불교상담 또는 불교심리치료에 대한 관심이 20년이 지났지만 현재까지도 불교상담이나 불교심리치료란 무엇인가에 대한 정체성을 확립해 가려는 노력이 필요하다. 세계적으로도 불교상담이나 불교심리치료에 대한 논의가 진행되고 있으며, 선치료 상담은 그 가운데 하나의 흐름이라고 볼 수 있다. 데이비드 브레이저(David Brazier) 박사의 『Zen Therapy』가 1995년에 출판되었지만, 이 책에서 말하는 선치료 상담에

대한 학술적 연구는 활발하지 않은 것도 사실이라고 할 수 있다.

한국에 선치료가 소개된 것은 2007년 한국어로 『선치료』가 번역되면서 본격으로 시작되었고, 2010년 『선치료』의 저자 데이비드 브레지어 박사를 한국불교심리치료학회에서 초청하면서 본격적인 선치료에 대한 공부가 진행되었다. 2018년까지 거의 매년 한국에서 선치료 워크숍이 3주씩 진행되어 선치료 상담전문가도 20여 명 배출되었다. 이 글을 통해서 필자가 지난 10년 동안 경험하고 이해한 선치료 상담의 불교적 의의와 초월영상상담으로서의 의의를 돌아 보고자 한다.[1)]

2. 불교와 초월영성상담

초기불교에서 말하는 초월영성에 해당하는 용어는 청정한 마음을 의미하는 자성청정심(自性清淨心)이라고 할 수 있을 것이다.

> 비구들이여, 이 마음은 빛난다. 그러나 그 마음은 객으로 온(나중에 생긴) 오염원들에 의해 오염되었다. 비구들이여, 이 마음은 빛난다. 그 마음은 객으로 온(나중에 생긴) 오염원들로부터 벗어났다.[2)]

청정한 마음이 나중에 생긴 번뇌에 의해 물들어 있다고 한다. 이를 객진번뇌염(客塵煩惱染)이라고 한다. 본래 빛나는 마음의 회복이 불교에서 말하는 초월영성의 성취에 해당하며, 이는 우리 마음을 오염시키는 번뇌(탐욕, 분노, 무지, 10가지 족쇄)에 의해 조건지어진 마음의 정화에 해당한다. 한편, 대승불교의 초월영성에 해당하는 용례로는 마음과 붓다와 중생은 차별이 없다는 말을 들 수 있다.[3)]

초기불교에서는 사성제에 대한 앎(vijjā)이 열반이라는 초월에 이르는 길의 핵심이

1) 이 글은 2013년에 발표한 「선치료(Zen Therapy) 어떻게 볼 것인가?-불교학자의 입장에서」라는 논문에서 다루었던 내용과 선치료 통신과정 교재와 선치료 워크숍 내용을 기반으로 하여 작성되었다.
2) 대림스님 역(2006). 앙굿따라 니까야, 1, pp. 87-88.
3) 心佛及衆生 是三無差別. 大正新脩大藏經 九 No. 278《大方廣佛華嚴經》T09n0278_p0465c29

다. 사성제에 대한 첫 번째 깨달음은 법에 대한 관통(dhammābhisamaya)으로 열반을 처음 경험한 수타원과(須陀洹果, 預流果, sotāpanna)를 달성한다. 이 깨달음을 이루는 것은 쉽지 않으나, 그것 없이 괴로움(苦)을 끝내는 것은 불가능하다. 사성제를 수행하는 것이야 말로 진리의 깨달음(관통)을 성취하는 방법이다.

> 비구들이여, 누가 말하기를 '나는 괴로움의 성스러운 진리를 있는 그대로 관통하지 않고 괴로움의 일어남의 성스러운 진리를 있는 그대로 관통하지 않고 괴로움의 소멸의 성스러운 진리를 있는 그대로 관통하지 않고 괴로움의 소멸로 인도하는 닦음의 성스러운 진리를 있는 그대로 관통하지 않고 바르게 괴로움의 끝을 만들 것이다.'라고 한다면, 그런 경우란 존재하지 않는다. ……
>
> 비구들이여, 그러므로 그대들은 '이것이 괴로움이다.'라고 수행해야 한다. '이것이 괴로움의 일어남이다.'라고 수행해야 한다. '이것이 괴로움의 소멸이다.'라고 수행해야 한다. '이것이 괴로움의 소멸로 인도하는 닦음이다.'라고 수행해야 한다.[4)]

초기불교 이래 초월영성을 성취한 아라한을 위시로 한 성자들에 의해 초월영성은 확산되어 왔다. 붓다는 열반으로서의 초월영성을 성취한 아라한들에게 다음과 같이 전도 선언을 한다.

> 비구들이여! 나는 인간계와 천상계의 모든 결박에서 해방되었다. 그대들도 역시 인간계와 천상계의 모든 결박으로부터 해방되었다. 비구들이여! 이제 나아가 많은 사람들의 유익을 위하여, 많은 사람들의 행복을 위해, 이 세상에 대한 자비심에서, 신들과 인간들의 이익과 유익과 행복을 위해 편력하라. 두 사람이 한 방향으로 같이 가지 말라. 그래서 시작도 좋고 중간도 좋고 끝도 좋은 이 법을, 의미와 표현을 갖춘 가르침을 설하라. 청정한 삶, 완전하고 순결한 이 성스런 삶[梵行]을 드러내라.[5)]

4) 상윳따 니까야, 아카시아경, SN 56:32; V 442-43.
5) SN I, 105-106, Vin I, 20-21.

모든 (번뇌의) 결박에서 벗어난 성자(아라한)가 해야 할 일은 바로 자신들이 도달한 초월 영성을 많은 사람과 신들의 이익과 유익과 행복을 위해 전하는 일이었다. 자신이 도달한 초월영성을 가르치는 것은 깨달은 성자들의 의무였다.

1) 마음의 건강 상태로서의 초월영성

붓다는 몸의 병과 마음의 병의 두 가지 병을 말한다.

몸의 병에 관한 한 1년에서 100년 동안 건강하게 지내는 중생들도 있지만, 이 세상에서 마음의 병에 관한 한 잠시라도 건강하게 지내는 중생들은 번뇌 다한 자(khīāsava, 누진자漏盡者=아라한)들을 제외하고는 만나기 어렵다고 한다.[6)]

몸이 건강하여 육체의 병이 없다고 하더라도, 마음의 병인 탐욕, 분노, 무지까지 없는 경우는 번뇌가 다한 아라한을 제외하고 만나기 어렵다. 육체의 병보다는 번뇌에 의한 마음의 병을 없애는 것이 불교의 목적인 초월영성에 도달한 상태라고 할 수 있을 것이다(김재성, 2021).

2) 붓다의 초월영성상담의 사례

〈끼사 고따미의 사례〉

끼사 고따미라는 여인은 어렵게 얻은 어린 외아들이 죽자 괴로워하며 아들을 살려달라고 애원하며 다녔다. 이 여인에게 붓다는 마을에서 사람이 죽지 않은 집에서 겨자씨를 얻어 오면 아들을 살려 주겠다고 말한다. 여인은 사람이 죽지 않은 집을 찾아 마을이 집들을 전부 찾아 다녔지만 가족이 죽지 않은 집을 발견하지 못하고 붓다에게 돌아온다.

붓다는 다음과 같은 가르침으로 끼사 고따미가 상실의 괴로움에서 벗어나 열반에 이르게 도와주었다.

자신의 아이와 재산에 도취되어 있으며, 자신의 소유물에 집착하고 있는 사람은 죽

6) AN. II, 142. 「병경(Roga-sutta)」

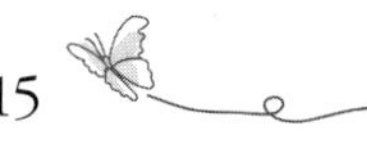

음에 의해 순식간에 휩쓸려 간다. 마치 잠들어 있는 마을이 거대한 홍수에 휩쓸려 가듯이.[7)]

끼사 고따미가 겨자씨를 구하러 갔다가 돌아온 뒤에 붓다는 두 개의 게송을 읊으셨다.

조건지어진 현상(몸과 마음)이 일어나고 사라지는 것을, (통찰지로) 알지 못하고 백년을 사는 것보다 조건지어진 현상이 일어나고 사라지는 것을 알면서 단 하루를 사는 것이 낫다.[8)]

모든 조건지어진 현상의 무상함은 한 마을이나 도시나 가족에 국한된 것이 아니라, 인간과 천인과 범천을 포함한 모든 중생에게 적용되는 진리라고 하였다.

〈빠따짜라의 사례〉

남편과 두 아이 그리고 부모를 한꺼번에 잃고 비탄에 빠져 헤매고 다니던 여인 빠따짜라에게 붓다는 다음과 같은 법문으로 괴로움을 벗어나 열반이라는 초월영성에 도달하게 도와준다.

> 빠따짜라여, 두려워하지 말라. 너는 이제 보호해 줄 수 있고, 인도해 줄 수 있는 곳에 이르렀느니라. 이 엄청난 생사 윤회 속에서 네가 부모, 자식, 형제를 잃고 흘린 눈물은 이루 헤아릴 수 없이 많으니라. 네가 지금까지 흘린 눈물은 이 땅 위에 있는 모든 물보다도 많으니라."
>
> "이미 세상을 떠나 버린 사람에 대해서 너무 지나치게 생각하지 말아야 하느니라. 그보다는 자기 자신을 좀 더 깨어 있도록 노력할 것이며, 청정한 마음으로 닙바나를 깨닫기 위해 힘써야 하느니라(거해스님 편역, 2003, p. 430).

3) 산따띠 장관의 사례

사랑하는 여인의 죽음으로 슬픔에 빠진 산따띠 장관이 붓다를 찾아와 말한다.

7) 법구경 Dhp 287게.
8) 법구경 Dhp 113게.

> "부처님, 제발 저로 하여금 이 슬픔과 불안으로부터 벗어나게 해 주십시오. 부처님, 부처님께서는 제 의지처가 되어 주시오. 그리하여 제가 평화로운 마음을 갖게끔 도와주십시오."
>
> "여래의 아들이여, 안심하라. 너는 너를 도와줄 스승을 바르게 찾아왔나니. 여래는 너에게 위안을 줄 수 있는 스승이며, 너의 참다운 의지처가 되어 주겠노라.
>
> 장관이여, 네가 이루 헤아릴 수 없이 긴 세월동안 나고 죽는 윤회를 거치면서 그 여인이 죽게 되어 흘린 탄식의 눈물이 이 세상의 모든 바닷물보다도 오히려 많으니라. 헤아릴 수 없는 세월을 두고 너는 여인에 대해 집착해 왔으나 이제 너는 마땅히 그로부터 벗어나야 한다. 너는 미래에 다시는 그런 집착이 일어나지 않도록 하고 집착하려는 마음조차도 먹지 말라. 네가 그 무엇에도 집착하지 않으면 욕망과 색욕은 조용히 가라앉게 되고, 그러면 너는 가만히 네 마음을 관찰하여 마침내 열반을 깨닫게 될 것이다."(거해스님 편역, 2003, p. 513)

이 설법을 들은 산따띠 장관은 즉시 아라한을 이루었다.

끼사 고따미, 빠따짜라, 산따띠처럼 사랑하는 사람과 사별한 후 괴로워하는 사람들에게 붓다는 적절한 방법을 괴로움에서 벗어나 모두 열반을 체득해 초월영성을 성취하게 해 주었다.

3. 선치료 상담이란 무엇인가

선치료 또는 선치료 상담은 데이비드 브레지어 박사가 동양의 불교의 패러다임에 서양의 심리학을 결합한 응용불교심리치료이다. 브레지어 박사는 선치료를 다음과 같이 정의하고 있다.

> 선치료는 심리치료 과정에 불교심리학을 적용한 것이다. 불교심리학은 붓다의 가르침과 그의 길을 따르는 수행자들의 경험을 통해 2000년 이상 발전해 왔다. 그것은 특정한 이론적 틀을 가지고 있으며, 하나의 패러다임, 즉 다른 가치들의 토대를 가지고 있고, 그 패러다임 위에서 자아의 발달과는 관련이 없지만, 자아의 과잉 발달에 의해 부과된 제약으로부터의 해방과 관련이 있다.

이것은 동료적(상하가 아닌 수평적)이며, 엄격한 이론적 구조를 가지고 있고, 그 구조 안에서 동양과 서양의 폭넓은 다양한 방법이 일관성 있는 전체로 통합될 수 있고, 내담자들이 다양한 스트레스, 긴장, 정신적 불안에서 벗어날 수 있게 도와주는 과정에 적용된다. (선치료는) 미래에 궁극의 깨달음에 도달하는 것이 아니라, 일상의 삶에서 효과적인 기능과 행복을 증진시키는 관점을 가지고 있다.[9)]

유튜브에 공개된 브레지어 박사의 위 정의에 의하면, 선치료는 불교 패러다임, 즉 불교 세계관에 입각해서 자아의 과잉 발달에서 부과된 제약에서 벗어나는 것과 관련되어 있으며, 상담자는 동료의 입장에서 내담자가 다양한 정신적 문제에서 벗어나게 도움을 주어 일상적인 삶에서 효과적으로 기능하여 행복을 증진시키는 관점에서 진행되는 상담임을 알 수 있다.

선치료에는 초기불교, 아비담마불교, 대승불교, 선불교, 정토불교, 티베트불교 등의 다양한 불교전통에 서양의 다양한 심리학과 심리치료 방법이 통합되어 있다. 기본적으로 불교의 세계관에 입각해 있으면서 내담자에게 해를 끼치지 않고[제악막작, 諸惡莫作], 좋은 일을 해 주며[중선봉행, 衆善奉行], 마음을 깨끗하게 해 주는 것[자정기의, 自淨基意]을 선치료라고 할 수 있다.[10)] 이 글은 이미 출판된 브레지어 박사의 저술과 함께 한국에서 진행된 수년간의 워크숍 내용을 자료로 할 것이다.

'선치료'란 무엇인지 이해를 하기 위해서 브레지어 박사가 진행한 선치료 워크숍에서 말한 선치료에 대한 정의를 몇 가지 적어 본다.

선치료는 심리치료로서의 불교이다. 그것은 인간관계에서 도움의 일, 특히 상담과 심리치료 상황에 불교심리학의 원리를 적용시킨 것이다.

선치료는 하나의 기법인가? 아니다. 선치료는 접근이다. 마음의 종합적인 모델과 조건화 양상을 포함하고 있고 인간의 상황을 해석하기 위한 이론적 토대이다. 선치료는 붓다의 치유하는 힘에 귀의함으로써 치료자(수련자) 내면에 있는 이타적인 측면의 태도를 길러 준

9) https://www.youtube.com/watch?v=C9xgoQG_0oM 2018. 3. 26. 참조.
10) 2015년 8월 5일 워크숍.

다. 선치료는 동양과 서양 문화에서 가져올 수 있는 다양한 기법을 응용할 수 있다. 또한 필요하다면 특별한 치료적 도전에 알맞게 고안된 새로운 기법의 토대가 될 수 있다. 선치료는 모든 심리학적 기법을 이용하는 독특한 접근이다. 간단히 말해 선치료의 특징은 무엇인가? 가장 중심적인 것은, 불교가 무아적인 접근이라는 점이다. 불교는 자기-관심, 자기-존중, 자기-권리부여 또는 자기-주장의 강화를 목표로 하지 않는다. 불교는 타자에 대한 존중, 수용 그리고 초월에 초점을 둔다. 환영의 겉모습을 넘어서 꿰뚫을 때, 우리는 모든 현상 속에 있는 다르마(dharma)를 만난다. 모든 경험은 자만과 자기 강박에서 자유로 가는 통로가 될 수 있다. (2014. 8. 16.)[11]

선치료는 두 사람의 활동적인 명상이며, 그 주제는 내담자의 삶이다. (2014. 8. 16.)

선치료는 내담자의 공안으로의 여행을 함께 가는 것이다. 단지 긍정적인 자질뿐만이 아니라, 탐진치 삼독도 마주하는 것을 수반하는, 깊은 믿음을 가지고 떠나는 여행이다. (2014. 8. 23.)

선치료는 자아로부터의 해방을 향한 불교 수행의 한 형태이다. 주된 장애는 치료자의 자아이다. 수용 없이는 치료적 현존을 제공할 수 없다. 따라서 비난하지 않는 태도가 (선치료의) 토대이다. (2014. 8. 28.)

선치료의 목적은 내담자가 지혜와 자비를 얻게 하는 것이다. 이것은 종종 내담자가 스스로 뉘우침을 느낀다는 의미이다. 하지만 이것은 역설적으로 찾아온다. 치료자는 내담자를 결코 비난하지 않는다. (2015. 8. 11.)

내담자를 고치려고 하지 마라. 이해하려고 하라. 더 많이, 당신이 어떻게 느끼는지 보여주어라. 그러면 내담자는 스스로 고치게 될 것이다. 내담자가 스스로 고치면, 그 고침은 실재이다. 만일 당신(상담자)이 고친다면, 그것은 아마도 성형수술일 뿐일 것이다. (2017. 8. 18.)[12]

11) http://cafe.daum.net/itzi/VSrV/4 선치료 입문 배포 자료.
12) http://cafe.daum.net/itzi/il90/12

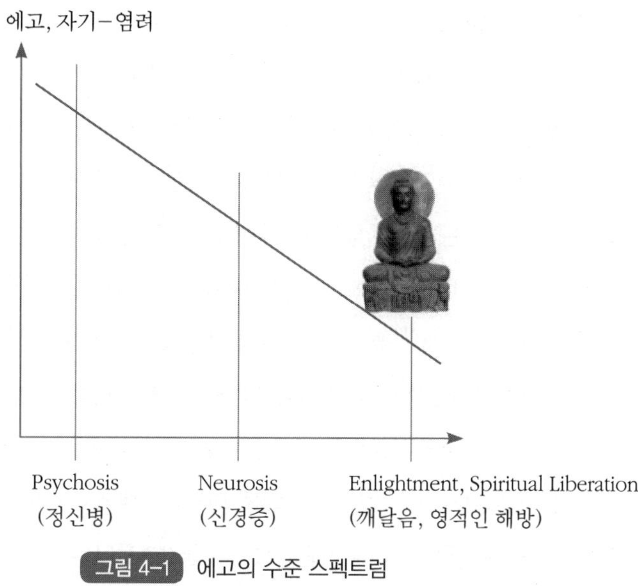

그림 4-1 에고의 수준 스펙트럼

위 그림은 에고와 자기-염려(self-concern)에서 높은 수준과 낮은 수준의 스펙트럼을 보여 준다. 선치료의 목적은 사람들이 스펙트럼의 왼쪽에서 오른쪽으로 이동하도록 돕는 것이다. 이 단순한 모델에서 왼쪽 끝은 정신병이고 오른쪽 끝은 영적인 해방이다. 중간 부분은 대부분 사람들을 괴롭히는 다양한 수준의 신경증이다. 간단하게 말해서 선치료는 에고의 감소이다.[13)]

이처럼 에고의 감소를 통해 에고의 감옥에서 벗어나 자유를 얻는 것이 선치료라고 정리할 수 있을 것이다. 에고의 완전한 소멸을 통해 초월적 자유를 이루는 길을 제시하고 있다는 점에서 선치료 상담은 초월영성상담의 측면을 볼 수 있다.

4. 응용불교심리치료로서의 선치료

브레지어 박사는 불교를 심리치료로 이해하고 있는 관점을 스리랑카의 뿐나지 스님을 통해 영감을 받았다고 한다.

13) 선치료 통신공부 Unit 2 섹션 1-선치료란 무엇인가?

1978년 뿐나지(Punnaji) 스님이 발표한 논문에서 이렇게 쓰고 있다: "물론, 불교국가에서는 불교를 심리치료로 여기지 않는다. 불교는 주로 종교로 이해된다. 물론 붓다의 가르침을 연구하는 학자들이 있다. …… 이들은 가르침을 철학으로 여기는 경향이 있다. 내가 보기엔, 이러한 두 가지 생각은 양극단으로 보인다. 양극단을 피하기 위해, 나는 중도를 유지하고 싶다. 이는 불교를 심리치료의 한 형태로 보는 것이다. 만약 불교가 현대사회에 심리치료로 소개된다면, 붓다의 메시지가 올바르게 이해되는 것[14]이라고 말할 수 있다" (Punnaji, 1978, p. 44).[15] 뿐나지 스님은 불교를 종교로 볼 때의 위험은 독단으로 흐를 가능성이 있거나 초자연적이거나 주술적인 쪽으로 흐를 가능성이 있는 것이라고 보았다. 불교를 철학으로 볼 때의 위험은 우리의 실제 삶과 괴리되는 결과를 낳는 경향이라고 보았다. 그래서 뿐나지 스님은 "붓다의 가르침은 마음의 질병에서 벗어나는 것"(Punnaji, 1978, p. 45)이라는 말과 같이 불교를 치료로 보는 것을 선호했다. 나는 불교를 치료로만 보는 것에도 또한 함정이 있다는 것을 안다. 내 시각에서 볼 때 불교는 이러한 모든 것들 그 이상이다. 오늘 나는 불교를 치료로서 보는 것에 우선 관심이 있다. 그리고 한층 더 나아가, 만약 불교를 치료로 보는 것이 타당하다면, 어떤 종류의 치료인가? 이러한 측면에서 불교가 갖는 특징적인 면은 무엇인가? 하는 것이다.[16]

불교를 마음의 병을 치료하는 심리치료로 이해하려는 관점에 대해서는 별로 반문의 여지는 없을 것이지만, 심리치료로서의 불교를 바라볼 때 이는 어떤 치료인가에 대한 입장은 다양할 수밖에 없을 것이다.[17] 선치료 상담은 불교를 심리치료로 보고 심리적 문제를 해결하려는 하나의 시도라고 할 수 있다.

14) If Buddhism is introduced into the modern world as a psychotherapy, the message of the Buddha will be correctly understood.

15) http://purifymind.com/BuddhismAsPsycho.htm 2019.10.1. 검색

16) 선치료 통신공부 Unit 1 섹션 1.2 치료로서의 불교.

17) 〈김재성(2006). '심리치료로서의 불교'(『불교와 심리』 창간호, pp. 91-124)〉는 초기불교를 심리치료로 보고 작성한 논문이며, 계정혜 삼학으로 탐진치라는 마음의 근본번뇌를 다스리는 것을 심리치료로 보고 있다.

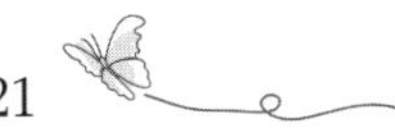

5. 선치료 상담에 응용된 불교 핵심 교리

1) 오온

오온은 초기불교 이래 불교의 핵심 교리라고 할 수 있다. 한 존재의 정체성을 말할 때 등장하는 대표적 용어라고 할 수 있다. 사성제의 고성제를 요약해서 말할 때, 오취온고(五取蘊苦)—집착된 오온은 괴로움이라고 하고 있기 때문에 오온과 오취온에 대한 이해가 괴로움에 대한 이해가 된다. 선치료 통신 공부자료 Unit5는 오온순환에 대해서 자세하게 다루고 있다. 오온은 루빠(rupa), 베다나(vedana), 삼즈냐(samjna), 삼스카라(samskara), 비즈냐냐(vijnana)이다. 브레지어 박사는 오온에 대한 전통적인 해석을 초기경전[18]을 통해 제시한 후, 다음과 같이 정리한다.

> 붓다는 오온을 주의 깊게 공부하고, 오온의 포기를 목적으로 이 내용을 이해하라고 권했다. 삶에서 오온을 떨쳐 내도록. 오온은 조건에 의존하여 생겨나는 것이고, 그러므로 그러한 조건들을 바꿈으로써 제거될 수 있다. 영적인 수행자들에게 오온이 지속되는 것은 상당히 바람직하지 않다.
>
> 오온은 집착과 갈망으로 밀접하게 연관된다. 사실 후자는 오온이 존재하기 위한 사전 조건이다. 오온 이론은 무아(non-self) 가르침과 밀접하게 연관된다. 이것은 다음 두 가지 방식 중 하나를 취할 수 있다. 오온은 모든 살아있는 인간에게 본질적인 요소로 볼 수 있다. 그래서 오온의 제거는 삶 그 자체의 제거로 이어진다. 혹은, 오온은 단지 이기적인 집착이 있는 곳에서만 발생하는 인간의 한 측면으로 볼 수 있다. 그래서 오온의 제거는 삶의 제거로 이어지지 않고, 오히려 특정한 삶의 유형을 확립하는 쪽으로 이어진다.

브레지어 박사는 오온은 제거되어야 한다는 입장[19]에서 오온순환을 마음의 문제

18) 염처경[念處經 Satipatthana Sutta(MN10)], 보름밤의 긴 경[Mahapunnama Sutta(MN109)], 라훌라 교계 짧은 경[Cularahulovada Sutta(MN147)], 여섯 감각장소 긴 경[大六處經 Mahasalayatanika Sutta(MN149)], 말룽끼야뿟따 긴 경[Mahamalunkyaputta Sutta(MN64)] 등.

로 보고 있다. 오온에 대한 일반적인 이해와 선치료적 이해는 다음과 같다.

산스크리트어	일반적	좀 더 정확하게
rupa	형상 form	우상적 iconic 외양 appearance
vedana	느낌 feeling	체포 apprehension
samjña	지각 perception	매혹됨 entrancement
samskara	정신적 형성 mental formation	윤색 embellishment
vijñana	의식 consciousness	무의식 unconsciousness

그리고 다음과 같이 브레지어 박사는 말한다.

> 외양(appearances)보다는 실재(realities)에 의존해야 한다고 붓다가 주장했을 것이라고 상상하는 것은 가능하다. 붓다는 체포(apprehension)보다는 평정을, 매혹됨(entrancement)보다는 차분함을, 윤색(embellishment)과 꾸며낸 것(fabrication)보다는 솔직함과 명석함(clearheadedness)을, 그리고 무의식적인 삶보다는 깨어 있는 삶을 주장했을 것이다.[20]

외양이 아닌 실재, 체포가 아닌 평정, 매혹됨이 아닌 차분함, 윤색이 아닌 솔직함과 명석함, 무의식적 삶이 아닌 깨어 있는 삶으로 살아가는 것을 붓다가 가르쳤다고 해

19) 오온을 제거해야 할 법으로 본 경전 가운데 하나로 제시한 경이 말룽끼야뿟따 긴 경[Mahamalunkyaputta Sutta(MN64)]이다. 이 경전에서 다음과 같이 오온에서 마음을 돌려 버려 불사의 경지도 마음을 향하게 한다고 하고 있다.
"그는 거기에 있는 물질과 느낌과 인식과 심리현상들과 알음알이라면 그것이 어떠한 것이든 그 법들을 모두 무상하다고 괴로움이라고 병이라고 종기라고 쇠살이라고 재난이라고 질병이라고 남[他]이라고 부서지기 마련인 것이라고 공한 것이라고 무아라고 바르게 관찰한다. 그는 이런 법들에서 마음을 돌려버린다. 그는 이런 법들에서 마음을 돌린 뒤 불사(不死)의 경지로 마음을 향하게 한다. '이것은 고요하고 이것은 수승하다. 이것은 모든 형성된 것들[行]이 가라앉음[止]이요 모든 재생의 근거를 놓아 버림[放棄]이요, 갈애의 멸진이요, 탐욕이 빛바램[離欲]이요 소멸[滅]이요 열반이다.'"(대림스님 역, 『맛지마 니까야』, pp. 627-628.)
20) 선치료 통신공부 Module1-3, p. 123.

석하는 것이 오온에 대한 선치료적 해석이다. 이러한 오온에 대한 새로운 해석의 목적은, 인간이 어떻게 숭배하는 대상으로서의 루빠(루파, 色)에서 벗어나 있는 그대로의 실재를 파악하여 조건화된 마음에서 벗어나 자유를 얻을 수 있는지를 보여 주는 것이다.

> 오온에 대한 가르침이란 우리가 경험하는 삶이 우리의 정신(mentality)에 의해서 제한되고, 우리의 정신(mentality)은 우리의 무지한(deluded) 삶의 경험으로 만들어지는 방식을 설명하는 것이라고 볼 수 있다. 여기에서 살펴볼 오온에 대한 가르침을 해석한 내용은 마음이 조건화되는 순환적인 과정 모델을 보여 준다. 이 모델은 마음이 조건화되고, 한 번 조건화되면, 무지의 순환에 갇히게 되는 기제를 설명한다. 이것이 보통의 인간의 마음이 작동하는 방식이다.
>
> 보통 사람인 범부는 이 오온순환에 갇혀 있다. 우리는 이 정신의 순환을 계속해서 돈다. 이것이 윤회(samsara)이다. 이 순환에서 벗어나는 것이 깨어남(awakening)이다. 깨어난 삶은 열반(nirvana)이라 부른다. 열반(nirvana)은 활동이 없는 상태라기보다는 우리를 노예 상태로 유지하는 과정 밑에 있는 에너지가 잦아든 상태를 의미한다.[21]

이렇게 오온순환을 괴로움의 윤회로 보는 관점은 오온순환에서 벗어나는 것을 불교의 지향점인 열반으로 보는 것으로 이어진다. 오온을 정적으로 보기보다는 연기론과 결부된 역동적인 순환으로 이해할 때, 범부들의 괴로움을 이해할 수 있고, 그 괴로움에서 벗어나는 길도 찾을 수 있게 된다는 것이다. 오온순환의 고리를 끊고 열반으로 이어지는 길을 지향하는 것이 선치료 상담의 초월영성적 측면의 하나로 볼 수 있을 것이다.

우리가 경험한 현상(루빠, rupa)은 우리를 특정한 방식으로 사로잡는다. 이런 식으로 체포되는(apprehened) 것이 오온의 두 번째인 베다나(vedana)이다. 베다나는 마음이 사로잡힌 상태이다. 세 번째는 삼즈냐(samjna)이다. 삼즈냐는 매료됨 속에서 생각과 스토리를 증가시켜 만들어내고 정성을 들이는 것을 말한다. 네 번째는 삼스카라

21) 선치료 통신공부 Module1-3, p. 125.

(samskara)이다. 삼스카라를 통해 이러한 스토리들을 정신(mentality) 안에 유지하면서 우리는 선입견으로 살아가며, 삶의 실재를 의식하지 못한 채 다섯 번째의 비즈냐냐(vijnana)의 상태로 삶을 경험해 나간다. 더 이상 증거에 공정하게 열린 마음을 갖지 못하고, 삶의 경험들이 우리의 선입견에 맞아떨어지는지 아닌지에 따라서 반응하면서. 이처럼 우리는 오온순환의 삶을 살아가고, 그 순환은 지속된다.[22)]

루빠(rupa)는 베다나(vedana)로 이어지고, 베다나(vedana)는 삼즈냐(samjna)로 이어지며, 삼즈냐(samjna)는 삼스카라(samskara)로 이어지고, 삼스카라(samskara)는 비즈냐냐(vijnana)로 이어지는 순환과정으로 이해하는 것은 미혹에 빠져 있는 범부들이 겪고 있는 상황을 역동적으로 보여 준다는 점에서 오온에 대한 이해에 새로운 지평을 열어 주고 있다. 이러한 오온순환의 고리를 끊고, 실재인 다르마를 깨우쳐 마음의 자유를 얻는 것이 선치료 상담의 목적이다.

2) 무아

모든 현상[諸法]의 세 가지 특징인 무상(無常), 고(苦), 무아(無我)에서 등장하는 무아설은 불교의 핵심 교리이다. 우리가 경험하는 세계인 오온에서 고정된, 불변하는 자아가 없다고 보는 것이 오온무아(五蘊無我)이다. 오온에서는 불변하는 자아 또는 영혼은 발견되지 않기에 자아는 없다는 것이다. 브레지어 박사는 무아를 다음과 같이 설명하고 있다.

> 무아에는 많은 기본적인 함축이 있다. 무아 개념을 명확히 하는 과정에서 붓다는 당대 철학에서 통용되고 있던 자아 또는 아트만(atman)을 거부했다. 아트만은 변하지 않는 것을 내포한다. 붓다는 사물의 실재하는 본성을 깨닫는 데 사람들이 가지고 있는 주된 방해물인 아만을 염려했고, 이 아만은 자아(self)라는 개념을 유지하는 세상에 대한 집착에 뿌리하고 있다. 세상의 무수한 다르마(dharmas)는 그 자체로는 나쁜 것이 아니다. 실제로 그

22) 선치료 통신공부 Module1-3, p. 125.

> 것들은 경이롭다. 하지만 그것들은 자신(oneself)이 아니다. …… 현상학적으로 한 사람의 존재를 구성하는 것은 자신(oneself)이 아니다. 무아는 단순히 '타자(other)'를 의미한다. 우리 경험의 실체를 구성하는 것은 타자성(otherness)이다.[23]

고정된 자아가 없다는 의미의 무아란 자신이 아닌 타자를 의미하는 다르마로 해석한다. 자기 자신이 아니라면, 존재하는 것은 타자라는 것이다. 여기에서 타자는 다른 자아를 의미하는 말이 아니라, 자신이 아닌 실재하는 다르마들을 말한다. 예를 들어 '아무개'라고 불리는 존재는 고정된 자아가 아니다. 단지 실재하는 많은 다르마들로 구성된 타자일 뿐이다. '아무개'라는 이름으로 한 사람을 보는 것은 오온순환에서 루빠로서 대상을 보는 것이며, 무지에 빠진 무의식에 의해 습관적으로 부르는 것이라고 할 수 있다. 있는 그대로의 실재로 보면 대상에 대한 무지를 걷어 내게 되어 무아로서, 타자로서 그 대상을 이해하게 된다. 무아를 타자로 보는 것은 자아중심적인 사고에서 벗어나서 자유를 얻는 도구가 된다.

브레지어 박사는 다음과 같이 무아와 자아에 대한 집착에 대해서 정리한다.

> 불교는 자아에 대한 집착이 온전히 살아가는 데 장벽이 된다고 보는 접근을 가르친다. 집착은 우리 삶의 범위를 제한하는 것이기도 하고, 지나친 둑카(괴로움)를 가져오는 것이다. 다르게 표현하자면, 실제 상황을 이해하는 데 방해가 되는 장벽은 우리의 통제 아래 있지 않은 몸과 심리적인 과정을 동일시하여 우리가 자아라고 믿는 것이다. 우리가 붙들고 있는 자아 이미지(self-image)는 우리가 소유하고 있다고 생각하는 요인들을 포함한다. 하지만 실제로 자아 이미지는 벽과 장벽이고, 우리가 들어가 살기로 결정한 감옥이다. 그 자아는 우리의 삶의 능력을 제한하고 감옥으로 만드는 방어 구조, 성곽이다. 많은 불교 이야기는 이런 순서로 시작된다. "자신의 성을 포기한 한 왕자가 여행을 시작했으니…" 이 순서는 분명히 문자 그대로 고타마 싯다르타, 붓다의 삶이지만, 또한 심리적인 진실을 말한다. 깨닫고자 하는 사람은 자신의 성-감옥을 벗어나야 한다.
>
> 자기정체감이 견고할수록 삶을 기꺼이 실험하며 살기 어려울 것이다. 자아 이미지를 유

23) 선치료 통신공부 Module1-3, pp. 190-191.

> 지하는 데 사로잡힐수록, 새로운 모험을 덜 할 것이다. 이 자기-구조는 기본적으로 둑카로부터 도망치기 위한 시도의 산물이다. 이는 무상이라는 우리의 경험을 막으려 하고 뭔가 영속하는 것을 만들어 내려는 시도이다. 그런 방식으로 자아는 우리에게 가끔 견고함을 제공하지만, 성을 유지하는 데 우리 대부분의 에너지를 들이면서 끝없는 걱정을 동반한다. 그리고 우리는 절대 그 성을 완전히 안전하게 관리하지 못한다. 우리는 자아감을 유지하기 위해서, 상당한 양의 에너지를 들여 우리 경험의 측면을 잘라 내고, 정체성 역할에 반대되는 반응을 억누른다.[24)]

우리를 부자유스럽고 불편하게 하는 감옥이 된 자아 이미지를 벗어나서 무아 체험을 통하여 자유롭고 행복하게 해 주는 것이 불교이며, 선치료 상담이라고 할 수 있다.

3) 조건론

조건론은 연기론이라도 하며 불교의 대표적인 교리이다. 연기론의 기본적인 의미는 괴로움은 조건에 의해 생겨나며, 조건이 사라지면 괴로움도 사라진다는 것이다. 12연기로 대표되는 연기론은 바로 무지라는 조건에서 시작하여 괴로움의 조건적 발생과정을 밝힌 것이며, 그 역은 무지가 소멸함으로써 괴로움이 사라지는 조건적 소멸과정을 밝힌 것이다. 선치료에서 브레지어 박사는 오온순환 과정과 연기론을 연결해서 설명하고 있지만, 테라와다의 24조건론으로 마음의 조건화 작용을 설명하고 있다(Brazier, 2007). 24조건 가운데 중복되는 것을 제외한 18가지 조건을 통해서 마음의 조건화 작용과 그 조건에서 벗어나는 과정을 해설하고 있으며, 이 점은 불교심리학의 문제이해 방식과 그 해결 방식의 이론적 구조가 되어 있다.

> 불교의 관점에서 보면 심리치료의 목적은 마음의 조건화 작용에 의해 조건 지어진 마음을 놓아 버리게 함으로써 마음을 자유롭게 하는 것이다. 마음이 자유로워진 상태를 열반이라 하고, 조건 지어진 상태는 윤회라 부른다(Brazier, 2007).

24) 선치료 통신공부 Module1-3, pp. 198-199.

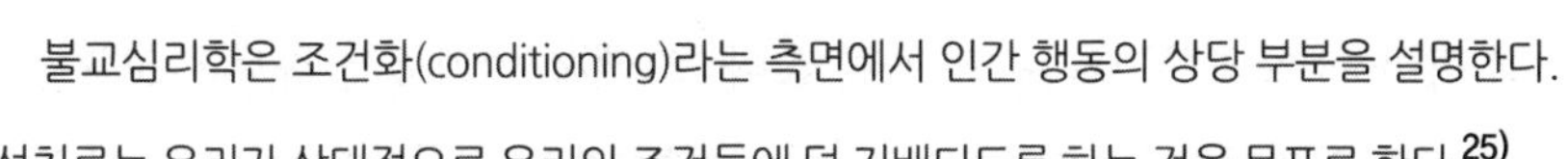

> 불교심리학은 조건화(conditioning)라는 측면에서 인간 행동의 상당 부분을 설명한다. 선치료는 우리가 상대적으로 우리의 조건들에 덜 지배되도록 하는 것을 목표로 한다.[25)]

> 선치료를 이해하는 한 가지 방식은 부정적인 조건들은 용해시키거나 해체시키는 것이다. 그리고 건설적이고 해방시키는 조건들을 제공하는 것이다.[26)]

선치료 상담에서 오온순환은 윤회의 조건화 과정이며, 사성제는 자유로운 삶 과정이라고 할 수 있다.

4) 사성제

불교에서 사성제는 괴로움과 괴로움의 소멸에 대한 핵심적인 가르침이자 진리이다.

> 사성제 가르침이 받아들여질 수 있는 방식은 여러 가지가 있을 수 있지만, 사성제의 가르침이 불교 메시지의 기본이라는 데에는 모두가 동의한다. 불교는 우리가 이 세상과 마주하며 생기는 병(괴로움)에 관한 것이고, 그 병을 어떻게 보아야 하는지에 관한 것이고, 어떻게 그 병을 다루고, 그 병에 굴하지 않고 어떻게 고귀한 삶을 살 수 있는가에 관한 것이다.[27)]

사성제에 대한 전통적인 해석은 괴로움의 고귀한 진리[苦聖諦], 괴로움의 발생(원인)의 고귀한 진리[苦集聖諦], 괴로움의 소멸의 고귀한 진리[苦滅聖諦], 괴로움의 소멸에 이르는 길의 고귀한 진리[苦滅道聖諦]이다. 이러한 전통적인 이해를 제시한 후 브레지어 박사는 사성제를 다음과 같이 심리치료적 입장에서 해석한다.

① 둑카(dukkha)는 삶에 따라오는 모든 고통을 가리킨다. 이는 '고귀한 진리'라고 기술된다. 왜냐하면 둑카(dukkha)는 (a) 실재한다(real), 즉 진실이다(true). (b) 고귀

25) 선치료 통신공부 Module1-3, p. 39.
26) 선치료 통신공부 Module1-3, p. 49.
27) 선치료 통신공부 Module1-3, p. 234.

하다(noble), 즉 부끄러워할 것이 없다. 그래서 여기에서 목적은 고통을 제거하는 것이라기보다는 고귀한 삶을 살아가는 것으로 여겨진다. 고통에 겁먹지 않고 마주하는 것은 고귀하다. 도피주의는 비열하고, 고귀하지 않다. 첫 번째 고귀한 진리는 둑카(dukkha)가 존재한다는 것이다.

② 사무다야(samudaya)가 '원인'으로 번역되어야 할 특정한 증거는 없다. 이는 단순히 일어나는 것, 찾아오는 것을 의미한다. 사무다야(samudaya)는 '떠오르도록 하는 것'일 수 있기 때문에 '함께 떠오르는 것'으로 번역될 수 있다. 그래서 둑카-사무다야(dukkha-samudaya)를 둑카(dukkha)와 함께 일어나는 것, 혹은 둑카(dukkha)의 결과로 일어나는 것이라고 이해하는 것이 가능하다. 둑카(dukkha)의 결과로서 일어나는 것이 무엇인지 계속해서 고려할 때, 사무다야(samudaya)에 대한 가르침이 계속해서 말하는 것이 열정이나 갈망에 대한 가르침이라는 것을 알게 된다. 두 번째 고귀한 진리를 언급하고 있는 경전은 이러한 갈망에 대한 분류를 담고 있다. 감각적 쾌락에 대한 갈망, 존재(bhava)에 대한 갈망 혹은 비존재에 대한 갈망이다. 어원상의 해석에서, 두 번째 고귀한 진리는 갈망이 고통에 대한 반응으로 찾아온다는 것을 의미하는 것으로 이해된다. 그리고 그 갈망은 감각적 쾌락, 존재와 비존재에 대한 것으로 요약될 수 있다.

③ 니로다(nirodha)는 소멸을 의미하기보다는, 가둠(confinement) 혹은 담아 둠(containment)을 의미한다. 'Rodha'는 감옥을 의미한다. 따라서 니로다는 열정을 제거하는 것이라기보다는 열정을 통제하에 두는 것을 말한다고 해석하는 것이 가능하다. 이 해석은 붓다의 실제 수행과도 들어맞을 것이다. 분명 붓다는 사람들이 그 에너지를 고귀한 방식으로 풀려나게 하라고 고무했고 의도했다. 세 번째 진리에 대한 경전에 이 갈망에 대해서 무엇을 해야 할지 말해 주는 단락이 있다. 갈망을 제거하라고 말하지 않고, 갈망의 대상에서 분리하라고 말한다. 이는 다음에 정교하게 검토할 중요한 지점이다. 세 번째 진리는 둑카(dukkha)를 담아두는(containment) 것으로 이해할 수 있다.

④ 마르가(marga)는 경로나 길(좀 더 정확하게는 '경로')을 의미한다. 다시, 이 의미는

다른 해석에 열려 있다. 이는 꼭 어딘가에 있는 길일 필요는 없다. 먼저 간 누군가가 남긴 길 혹은 자취라고 말할 수 있다. 팔정도는 깨달음을 향한 방법이 아니라 깨달음의 결과일 수도 있다.[28)]

이러한 사성제에 대한 선치료적인 해석은 오온순환에서 벗어나 괴로움을 회피하지 않고 고귀하게 담아 두면서 팔정도의 길을 가는 것으로 설명하고 있다. 오온순환과 사성제를 그림으로 설명하면 다음과 같다.[29)]

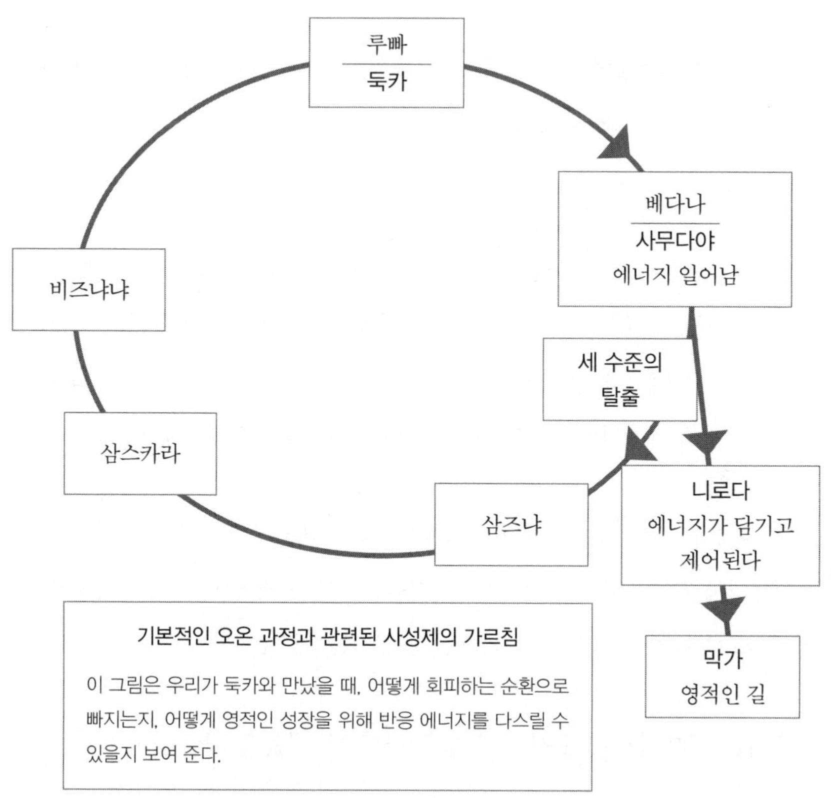

그림 4-2 기본적인 오온 과정과 관련된 사성제의 가르침

28) 선치료 통신공부 Module1-3, pp. 240-241.
29) 선치료 통신공부 Module1-3, p. 243.

오온순환이 괴로움의 재생 과정이라면, 사성제는 괴로움을 경험하면서도 괴로움의 재생과정에서 벗어나 괴로움에 반응하는 에너지를 다스리고 고귀한 삶으로서 팔정도의 길을 가는 것이라고 해석하는 것이 선치료의 해석이다.

팔정도를 통해 괴로움의 소멸에 도달한다는 전통적인 해석이 아니다. 소멸할 수 없는 괴로움은 수용하면서, 괴로움을 재생시키는 악순환에서 벗어나 괴로움 속에서 자유롭게 살아가는 것이 사성제에 대한 선치료 상담의 새로운 해석이다.

5) 계정혜 삼학

선치료는 불교의 계에 해당하는 윤리적 삶의 중요성을 강조한다. 브레지어 박사는 다음과 같이 선치료에서 윤리에 대해 말한다.

> 선치료는 에고를 감소시키고 삶에서 자연스러움과 창조성을 위한 자리를 만들어 내는 것을 지향한다. 이것은 에고가 우세하지 않은 존재 방식이 있고, 비교적 이타적인 존재 방식이 더 창조적이고, 더 자연스럽고, 내적으로 덜 갈등을 일으키는 존재 방식이라는 것을 의미한다. 그리고 이러한 이타적 존재방식에서 더 배우기 쉽고, 더 적응적이고, 더 자연스럽게 윤리적이고, 좀 더 기꺼이 다른 사람들에게 공헌하기 위한 조건들을 만들어 낸다는 것을 의미한다.[30)]
>
> 불교 계율은 기본적으로 깨달은 사람이 어떻게 자연스럽게 행동하는지에 관해 기술하고 있는 내용이다. 계율의 깊은 의미는 단순한 규칙이나 통제를 넘어선다. 계율은 분명하게 살 때 찾아오는 잠재적인 의미성과 삶의 가장 깊은 만족을 가리킨다.[31)]

불교에서 윤리란 기본적으로 오계(五戒)를 말한다.[32)] 계율은 깨달은 사람의 행동

30) 선치료 통신공부 Module1-3, pp. 36-37.

31) 선치료 통신공부 Module4-6, pp. 12-13; Brazier, D. (2007). 선치료 (*Zen Therapy: Transcending the sorrow of the Human Mind*). (김용환, 박종래, 한기연 공역). pp. 89-96.

32) 오계에 대한 자세한 설명은 〈Brazier, D. (2007). 선치료 (*Zen Therapy: Transcending the sorrow of the Human Mind*). (김용환, 박종래, 한기연 공역). pp. 91-95〉 참조.

방식이며, 규칙이나 통제가 아닌 삶의 깊은 만족을 위한 것이다.

선정을 의미하는 삼매는 하나의 대상에 집중된 유익한 상태[33](善心一境性)로 정의된다. 이때의 대상은 수행자가 선택한 명상주제의 하나가 된다. 선치료에서 삼매, 즉 선정의 대상은 내담자이며 내담자의 모든 말과 행위에 대한 집중을 말한다. 단순한 집중이 아니라 내용과 과정을 온전히 파악하는 집중을 말한다. 이때 가장 중요한 것은 상담자가 오온순환(역전이)에 빠지지 않으면서 내담자의 오온순환을 파악하면서 집중하는 것이다. 상담자가 온전히 삼매 상태에 있다면, 내담자의 이야기를 들으면서 '멋진 난장판'이라고 듣는다.

> 치료사는 내담자의 호흡을 찬찬히 살펴본다. 그의 호흡이 얕은지 깊은지, 긴지 짧은지, 거친지 부드러운지 그리고 내담자가 자기 이야기를 할 때 그 호흡이 어떻게 변하는지도 살펴본다. 치료사는 자신의 호흡을 내담자의 호흡과 일치시킴으로써 종종 내담자의 괴로움을 좀 더 심층적으로 이해할 수 있다. 호흡에 주의를 집중하는 것이 때로는 도움이 될 수도 있다. 내담자의 호흡이 고통에 집중되면 그 고통이 일부 사라질 수도 있고 통찰력이 촉발될 수도 있다(Brazier, 2007).

선치료에서의 지혜, 즉 통찰은 깊이 안으로 들여다보는 것으로, 내담자가 내면에서 에너지를 불러일으키는 대상에 계속 머물도록 도와주면서 내담자가 마음속의 대상과 관련 맺는 방식을 들여다보는 것을 말한다. 이 통찰의 측면은 상담에 긴장을 더 강화시켜 주며, 내담자가 자신의 대상에 직면하도록 해 준다.

6) 보살도

자신의 번뇌를 소멸시키는 마음의 청정성을 회복한 아라한과는 달리, 보살은 이타행을 통해 자신의 깨달음을 추구하는 구도자이다. 선치료 상담은 바로 보살도의 실천이다. 심리치료사는 바로 보살이다.

33) Vism. 85. Kusala-cittekaggatā samādhi; 〈Brazier, D. (2007). p. 123.〉 '명상이란 건전한 어떤 대상에 대한 주의집중을 지속하는 과정이다.'

> 치료사란 진리를 추구하면서 사람들의 괴로움을 돌보는 사람이다. 보살의 수행은 남을 돕는 것이다. 그러므로 심리치료사에게 자기 자신의 인격 성숙을 위해 끊임없이 노력하는 것은 필수 불가결한 것이다(Brazier, 2007).

기본적으로 선치료 상담은 대승불교의 보살도의 실천 그 자체라고 볼 수 있다. 보살이 붓다의 깨달음을 이루겠다는 원력을 세우고, 타자의 괴로움을 없애 주는 이타행을 하듯이 선치료 상담가는 내담자에게 그 어떤 해악도 끼치지 않고, 오로지 내담자에게 이로움을 주어 내담자 스스로 자신의 내면 문제를 해결하는 길을 가도록 도와준다. 선치료에서도 보살의 실천으로 자비행을 강조한다. 선치료 상담에서는 아미타불의 조력자인 관세음보살이 대표적인 보살로 거론된다.

> 관세음보살은 깊이 관찰하는 분이라는 뜻이며, 자비의 보살이다. 관음은 세상 속에 존재하는 대자대비의 정신인 것이다. 관음은 우리의 고통에 응답해 주고 있으며 우리 자신 안에 존재하는 대자대비를 찾도록 도와준다. 그리하여 보살은 세상을 위한 심리치료사인 것이다. 관음은 고통받는 사람을 결코 외면하지 않으며 그에게 다가가는 사람들을 진실로 도울 수 있을 뿐이다. 같은 방식으로 심리치료사로서 우리는 내담자의 내면에서 더욱 밝고 자비로운 삶에 다가가는 모습을 발견하는 것이 필요하다(Brazier, 2007).

보살로서의 상담가는 괴로움에 빠져 있는 내담자의 내면에서 내담자 스스로 밝고 자비로운 삶에 다가가는 모습을 발견하도록 도와준다. 이때 상담가는 보살의 모델이 된다.

7) 선불교

선은 붓다의 가르침의 골수이다. 붓다는 제자들에게 마음을 계발하는 수행을 게을리하지 말라고 끊임없이 독려하였다(Brazier, 2007). 선불교는 공안을 참구한다. 선치료 상담에서는 내담자의 문제가 공안이다. 내담자의 문제를 풀어 나가는 과정이 상담의 과정이다. 내담자를 사로잡은 루빠에서 벗어나 실재인 다르마를 찾게 도와주는 것이 선치료이다. 선불교의 근본에는 모든 이에게 붓다의 본성이 있음을 믿는 마음이 있다. 그 마음을 대승불교에서 불성 또는 여래장이라고 한다. 브레지어 박사는 다음과 같이 말한다.

> 심리치료로서 선은 우리가 열린 마음, 깨어 있는 마음이 되도록, 즉 미리 조건 지어진 생각으로 가득 찬 생각의 감옥에서 빠져나오도록 물러서지 말고 끈기 있게 노력할 것을 요구하고 있다. 심리치료사로서 우리는 내담자나 우리 스스로의 마음이 닫혀 있는 것처럼 보일 때조차도 우리의 마음속에는 언제나 완벽한 거울이 있다는 확신이 필요하다. 우리는 이것을 불성을 믿는 것이라고 한다(Brazier, 2007).
>
> 불성은 자아를 실현하는 것이라기보다 자아를 벗어나는 것이다. …… 불교에 따르면 신경증은 자기 이익만을 추구하기 때문에 발병한다고 한다. 따라서 치료법은 본래의 단순함을 추구하는 것이다. …… 선이 우리 스스로가 조건 짓고 고정시켜 놓은 것을 해체하는 시도라는 것이다(Brazier, 2007).

6. 초월영성상담으로 선치료 상담의 의의

선치료는 불교의 세계관, 인간관에 입각한 불교심리치료이다. 선치료 상담은 불교 교리를 철학적이나 종교적인 맥락에서 보기보다는 심리치료적 관점에서 접근하고 있으며, 오온, 무아, 조건론, 사성제, 계정혜 삼학, 보살도, 선불교 등의 불교 교리와 전통을 현대인의 마음의 문제를 이해하고 해결하는 도구로 삼아 불교심리치료의 새로운 흐름을 제시하고 있다.

선치료 상담의 의의를 괴로움의 강을 건너는 도구로서 뗏목의 비유로 이해할 수 있을 것이다. 뗏목은 바다나 강을 건너기 위한 도구이지 강이나 바다를 건넌 후에는 집착해서 가지고 갈 것은 아니다. 선치료 상담이 궁극적으로 출세간적인 깨달음을 지향하기보다는, 세상에서 자아의 구속으로부터 자유로워진 온전히 기능하는 사람을 지향하고 있다는 점을 보면 일상에서 지혜롭고 자비로운 삶을 통해 자유를 추구하는 것이라고 할 수 있다. 이러한 선치료 상담의 입장을 세상에서 초월영성을 지향하는 것이라고 할 수 있을 것이다.

초기불교, 아비담마불교, 대승불교, 선불교, 티베트불교 등의 불교 전통의 가르침과 실천이 서양의 심리학과 만나 불교적 세계관에 입각한 심리치료의 새로운 길을 모색해 온 것은 불교와 심리학의 연결 고리를 찾는 데 있어 중요한 실마리를 제공하고 있다.

7. 맺는말

불교의 세계관과 인간관에 입각한 불교심리치료인 선치료 상담은 1995년 데이비드 브레지어 박사에 의해 『Zen Therapy』가 출간되면서 세계적으로 알려지게 되었다. 이 책이 2007년 한국에 번역되어 소개되기 전부터도 영어 원서로 알려졌고, 번역본이 출간된 후에 많이 이들이 선치료 상담에 관심을 갖게 되었다.

2010년 한국에 초대되어 처음 한국인과 만나 선치료를 직접 가르치고 상담사례를 통해 선치료 상담이 무엇인지 보여 준 브레지어 박사는 2018년까지 9차례 한국을 방문하였다. 그 동안 20여 명의 선치료 상담전문가가 배출되었고, 각자의 영역에서 선치료에 영감을 받아 활동을 하는 상담전문가들도 있다. 필자는 선치료를 통해 불교 세계관에 입각한 불교심리치료와 상담의 방법을 배웠다. 개인적으로 초기불교를 중심으로 한 수행을 해 오고 있다. 몇 차례 선치료 상담에 기반한 상담을 한 적도 있지만, 상담전문가로 활동하기보다는 명상지도자와 불교학 연구자이자 교육자로 활동하고 있다.

불교 수행에도 오랜 수련 시간이 필요하듯이 상담이나 심리치료전문가가 되는 데도 오랜 공부와 수련이 필요하다. 선치료 상담은 불교와 심리치료를 함께 배울 수 있는 좋은 도구이자 수련법이라고 생각하며, 개인 내면의 수련과 함께 상담전문가로서의 길을 갈 수 있는 방법이라고 생각한다. 선치료 상담에 응용된 불교교리와 실천이 초월영성상담의 한 영역으로, 불교상담의 하나의 이정표가 되기를 바라며, 선치료 상담에 대한 연구가 더 활성화되기를 기대해 본다.

02

심리치료로서의 불교

1. 서론

불교, 즉 붓다의 가르침의 핵심은 인간의 괴로움과 그 소멸에 있다. 이러한 입장은 초기불전에서 확인할 수 있는데, 고집멸도의 네 가지 고귀한 진리에 대한 가르침으로 제시되어 있다.

괴로움이란 일상생활에서 겪는 괴로움뿐만 아니라, 삶의 근원적이며 보편적인 특성을 말한다. 부처님은 이러한 괴로움이 무엇인지를 제시하셨을 뿐 아니라, 괴로움은 없앨 수 있다는 점을 강조하셨다. 괴로움의 완전한 소멸이 불교의 목적이다. 따라서 심리치료로서의 불교 또는 불교심리학을 생각할 때에도 우리는 이러한 붓다의 핵심적인 가르침을 떠나서는 이야기할 수 없다.

불교심리학이라 하더라도 서양에서 발달한 과학으로서의 심리학과는 차이가 있다. 불교가 내면적인 자기 관찰을 통해서 심리적 문제에 접근해 가는 방법(1인칭적 접근법)을 위주로 하고 있다면, 서양의 심리학은 너와 내가 함께 객관적으로 확인할 수 있는 사실로서의 심리현상을 밝혀 나가는 접근법을 중시한다. 이러한 접근법을 3인칭적인 접근법이라고 한다.[34] 한편, 주관적인 자기 관찰을 통해 내성적(內省的)으로 삶의 문제를 해결하려고 하는 1인칭적인 접근법과 객관적인 사실로서의 타인이나 동물의 심리현상을 밝혀나가는 3인칭적인 접근법을 이어 주는 다리 역할을 하는 2인칭

적인 접근법도 있다.[35] 바로 '우리'의 문제를 다루는 접근법으로서 공감(共感, empathy)이라는 방법으로, 상대방의 입장을 수용하여 문제를 함께 성찰하고 해결하려는 시도라고 할 수 있다. 상담자와 내담자가 대화를 통해서 심리치료 또는 정신치료를 시도하는 것은 바로 2인칭적인 접근법이 활용되고 있는 대표적인 예가 될 것이다.

이러한 세 가지 입장은 각각의 장점과 한계가 있다. 불교심리학을 심리치료의 입장에서 살펴보고자 하며, 이때 불교가 강조하고 있는 1인칭적인 접근법과 그것이 실제 심리치료/정신치료에 적용되어 온 2인칭적인 접근법을 통해서 어떻게 응용되어 왔고 현재 응용되고 있는지, 미래의 전망은 어떠한지를 함께 생각해 보아야 한다.

2. 주요 심리치료법

심리학은 인간의 마음/의식에 대한 이론적인 연구와 그 이론적인 연구 성과를 바탕으로 한 응용분야로 나뉘어 있다. 유럽과 미국을 중심으로 19세기 이후 성립한 근대 심리학 이론에 바탕을 두고 상담/심리치료/정신치료라는 응용분야가 발달하게 되었다. 미국의 임상심리학계에서 사용되는 대표적인 심리치료 방법과 사용되는 기법의 비율은 정신분석학적 정신역동치료가 28%, 인본주의가 11%, 행동치료가 9%, 인지치료가 49%, 가족/집단치료가 19%라고 한다(1994년 통계)(Myers, 2004). 이렇게 다양한 치료기법은 얼핏 보기에는 다른 것처럼 보이지만 모두 치료 효과가 있다고 한다(Seligman, 1995).[36] 상담자의 자질과 상담 관계가 효과적인 심리치료의 가장 중요

34) 달라이 라마는 〈Dala: Lama (2005). *The Universe in a Single Atom*. New York: Morgan Road Book 5, Ch. 6: pp. 119-137〉에서 1인칭적인 접근법과 3인칭적인 접근법 모두 의미가 있으며 서로 도움이 될 수 있다고 하였다. 심리학에서 1인칭적인 접근법의 중요성은 불교를 접한 심리학자와 심리철학자들에 의해 제기되었다. 〈Susan Blackmore (2018). *Consciousness: An introduction*. Oxford: Oxford Univ., Ch. 25 The View from within pp. 370-384.〉 참조.

35) 2인칭적인 접근법에 대한 종합적인 연구 성과로는 Evan Thompson Ed. (2001). *Between Ourselves: Second-person issues in the study of consciousness*. Thorverton: Imprint Academic. 참조.

36) http://www.ppc.sas.upenn.edu/cvabs.htm#ab141 '심리치료의 효과'에서 발췌한 내용: 컨슈머 리포트(1995년 11월)는 심리치료가 환자에게 매우 큰 도움이 되고, 장기 치료가 단기 치료보다 훨씬

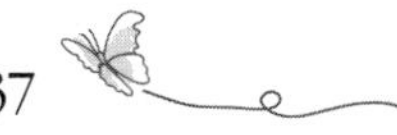

한 치료요인이라는 점에 대한 많은 연구가 있다(Germer et al., 2005). 또한 마음챙김(mindfulness)이 심리치료의 핵심적인 요소(essential ingredient)가 될 수 있다는 가능성을 말하기도 한다.[37)]

정신분석학은 자유연상이나 꿈의 분석 등의 방법을 통해서 정신적 장애의 무의식적인 원인을 찾아가는 치료법이며 프로이트(Sigmund Freud, 1856~1939)에 의해 시작되어 발전해 왔다.

인본주의 치료는 정신분석학과는 달리 내담자의 현재의 의식적인 감정과 자신의 성장을 위한 책임감에 초점을 맞추고 있다. 칼 로저스(Carl Rogers, 1902~1987)는 인간중심 또는 내담자 중심의 치료에서 진솔함, 수용 그리고 공감을 통한 적극적인 경청법을 사용하였다.

심리치료의 효과는 어떤 특정한 치료법보다는 내담자(환자)와 상담자(의사)의 관계가 보다 중요하다는 점을 로저스는 임상을 통해 발견하였다.

행동치료는 문제행동의 원인을 설명하려고 하지도 않고, 자신에 대한 자각을 증진시키려고 하지도 않는다. 그 대신에 문제 행동 자체를 수정하려고 한다. 체계적 탈감법(desensitization)이나 혐오적 조건화 등을 통해서 행동에 반대조건을 부여한다.

아론 백(Aaron Beck)의 우울증에 대한 인지치료는 자기 자신을 새롭고 보다 현실적인 방식으로 보는 훈련을 통해서 자기 좌절적인 사고를 바꾸는 것을 목적으로 하는 치료이다.

효과적이며, 심리치료만 하는 것이 약물 치료와 심리치료를 동시에 하는 것과 효과에 차이가 없다는 결론을 내린 논문을 발표했다. 또한 어떤 장애에 대해서도 특정 심리치료 방식이 다른 어떤 방식보다 더 효과적이지 않았고, 심리학자, 정신과 의사, 사회 복지사들이 치료자로서의 효과에 차이가 없었으며, 모두 결혼 상담사나 장기적인 가족 주치의보다 더 효과적이었다. 치료 기간이나 치료사 선택이 보험이나 관리형 돌봄에 의해 제한되는 환자들은 더 나쁜 결과를 보였다. 이 대규모 조사의 방법론적 장점과 단점을 살펴보고, 환자를 매뉴얼화된 고정 기간 치료 또는 대조군으로 무작위 배정하는 기존의 효능 연구와 대조해 보았다. 나는 컨슈머 리포트 설문조사가 효과성 방법을 보완하며, 이 두 가지 방법의 장점을 결합하여 심리치료의 경험적 검증을 가장 잘 제공할 수 있는 보다 이상적인 방법이라고 결론을 내렸다.

37) Germer (2005). Mindfulness: What is it? What does if matter? *Mindfulness and Psychotherapy*, p. 4. 심리치료에서 본 마음챙김을 구성하는 세 요소인 알아차림 또는 자각(awareness), 현재경험 중시, 수용적 태도가 치료의 핵심 요소라고 생각할 수 있을 것이다.

집단 치료에는 많은 치료법이 응용된다. 가족치료는 문제가 생겨날 수 있는 가족관계를 다루는 치료법이다.

현재 인지행동치료(Cognitive Behavior Therapy, CBT)는 다양한 전통에서 발전하고 있다. 특히 1979년부터 불교의 마음챙김(mindfulness) 수행법은 존 카밧 진(Jon Kabat-Zinn) 박사에 의해 마음챙김 기반 스트레스 완화(MBSR) 프로그램으로 응용되어 탁월한 효과를 검증받았다. 이처럼 마음챙김은 인지행동치료(CBT)의 중요한 치료개입 방법으로 도입되는데, 거기에는 네 가지 주요 접근법이 있다. ① 경계성 장애와 일반적인 정동 조절(affect regulation)에 사용된 변증법적 행동치료(DBT: Linehan), ② 육체와 정신적인 건강에 대해 복합적으로 적용되는 8주에서 10주의 마음챙김에 기반한 스트레스 완화(MBSR: Kabat-Zinn), ③ 환자들에게 생각을 관찰하는 것을 가르치는, 인지 치료법과 우울증에 대한 MBSR 적용인 마음챙김 기반의 인지치료(MBCT : Segal, Willams, Teasdale), ④ 환자들에게 불유쾌한 감각들을 제어하기보다는 수용하도록 용기를 북돋는 수용-참여(전념) 치료(ACT: Hayes) 등이 있다.

서양에서 발전한 심리치료법은 기본적으로 인식(cognition)과 행위(behavior) 그리고 정서(affection)의 문제를 다룬다(Corsini & Wedding, 2004, 2005). 적극적으로 자기분석을 하거나 소극적으로 남의 도움을 받아 꿈을 분석하여 인식의 문제를 해결하려고 한다. 그리고 행위를 통한 학습을 하며, 행동수정을 통해 심리문제를 해결해 나가려고 한다. 두려움, 불안, 분노, 무기력, 희망 등과 같은 감정이나 정서는 심리치료의 중요한 요소이다.

이러한 현대 심리치료기법들과 유사한 치료기법들을 우리는 불교의 여러 경전에서 발견할 수 있다. 불교와 현대 심리치료의 관계에 대한 심도 있는 비교연구와 통합도 심리학자, 정신의학자에 의해 진행되어 왔다(Watson, 1998). 예를 들면, 서양의 심리학/심리치료와 초기 및 팔리불교의 심리학과 비교연구로 유명한 파드마시리 드 실바(Padmasiri de Silva, 1933~)의 연구성과(De Silva, 2005)가 있으며, 최근 10년 동안의 심리학과 심리치료 분야에서 주요 관심 대상이 되어 온 마음챙김 명상과 심리치료의 관계에 대한 연구성과 『마음챙김과 심리치료』(Germer et al., 2005)가 있다. 이 책은 마음챙김 명상과 심리치료를 동시에 시작한 심리치료사들이 심리치료에서 마음챙김의 의미와 가능성, 그리고 중요성에 대해서 연구한 것이다. 마음챙김 기반 치료접근의 원리와 임상에서의 사례에 대한 연구(Baer, 2006)가 참고가 될 것이다. 불교와 심리치

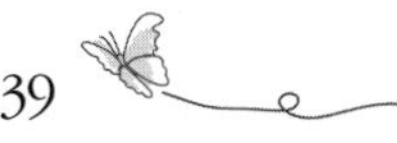

료의 관계에 대한 보다 종합적인 연구는 다음 기회에 정리하고자 하며, 본고에서는 초기불교의 핵심적인 가르침인 사성제의 심리치료적인[38] 함의에 대해서 살펴보고자 한다.

3. 불교의 심리치료–사성제의 틀에서

1) 괴로움이란

심리치료의 목적은 개인을 그가 속한 문화에서 이해된 정상적인 발달로 복귀시키거나 개인이 속한 사회로 최대한의 참여를 도와주는 것이라고 한다(Fulton & Siegal, 2005). 하지만 불교의 목적은 궁극적 자유, 괴로움으로부터의 완전한 해방을 의미하는 열반에 있다. 따라서 심리치료로서의 불교를 이해할 때, 서양의 심리치료와의 공통점과 차이점을 함께 이해해야 할 것이다. 이 점에 대해서도 깊이 있는 논의는 다음 기회로 미루어 둔다.

사성제의 가르침을 통해서 불교심리학을 이해한다는 것[39]은, 불교의 현실인식[苦]과 그 원인[苦集]의 규명, 그리고 현실의 문제를 극복한 괴로움이 소멸된 상태[苦滅]와 그 방법[苦滅道]을 이해하면서 괴로움을 풀어내는 것이라 할 수 있다.[40]

38) 심리치료라는 용어는 psychotherapy의 번역어이다. 서양의 심리치료는 치료사로서 의사나, 상담자, 임상가의 도움을 받아 환자나 내담자가 치료(curing)되는 것을 의미한다. 불교의 경우는 스승의 가르침을 받아 자신의 노력으로 스스로 자기치유(self-healing)하는 과정을 밟아 간다. 따라서 심리치료로서 불교라고 할 때, 심리치료의 효과를 불러일으키는 자기치유의 길로서의 불교라는 의미로 이해할 수 있을 것이다. 치료와 치유의 차이점에 대해서는 〈Jon Kabat-Zinn (2005). 마음챙김명상과 자기치유(*Full catastrophe living: Using the wisdom of your body and mind to face stress, pain, and illness*). (장현갑, 김교헌, 장주영 옮김). 서울: 학지사. (원저는 1990년에 출판)〉 참조.

39) 서울대학교 권석만 교수가 심리학의 입장에서 불교의 사성제와 삼학을 고찰한 논문 2편이 있다. 〈권석만(1997). 인지치료의 관점에서 본 불교. 심리학의 문제연구, 4, pp. 279-321; 권석만(1998). 불교수행법에 대한 심리학적 고찰: 삼학을 중심으로. 심리학의 문제연구, 5, pp. 99-142〉

40) 사성제의 틀에 의해 심리치료를 설명하거나 비교 연구한 예는 적지 않다. 〈Brazier, D. (2002). *The feeling Buddha: A Buddhist psychology of character, adversity and passion*. New York: Palgrave

괴로움이 무엇인가에 대한 이해는 바로 사성제의 전체 구도를 이해하는 바탕이 된다. 괴로움에는 실존적인 생로병사(生老病死)의 괴로움과 욕망, 증오, 무지[貪瞋痴]와 관련된 4가지 괴로움이 있다. 즉, 사랑하는 대상과 헤어지는 괴로움[愛別離苦], 미워하는 대상과 만나는 괴로움[怨憎會苦], 구하지만 얻지 못하는 괴로움[求不得苦], 육체와 마음[五蘊]에 대한 집착의 괴로움[五取蘊苦]이다. 이 여덟 가지 괴로움을 팔고(八苦)라고 한다.

이 가운데 생로병사의 괴로움에 대해서 불교는 별다른 치료법을 제시하지 않는다. 육체가 있는 존재들이라면 누구나 필연적으로 겪어야 하는 괴로움이기 때문이다. 단, 아라한이라는 성인의 경지에 이르면 죽음의 괴로움은 극복할 수 있다고 한다. 육체의 죽음이 더 이상 괴로움이 되지 않는 상태에 도달한 것이며, 새로운 괴로움의 생존이 반복되지 않는다.

문제가 되는 것은 바로 욕망, 분노, 무지와 관련된 4가지 괴로움인데, 이 괴로움이 바로 심리적 괴로움이라 할 수 있다. 따라서 불교가 치유/치료하려는 괴로움은 이 4가지 괴로움이라고 할 수 있을 것이며, 이 가운데 육체와 마음[五蘊]에 대한 집착이 바로 괴로움이라는 결론에 이르게 된다. 따라서 불교에서 말하는 괴로움에 대한 이해는 바로 육체와 마음 그리고 그에 대한 집착에 대한 이해로 좁혀진다.

불교의 접근법은 자신의 마음의 문제를 있는 그대로 관찰해서 그 본질을 이해하고, 원인을 규명해서 해결해 가는 자기치유의 일인칭적인 접근법이다. 물론 자신의 문제를 스스로 발견하기 어렵거나, 문제를 해결하는 방법을 붓다를 위시한 스승들에게서 지도받기 때문에 스승과의 관계도 중요하다. 그 점에서 열린 마음으로 공감적인 관계를 맺는 것도 중요한 자기치유의 조건이라고 할 수 있다. 좋은 벗으로서의 스승의 중요성은 이미 붓다가 아난존자와의 대화에서 밝힌 바가 있다. 좋은 스승, 지도자를 가까이 하여 배우는 것은 괴로움에서 벗어나는 길의 거의 전부라고 할 정도로 중요하다.

Macmillan; Fulton, P. R. & Siegal, R. D. (2012). 마음챙김과 심리치료(Buddhist and western psychology: Seeking common ground). In C. K. Germer, R. D. Siegel, & P. R. Fulton (Eds.), Mindfulness and psychotherapy (pp. 28-51). (김재성 역). 서울: 학지사. (원저는 2005년에 출판).

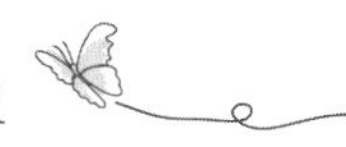

2) 육체에 대한 이해

우리는 이 '몸'을 '내 몸'이라고 생각한다. 그리고 그 몸의 안위를 걱정하며 먹고, 입고, 쉬고, 자면서 인생의 많은 시간을 사용한다. 육체에 대한 불교의 이해는 과거와 현재의 행위[業]의 결과인 육체 자체를 상처와 같이 보호해 주라는 것이다. 상처는 귀중해서가 아니라 방치하면 생명이 위험하기 때문에 치료하고 보호해 준다. 이와 마찬가지로 몸은 귀중해서가 아니라 돌보지 않고 방치해 두면 정신적인 향상을 이룰 수 없기 때문에 적절한 의식주와 약으로 보호해 준다. 육체를 위한 사치스런 생활이나 육체적 욕망에 탐닉하는 것은 쾌락주의라고 하며, 육체를 괴롭혀서 마음을 정화하려는 시도는 고행주의라고 하여 붓다의 첫 번째 설법인 초전법륜에서 비판하였다. 육체의 욕락에 빠지는 쾌락을 피하고, 육체를 괴롭히는 고행을 피하여, 가장 적절하게 육체를 보존하면서 8가지 바른 길을 제시한 것이 중도(中道)로서의 팔지성도(八支聖道), 즉 팔정도이다.

그러면 육체에 집착하지 않고 육체를 보호하는 방법이란 무엇인가? 인간의 육체(kāya)는 자양분(āhara)에 의해서 유지되므로[41] 자양분을 공급해 주어야 한다. 생명 있는 존재[衆生]가 존립하기 위해서는 4가지 자양분이 필요하다.[42] 즉, 음식의 자양분, 접촉(phassa)의 자양분, 의도(manosañcetanā)의 자양분, 의식(viññāṇa)의 자양분이다. 이러한 자양분을 공급해 줄 때 생명체가 존립할 수 있는 것이다. 다시 물질/육체(rūpa, 色)를 생겨나게 하는 조건에는 4가지가 있다. 기후(utu), 행위(kamma), 자양분(āhara), 마음(citta)이다. 이 네 가지 조건에 의해서 육체가 생겨나고 유지되는 것이다. 여기서 우리는 정신적인 향상의 기반이 되는 육체의 유지를 위해 기본적으로 물질적, 정신적 자양분이 필요하다는 사실을 알 수 있다. 육신의 건강을 유지하기 위해 기본적인 자양분인 음식이 필요하다. 과식하지 않고, 몸에 좋은 음식을 적당히 섭취하는 것은 건강한 육체를 유지하는 기본적 조건이다. 마음과 그 기능인 의식, 접촉, 의도라는 자양분이 필요하다는 것에 주목해야 할 것이다. 육체는 독립되어 고정된 물질이

41) kāyo āhāraṭṭhitiko āharaṃpaṭicca tiṭṭhati. 숫타니파타 Sn 78.
42) 맛지마 니까야(MN) I 261, 5

아니라, 마음의 상태와 의지작용에 의해 영향을 받는 열려 있는 유기체이다. 눈, 귀, 코, 혀, 몸, 마음[眼耳鼻舌身意]이 대상경계인 모양, 소리, 냄새, 맛, 감촉, 정신의 현상들[色聲香味觸法]을 만나서 여섯 가지 의식[眼識, 耳識, 鼻識, 舌識, 身識, 意識]이 생긴다. 이 사건을 촉(觸) 또는 접촉이라고 한다. 따라서 접촉이 육체의 자양분이 되기 때문에, 내적인 심리상태인 의식과 외부의 대상 세계가 만나는 일이 육체에 직접 영향을 주게 되는 것이다. 보고, 듣고, 마음에서 일어나는 생각들도 항상 육체에 영향을 준다는 관점에서 주의하여 살펴야 한다. 외부의 좋은 환경을 만들고 6가지 감각기관을 잘 제어하면서 좋은 접촉을 해야 육체에 공급되는 자양분의 질을 높일 수 있다.

의도는 행(行, saṅkhārā)이라고도 하며, 업(業, kamma)이라고도 한다. 우리의 의도적인 행위가 육체의 자양분이 되기 때문에 항상 마음의 의도를 살펴서 좋은 방향으로 향하도록 해야 한다. 좋지 않은 의도는 좋지 않은 언어와 육체적 행동을 유발시켜 결국은 자신과 남에게 해를 끼치고 괴로움을 초래하게 된다. 이와 같은 육체에 대한 이해는 불교의 열반이라는 목적 지향적 사상과 실천체계 속에서 중요한 의미가 있다.

3) 마음에 대한 이해

마음을 의미하는 용어는 심(心, citta), 의(意, manas), 식(識, viññāṇa)이 있으며, 초기 불전에서 이 용어들은 동의어로 사용된다. 마음은 대상을 향해서 그것을 아는 기능을 가지고 있다. 그리고 마음에 속해 있는 다른 심리적 기능들[心所]과 항상 결합되어 작용한다. 다섯 무더기[五蘊]에서 마음을 의미하는 식[識]은 느낌[受], 지각[想], 의지[行]와 함께 결합되어 있다. 달리 말하면 마음은 정서적 기능(느낌)과 인지적 기능(지각) 그리고 행위적 기능(의지)과 함께 작용하고 있는 것이다. 이러한 마음은 6감각기관[六根]의 하나이며, 마음의 현상들을 대상으로 한다. 마음[心]과 마음의 기능들[心所]은 조건에 의해 생겨난 현상이며, 끊임없이 생겨났다가 사라지고 다시 생겨나는 무상(無常)한 현상들이다. 하지만 우리는 이러한 마음이 '나'라거나 '나의 것'이라는 집착을 가지고 있다. 집착은 궁극적으로 어리석음에서 비롯되며, 인지적 번뇌인 어리석음은 욕망과 같은 정서적인 번뇌와 상호 조건화되어 있다.[43]

결국 마음과 마음의 기능에 대한 있는 그대로의 관찰을 통해, 마음과 마음의 기능들이 조건에 의해 생겨나고 사라지는 현상일 뿐이라는 자각을 직접적인 체험을 통해서 얻을 때, 몸과 마음에 대한 잘못된 견해와 집착에서 기인한 심리적 문제들에 대한 자기치유의 길이 열리게 된다.

4. 불교 심리치료의 길

불교의 심리치료는 기본적으로 자기치유이지만, 좋은 벗으로서의 스승의 역할이 중요하다. 2,500년 전, 붓다라는 스승이 제시해 준 자기 정화의 길은 계정혜(戒定慧)의 세 가지 실천[三學]이며 자세히는 여덟 가지 바른 길[八正道]이다.

1) 윤리적 규범(계)을 통한 자기치유

계란 탐욕과 성냄과 어리석음이라는 근본적인 심리문제에 의해 표출되는 육체적, 언어적인 문제를 단속하여 막아 주고, 적극적으로 자신과 다른 생명을 사랑하고 보호하는 자발적인 실천법이다. 붓다가 제시한 다섯 가지 규범[五戒]은 살생, 도둑질, 잘못된 음행, 거짓말, 음주를 스스로 삼가겠다는 다짐이며 의지적인 결단이다. 자신을 보호하고, 다른 생명에게 해를 끼치지 않는 기본적이며 자율적인 행위의 가이드라인이며, 폭력이나 폭언의 형태로 거칠게 일어나는 심리적 문제들을 치유해 준다. 윤리적 규범은 언어와 육체적 행위를 바르게 하는 것으로 제시된다.

(1) 언어의 정화를 통한 치유

바른 언어의 내용은 거짓말[妄語]을 삼감, 이간질하는 말[兩舌]을 삼감, 거친 말[惡

43) 괴로움의 근원에는 네 가지 고귀한 진리[四聖諦]에 대한 어리석음[無明]이 있으며, 어리석음은 다시 세 가지의 번뇌[三漏]와 상호 조건적으로 관계를 맺고 있다. "번뇌가 생기므로 무명이 생기고, 번뇌가 소멸하므로 무명이 소멸한다." "무명이 생기므로 번뇌가 생기고, 무명이 소멸하므로 번뇌가 소멸한다." (MN I 54-55) 세 가지의 번뇌[三漏]는 감각적 욕망의 번뇌[欲漏, kāmāsava], 존재의 번뇌[有漏, bhāvāsava], 어리석음의 번뇌[無明漏, avijjāsava]이다. 어리석음도 번뇌의 한 가지이며, 이전의 어리석음에 의해서 새로운 어리석음이 생겨난다. 〈냐나틸로카 엮음(2024). 붓다의 말씀(4판). (김재성 옮김). 서울: 고요한소리, P. 64. 역주 25.

口]을 삼감, 쓸모없는 말[綺語]을 삼가는 것이다.[44] 구체적으로 살펴보면 다음과 같다. 거짓말을 버리고 거짓말을 삼가고, 진실을 말하고 진실을 따르며, 신뢰할 만하고, 성실하며, 세상 사람들을 속이지 않는다. 만일 우리가 어떤 모임에 있을 때, 사람들과 함께 있을 때, 친척들과 함께 있을 때, 조합에 있을 때, 또는 국가의 법정에 있을 때, 증인으로 불려 가서 알고 있는 것을 말하라고 질문받으면, 모르면 모른다, 알면 안다고 대답한다. 본 것이 있으면 보았다고, 본 것이 없으면 보지 않았다고 대답한다. 이처럼 자신의 이익을 위해서, 다른 사람의 이익을 위해서 또는 그 어떤 이익을 위해서도 결코 거짓말하지 않는다.

이간질하는 말을 버리고, 이간질하는 말을 삼간다. 여기에서 들은 말을 저기에서 되풀어 말하지 않는다. 양방의 싸움의 원인이 되기 때문이다. 또한 저기에서 들은 말을 여기에서 되풀어 말하지 않는다. 양방의 싸움의 원인이 되기 때문이다. 이처럼 사이가 안 좋은 양방의 말을 듣고, 이들을 잘 화합시키고, 서로 잘 지내라고 관계를 개선시켜 준다. 서로 화합한 사람들은 화합을 주선한 사람을 기쁘게 하며, 그 사람은 화합을 즐기며, 반가워한다. 이렇게 서로 이간질하는 말을 피하고 양방을 화해시키는 말을 함으로써 화합을 도모한다.

거친 말을 버리고, 거친 말을 삼간다. 부드럽고 귀에 거슬리지 않으며, 마음에 와 닿는 포근한 말을 하며, 용기를 북돋아 주는 말을 하고, 우정 어린 말을 하고, 많은 사람들이 받아들일 수 있는 말을 한다.

쓸모없는 말을 버리고, 쓸모없는 말을 삼간다. 적절한 때에 사실에 근거해서 유용한 것을 말하며, 가르침[法]과 계율[律]에 대해서 말한다. 그 사람의 말은 보배와 같아, 적절한 때에 조리에 맞고 부드럽게, 그러면서도 의미 있는 말을 한다. 이것이 바른 언어라고 한다. 이처럼 바른 언어 행위를 통해서 남을 보호하고 자신을 보호하면서 거친 형태의 심리문제를 해결한다.

(2) 육체적 바른 행위를 통한 치유

바른 행위의 내용은 살생을 하지 않음[不殺生], 주지 않은 것을 취하지 않음[不偸盜],

44)『增支部』X 176. AN V 267.『붓다의 말씀』, pp. 111-113.

잘못된 성행위를 하지 않음[不邪淫]이다.[45] 구체적인 내용은 다음과 같다. 살아 있는 생명을 죽이는 일을 피하고 삼간다. 몽둥이를 버리고, 칼을 버리며, 부끄러움을 알고, 연민의 마음을 지니고, 모든 살아 있는 생명을 위해서 자비심을 지니고 살아간다.

주지 않은 것을 가지는 일을 피하고 삼간다. 마을이나 숲에 있는 것이거나 다른 사람의 재산이나 소유물이라면 어떤 것이라도 훔치려는 의도로 취하지 않는다.

잘못된 성행위를 피하고 삼간다. 아버지, 어머니, 부모, 형제, 자매, 친척의 보호 아래에 있는 사람, 결혼한 사람, 범죄자, 다른 사람의 약혼자와의 성적 접촉을 삼간다. 살생, 도둑질, 잘못된 성행위를 하지 않는 것을 바른 행위라고 한다. 이처럼 육체로 하는 바른 행위를 통해서 남을 보호하고 자신을 보호하면서 거친 형태 심리문제를 해결한다.

(3) 말과 행위에 의한 자기치유의 의미

언어와 행위를 절제하고 언어와 행위를 통해서 타인을 배려하는 윤리적인 삶이 개인의 안정과 평화 그리고 행복을 가져다주는 데 도움이 된다는 사실이 바로 계의 의미이다. EQ로 유명한 심리학자 다니엘 골먼(Daniel Goleman)은 우리가 좋은 감정적 상태를 유지할 수 있는 윤리적인 삶을 살아야 하는 이유를 바로 건강과 연결시켜 설명하고 있다.

> 우리의 건강을 유지시켜 주고 장수하는 데 도움이 되는 감정 상태와, 병을 더욱 더 악화시키는 감정 상태의 차이점에 입각해서, 육체 자체의 마음과 면역체계가 사실상의 윤리체계를 위한 초석을 제공한다는 점이다. 육체의 윤리체계, 이 육체의 법(法)(body dharma)은 붓다의 법(Buddha dharma)의 한 측면과 유사하다. 육체의 윤리체계에 의하면 고통을 주는 감정이 우리를 병들게 하는 경향이 있고, 온전한(wholesome) 마음의 상태가 건강을 증진시키는 경향이 있다. 나는 새로운 과학적인 증거들을 보면서, 이러한 과학적인 증거에서 볼 수 있는 병이나 건강으로 이끄는 마음의 상태들이 불교나 기독교와 같은 많은 고대의 정신체계에서 말하는, 온전하고 온전하지 못한 마음의 상태들과 얼마나 유사한가를 발견하

45) 『增支部』 X 176. AN V 266-267. 『붓다의 말씀』, p. 115.

고는 놀라움을 금할 수 없었다(Goleman, 1997).

2) 마음집중[定]을 통한 자기치유

붓다가 제시한 다양한 마음집중수행법은 각각 특정한 심리적 문제를 해결하기 위한 체계적인 마음훈련법이다. 달리 말하면 특정 번뇌를 다스리기 위한 방법[對治法]으로 선정수행법이 제시되었다. 대표적인 선정 수행법으로 남방상좌불교 전통에서는 40가지 수행주제(kammatthana)를, 설일체유부와 유식학파에서는 오정심관을 제시하고 있다. 먼저, 40가지 수행주제와 오정심관이 어떤 번뇌를 다스리는지 간단하게 살펴보고, 근본적인 심리 문제인 탐욕과 성냄과 어리석음이라는 삼독(三毒)을 해결하기 위해 제시된 마음집중 수행법을 정리해 본다. 먼저 남방상좌불교의『청정도론』에서는 여섯 부류의 인간의 성향과 그 성향에 맞는 수행의 주제를 다음과 같이 제시하고 있다.

① 욕망이 많은 성향의 사람(rāga-cariyā; 貪行): 10가지 부정관[十不淨]과 몸에 대한 마음챙김[身至念]
② 화내기 쉬운 성향의 사람(dosa-cariyā; 瞋行): 자애, 연민, 더불어 기뻐함, 평온[四梵住]과 청색 카시나[青遍], 황색 카시나[黃遍], 적색 카시나[赤遍], 백색 카시나[白遍]
③ 우둔한 성향의 사람(moha-cariyā; 痴行): 호흡에 대한 마음챙김[入出息念]
④ 신앙이 깊은 성향의 사람(saddhā-cariyā; 信行): 붓다, 담마, 상가, 계, 보시, 천상에 대한 마음챙김[六隨念: 佛·法·僧·戒·捨·天]
⑤ 지혜가 날카로운 성향의 사람(buddhi-cariyā; 覺行): 죽음에 대한 마음챙김[死隨念], 열반에 대한 마음챙김[寂止隨念], 지수화풍의 네 가지 요소에 대한 관찰[界差別], 음식에 대해 싫어하는 명상[食厭想]
⑥ 사변적인 성향의 사람(vitakka-cariyā; 尋行) : 호흡에 대한 마음챙김[入出息念] (대림스님 역, 2004)

북방불교의 오정심관[46]은 각각 다섯 가지 번뇌, 즉 탐욕, 분노, 어리석음, 아만, 분별을 다스려 가라앉히는 수행법이다.[47] 유가사지론「성문지」에 인용된 레와타

(Revata)에 대한 가르침에 제시된 번뇌와 수행법은 다음과 같다. 요가행을 닦는 수행자인 비구가 다름 아닌 탐욕의 성향이 있는 자(rāgacarita)라고 한다면, 그는 부정(不淨)한 대상에 마음을 고정시킨다. 이와 같이 적절한 대상에 마음을 고정시킨다. 하지만 분노의 성향이 있는 자(dvesacarito)라면, 자애(慈愛)에, 어리석음의 성향이 있는 자(mohacarito)라면, 이것을 조건으로 하는 연기(緣起)에, 아만의 성향이 있는 자(mānacarito)라면 요소의 구별에, 레와타여, 만일 그 요가행을 닦는 수행자인 비구가 다름 아닌 분별의 성향이 있는 자(vitarkacarita)라고 한다면, 호흡에 대한 마음챙김[入出息念]에 마음을 고정시킨다. 이와 같이 적절한 대상에 마음을 고정(또는 안정)시킨다.[48]

이처럼 선정 수행의 방법은 각기 다스려야 할 심리적인 문제인 번뇌가 있다.

(1) 욕망의 문제

감각적 욕망 자체가 문제가 되는가에 대한 논의가 더 필요하지만, 여기서는 감각적 쾌락에 빠지는 것 자체가 문제라고 보는 시각이 불교의 기본 입장이라는 점을 이해해 둘 필요가 있다. 우리는 감각적인 접촉을 통해서 심신의 안정을 얻을 수도 있고, 심신의 문제를 일으킬 수도 있다. 출가 생활이 아닌 일상적인 삶을 살아가면서 모든 감각적 욕망을 부정하고 없앨 수는 없다. 다만 감각적 욕망을 통해서 얻을 수 있는 즐거움과 행복의 한계와 문제점을 잘 이해하고 감각적 욕망의 덫에 걸리지 않아야 한다는 것이 붓다의 가르침이라고 볼 수 있다. 정서적 욕구와 육체를 지닌 인간으로서 애정의 결핍 때문에 일어나는 심리적 문제도 있다. 불교는 사실 이러한 심리문제에 대한 해결방안을 제시하는 점에서 현대의 심리치료에 비하면 취약한 점이 있다고 생각한다. 불교의 가르침에서 욕망과 관련된 정서적인 문제를 다룰 때는 기본적으로 욕망의 부정적인 측면을 강조했으나 세속적 삶에서 욕망 자체가 가지고 있는 긍정적인 측면을 드러내는 데에는 그다지 중점을 두지 않았다. 욕망의 정당한 해소를 위해 제

46) 오정심관에 대해서는 〈김재성(2006). 초기불교에서 오정심관(五停心觀)의 위치. 불교학연구, 14, pp. 183-224.〉 참조.

47) 설일체유부 전승의 『중아함경』에 의하면 不淨(惡露)을 닦아서 욕망을 끊고, 慈를 닦아서 분노를 끊으며, 出入息을 닦아서 산란한 마음을 끊고, 無常想을 닦아서 아만을 끊는다고 한다. 대정장1, 492b23-27.

48) 대정장30, 428a11-16; 범어 성문지 p. 198. 12-19.

시된 윤리적인 규범과 욕망의 문제를 해결하기 위한 가르침은 많으나, 인간의 욕망이 지니는 치료적 효과에 대한 심리치료적 접근법에 어떤 장점이 있는지에 관심을 두어야 할 것이다. 특히 유아나 어린이, 청소년기의 발달과정에서의 긍정적 애착 관계, 애정에 바탕을 둔 관계가 성장과 생육에 미치는 영향에 대해서 불교심리학은 현대의 발달심리학의 도움을 받을 수 있는 점이 많으리라 생각한다.

감각적 욕망이라는 심리문제가 많은 사람들에게는 육체가 깨끗하지 않다는 부정관이 제시되었다. 자신의 몸을 해부해 놓듯이 생각하거나, 죽어서 버려진 시체가 썩어서 백골이 되어 가는 과정을 생각하면서, 육체의 어느 부분에도 집착할 만한 것이 없다는 생각을 하면서 감각적 욕망을 다스린다.

긍정심리학에서도 현재 행복을 경험하는 세 가지 요소 가운데 하나가 감각적인 쾌락이라고 한다. 행복을 증진시키는 최대 가능성은 현재에서 발견될 수 있는데 우리 모두는 가장 일상적인 접근, 즉 쾌락 추구에 매우 친숙해져 있다. 행복을 언급할 때 이것이 우리 대부분의 마음속에 떠오르는 유일한 것일 것이다. 쾌락을 경험하는 능력은 강력한 유전적 요소를 갖고 있는 것으로 밝혀졌다. 그러나 쾌락과 불쾌감은 매우 일시적이며 변덕스럽다. 그러므로 쾌락 추구는 매우 가치가 있기는 하지만 개인의 모든 자원을 쏟아부어야 할 바구니는 아니라고 한다(Styron, 2005).

그리고 감각적 쾌락이 주는 행복의 한계를 극복하기 위해서는 몰입(flow)의 상태에 들어갈 수 있는 일에 참여하는 것과 타인의 행복을 위해 의미 있는 일을 하는 것이 도움이 된다고 한다(Styron, 2005). 남을 위해 윤리적인 삶을 살아가는 것이 결국은 자신의 행복을 위한 일이 된다고 하는 것이 불교의 윤리와 긍정심리학에서 공통적으로 말하고 있는 점이다.

불교의 세계관에 의하면 인간은 감각적 욕망의 세계[欲界]에 사는 존재이다. 따라서 감각적 욕망을 다스리느냐 그 욕망에 의해 다스려지느냐가 인간 성숙과 향상의 근본적인 문제가 된다. 인간은 감각적 욕망을 통해서 육체적 삶의 기본적인 욕구를 충족시킨다. 많은 심리적 문제는 바로 이러한 감각적 욕구불만에서 비롯되기도 하기에, 잘못되지 않은 욕구충족은 기본적으로 문제시하지 않는다. 일반 재가자들의 경우, 남에게 피해를 주지 않고 자신의 삶의 향상에도 방해가 되지 않는 감각적 욕망의 추구까지 막아 놓지는 않았다고 생각한다. 하지만 감각적 욕망에 의해 경험되는 쾌락과 즐거움, 행복은 바로 감각에 의존되어 있다는 한계 때문에 불안정하다는 것이

불교의 감각적 즐거움에 대한 이해이다. 불안정한 것에서 안정을 찾는 것은 괴로움을 즐거움이라고 착각하고 살아가는 것이나 다름없다는 것이다.

> 비구들이여, 물질[色], 느낌[受], 지각[想], 형성[行], 의식[識]을 즐기고 있는 사람은 괴로움을 즐기고 있는 사람이다. 괴로움을 즐기고 있는 사람은 괴로움에서 벗어날 수 없는 사람이라고 나는 말한다.[49)]

이처럼 자신의 육체와 마음을 감각적으로나 정신적으로 즐기는 것은 당장은 행복한 것 같지만 결국 괴로움을 즐기는 것임을 이해해 간다면, 우리가 문제에 빠졌는지에 대한 통찰이 깊어질 것이다. 하지만 불교는 금욕주의나 고행주의가 아니다. 욕망을 억제하거나 육체를 부정해서 고통을 줌으로써 정신의 정화를 이루려는 것이 아니라, 욕망이 지닌 부정적인 요소를 잘 보고 함정에 빠지지 말라고 하는 경고의 메시지로 받아들여야 한다. 고통은 감각적 욕망의 대상을 매개로 하여 일어나는 경우가 많으므로 자신과 타인의 육체에 대한 잘못된 욕망이 일어나지 않는지 주의 깊게 살펴야 한다.

(2) 분노의 문제

분노는 심리적으로 심각한 문제를 초래하며, 육체에 미치는 나쁜 영향도 무시할 수 없다. 싫어하는 대상(사람이거나 어떤 일)과 마주칠 때, 불쾌한 느낌과 함께 다양한 분노의 감정이 일어난다. 슬픔도 분노이며, 짜증, 싫증, 비탄, 우울도 싫어하는 대상이나 상황 때문에 일어나는 분노의 모습들이다.

분노가 건강에 해롭다는 임상적인 연구는 많다. 듀크(Duke) 대학교의 윌리엄스(Williams) 박사는 단명으로 이끄는 듯이 간주되는 분노의 독특한 성질에 대해서 주의 깊게 연구했다. 그 결과 그는 분노의 특이한 성질에는 3가지가 있다는 사실을 발견했다. 첫 번째는 냉소주의적인 태도이다. 만일 우리들이 타인에 대해서 의심이 많고 부정적인 견해를 가지고 있다면, 그들이 우리를 해치려 할지도 모른다고 상상하면서 자

49) SN III 31. 『붓다의 말씀』, p. 51.

신을 방어하려고 할 것이다. 이러한 끊임없는 적대적인 태도 때문에 분노의 감정이 생겨나고, 이 감정은 행동으로 나타나게 된다. 즉, 분노가 폭발하면서 사람들에게 소리를 지르고, 참을성 없이 불평을 늘어놓는다. 심각한 심장발작이 일어나기 2시간 전에 가장 흔히 나타나는 감정의 하나는 바로 분노라는 사실을 하버드 대학교의 연구자들이 발견했다. 일단 심장병이 악화되면 분노는 치명적이다. 첫째, 심장발작이 일어나 고통을 받고 있는 사람 가운데, 쉽게 화를 내는 사람은 20년 내에 심장발작으로 인해서 죽음에 이를 확률이 다른 환자에 비해서 2~3배 더 높다는 사실이 스탠포드 대학과 예일 대학의 연구에 의해 밝혀졌다(Goleman, 1997).

분노를 다스리는 방법으로 제시된 대표적인 수행법은 자애명상[慈觀, mettā bhāvanā][50]이다. 모든 생명 있는 존재들이 잘되고 행복하고 평화롭기를 기원하는 것이 자애명상이다. 자애명상을 마음으로 일으키는 데 도움이 되는 자애명상의 문구가 있다. 모든 존재의 행복을 마음으로 간절하게 생각하면서 '모든 존재들이 안락하고, 행복하고, 평화롭기를, 고통에서 벗어나기를 기원합니다.'라고 마음으로 자애를 느끼면서 마음속으로 반복한다.

자애명상은 자비희사(慈悲喜捨)의 사무량심(四無量心) 수행의 일부이다. 모든 존재들의 행복을 바라는 자(慈, mettā), 괴로움에서 벗어나기를 바라는 연민의 마음인 비(悲, karunā), 고마워하고 더불어 기뻐하는 마음인 희(喜, muditā), 평정한 마음인 사(捨, upekkhā)가 사무량심이다. 이 가운데 자애명상이 분노를 다스리는 마음집중 수행법으로 제시되고 있다.

자애명상은 최근의 미국 심리학계에서 대두되고 있는 긍정심리학(Positive psychology)에서 말하는 긍정적 정서와 긍정적 특질[51]을 길러 내는 방법이라고 생각할 수 있다.

50) 실제적인 자애명상법에 대해서는 〈샤론 살스버그(2017). 행복을 위한 혁명적 기술-자애(*Lovingkindness*). (김재성 옮김). 서울: 조계종출판사 참조〉. 상좌불교 수행론의 지침서로서도 유명한 『清淨道論』에서는 자애명상이 두 가지로 제시되어 있다. 한 가지는 보편적인 수행법(一切處業處; sabbatthaka-kammaṭṭhāna, Vism 97)이고, 한 가지는 四無量心의 한 가지로 제시될 때이다(Vism 295-325). 보편적인 수행법이란 어떤 수행을 하더라도 미리 예비적으로 동반되는 수행이라고 할 수 있으며, 『청정도론』에서는 자애와 함께 죽음에 대한 마음챙김(死念, maraṇasati)이 제시되어 있다. 한편 사무량심에서는 체계적이고 포괄적인 자애명상법이 제시되어 있다.

자애명상을 하면 11가지 유익함이 있다. ① 편히 잠든다. ② 편히 잠에서 깨어난다. ③ 악몽에 시달리지 않는다. ④ 사람들이 사랑하게 된다. ⑤ 사람 아닌 천신들과 동물들이 사랑하게 된다. ⑥ 천신들이 보호한다. ⑦ 독극물, 무기, 물, 불 등의 외적인 위험에 의해 해를 받지 않는다. ⑧ 얼굴에서 빛이 난다. ⑨ 마음이 평온해진다. ⑩ 죽을 때 혼란되지 않는다. ⑪ 죽은 후 범천(梵天)이라는 행복한 천상 세계에 태어난다.[52]

불교에서 분노라는 심리적 문제를 다루는 방법은 인내와 자애심을 기르는 것이다. 분노는 자신과 남을 동시에 파괴시킨다. 따라서 자신을 보호하고 남을 보호하기 위해서, 더 나아가 자신의 행복을 일구어 내기 위하여 자애라는 덕목이 중요하다. 자신을 보호하고 남을 보호하기 위한 가르침으로『상응부』의「염처상응(念處相應)」에 다음과 같이 제시되어 있다.

> 자기를 보호할 때, 남을 보호하는 것이며, 남을 보호할 때, 자기를 보호하는 것이다.
>
> 그러면 어떻게 자신을 보호하면서 남을 보호하는 것인가? 많은 수행을 함을 통해서이다. 그러면 어떻게 남을 보호하면서 자신을 보호하는 것인가? 인내와 해치려는 마음이 없음[不傷害]과 '모든 존재의 행복을 바라는 자애'와 함께 기뻐함[喜]을 통해서이다.[53]

분노를 다스리기 위해서 인내와 자애심을 기른다면 그것은 곧 남을 보호하는 것이며, 남을 보호하는 것이 바로 자기를 보호하는 것이라는 가르침에서 우리는 나와 남의 상호관계의 중요성을 볼 수 있다.

---

51) 긍정심리학을 떠받치고 있는 세 기둥으로 긍정적인 정서에 대한 연구와 긍정적인 특질에 대한 연구, 긍정적인 제도에 대한 연구가 있다고 한다(〈마틴 셀리그만(2004). 완전한 행복. (곽명단 옮김). 경기: 물푸레, 2004, p. 14.〉). 이 가운데 자애명상은 긍정적인 정서와 긍정적인 특질을 길러 내는 불교의 마음수행법이라고 할 수 있다.

52) 앙굿따라니까야 AN V 342; 빠띠삼비다막가 Patis II 130.

53) 상윳따니까야 SN V 169.

3) 지혜를 통한 자기치유

불교심리학의 마지막 자기치유법은 지혜에 의한 어리석음의 소멸이다. 어리석음 때문에 우리는 탐욕과 분노라는 심리적 문제에 빠지며, 언어와 육체적 행위로 잘못을 저질러 심리적 · 육체적 괴로움을 겪게 된다. 팔정도에서 지혜에 해당하는 항목은 바른 견해[正見]와 바른 사유[正思惟]이다. 바른 견해는 네가지 고귀한 진리[四聖諦]에 대한 이해이다.

> 비구들이여, 바른 이해란 무엇인가? 비구들이여, '괴로움'에 대해서 아는 것, '괴로움의 발생'에 대해서 아는 것, '괴로움의 소멸'에 대해서 아는 것, '괴로움의 소멸에 이르는 길'에 대해서 아는 것, 이것을 바른 이해라고 한다.[54)]

개념적이며, 이론적인 이해[聞慧]를 깊은 사유를 통한 이해[思慧]를 거쳐, 수행을 통한 체험적인 이해[修慧]를 모두 포괄하는 것이 바른 이해라고 할 수 있다. 그러면 구체적으로 어떤 체험을 하는 것인가? 그것은 다름 아닌 열반의 체험이다. 괴로움이 끊어진 열반을 체험할 때, 열반이 아닌 모든 현상은 괴로움이라는 이해가 생긴다. 즉, 우리의 경험, 조건에 의해 형성된 세계에서의 모든 경험은 생멸하는 현상이므로 괴로움이라는 이해가 생기는 것은 바로 열반을 경험한 후에 생기는 것이다. 따라서 불교심리학의 궁극적인 목적은 열반의 체험에 의한 내적인 심리적 문제의 해결에 있다. 이것은 내적인 심리적 문제의 근원에 있는 어리석음[無明]이 사라진 상태를 말한다.

> 비구들이여, 어떤 비구가 물질[色]은 영원하지 않다[無常], 괴로움[苦]이다, 영원한 실체가 없다[無我]라고 본다면, 느낌[受]은……, 지각[想]은……, 형성[行]은……. 의식[識]은 영원하지 않다[無常], 괴로움[苦]이다, 영원한 실체가 없다[無我]라고 본다면, 그에게는 바른 이해가 있는 것이며, 이처럼 바르게 보아 싫어해서 멀리하게 된다. 따라서 (다섯 가지 무더기에 대해) 즐기는 마음을 소멸했기 때문에 탐욕이 없어지고, 탐욕이 소멸했기 때

54)『長部』22「大念處經」DN II 311.『붓다의 말씀』, p. 77.

> 문에 즐기는 마음이 없다. 즐기는 마음과 탐욕의 소멸에 의해서 마음은 자유로워지고 잘 해탈한다.[55]

구체적인 수행법으로 제시되는 것은 우리의 몸과 마음[五蘊]의 무상, 고, 무아를 있는 그대로 보고 아는 것이다. 이 수행은 바로『대념처경』에서 설명된 네 가지 마음챙김[四念處]을 바탕으로 하는 위빠사나 수행이다. 마음챙김이란 현재의 육체와 정신에서 경험되는 현상(현재의 경험)을 집착도 거부도 하지 않고(수용) 있는 그대로 파악하고 있는(자각 또는 알아차림) 마음의 기능을 말한다.[56] 이 마음의 기능에 의해 몸과 마음에서 일어나는 모든 현상들을 있는 그대로 이해하게 되는데, 그 내용이 무상(無常), 고(苦), 무아(無我)이다.

마음챙김은 일종의 성문을 지키는 문지기의 역할을 한다. 이 문지기가 가려내는 적은 탐진치(貪瞋癡)가 근본이며, 이 적들에 대한 각각의 대치법의 근본에는 마음챙김[念; sati]이 항상 자리 잡고 있어야 한다.

마음챙김은 몸과 마음에서 발생하는 모든 현상에 대하여 놓치지 않고 밀착해서 보는 것이며, 있는 그대로 보는 것이다. 따라서 결과적으로 그 현상들의 정체를 있는 그대로 파악하고, 이해하는 것을 목적으로 한다. 이때 얻어지는 것이 무상하고 괴롭고 실체적인 자아는 없다는 지혜이다. 지혜에 의해 근본적인 탐욕과 성냄과 어리석음이라는 번뇌를 다스린다.

위빠사나 수행을 위한 마음챙김의 대상으로『대념처경』(디가니까야 22경) 등의 경전에는 몸, 느낌, 마음, 법[身受心法]의 네 가지가 설해져 있다. 네 가지 대상은 간단하게 육체적인 현상[色; rūpa]과 정신적인 현상[名; nāma]으로 분류된다.

55)『相應部』XXII 51『喜盡』SN III 51.『붓다의 말씀』, pp. 80-81.

56) 심리치료와 마음챙김의 연관성에 대해서는 〈Germer(2005) Mindfulness: What is it? What does if matter?〉 참조.

5. 맺는말-불교심리학과 심리치료의 상보적 관계설정을 위한 제언

불교심리학은 서양의 심리학과는 접근방식과 지향하는 점에 차이가 있다. 불교는 자기 성찰이라는 1인칭적인 접근법을 통해서, 계정혜 삼학을 닦는 자기치유의 길을 제시한다. 그리고 궁극적으로 열반이라고 하는 일상의 가치를 넘어선 목적을 지향하고 있다. 한편 현대의 심리학/심리치료에서는 일반적인 인간의 마음/의식에 대한 객관적인 연구 성과를 바탕으로 하여, 현실생활을 하는 인간이 가지고 있는 정서적, 인지적, 행동적인 문제를 이해하고 해결하려는 다양한 방법을 발전시켜 왔다.

인간의 심리/정신의 문제는 다양한 원인에 의해서 발생한다. 불교에서 보는 원인은 탐진치의 세 가지 근본번뇌이며, 이 가운데 어리석음이 가장 근본이 된다. 계정혜 삼학을 통한 불교의 문제해결 방식은 근본적으로 자기치유의 길이라고 할 수 있다. 여기에서 심리치료로서의 불교의 한계를 확인할 수 있다. 즉 자기치유 능력이 없거나 약한 사람, 또는 관심이 없는 사람들에게는 불교가 제시할 수 있는 방법에 한계가 있다. 교화의 인연이 없는 무연중생(無緣衆生)과 자기치유의 길을 가기 어려울 정도로 성숙이 덜 되었거나 심각한 문제를 안고 있는 사람들의 문제를 어떻게 해결할 것인가가 불교의 과제라고도 할 수 있을 것이다. 그리고 개인적인 자기치유의 방법이 관계에서 파생되는 문제를 얼마나 효과적으로 다룰 수 있는가에도 한계가 있다고 생각한다. 실천의 주체인 한 개인이 자신의 성장과 성숙의 길을 통해 자기치유를 해 나가더라도, 그 과정에서 자신의 통제 밖에 있는 외부의 부정적인 자극이 주어질 때가 있다. 이렇게 관계에서 발생하는 문제에 대해 적극적인 해결책을 제시하는 데 불교는 어느 정도 한계가 있다고 생각한다. 이러한 한계에 대한 보완을 현대의 심리학/심리치료에서 찾을 수 있는 점이 있다고 여겨진다. 인간의 발달과정에서 생기는 문제에 대한 심리학의 연구 성과와 인간관계의 문제에 초점을 두고 있는 심리치료법이 불교적 접근법을 보완하는 데 도움이 될 것이다.

현대 심리학/심리치료에서는 학파에 따라 억압된 무의식, 애정 결핍, 잘못된 인지, 집착 등의 다양한 원인에 의해 정서적, 인지적, 행동적인 문제가 발생한다고 보면서 각 학파에 따라 다양한 처방을 내놓고 있다. 그리고 행동주의의 일부 방법을 제외한다면 대부분의 치료는 상담자/의사와 내담자/환자와의 사이에 언어적인 대화를 통해

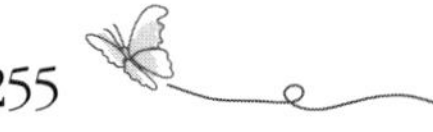

서 진행된다. 이때 가장 중요한 치료 요인은 상담자의 치료기법보다는 상담자의 개인적인 자질과 상담관계라고 한다. 상담하는 사람의 태도와 관계 방식이 치료의 공통적 요인이 된다고 한다면, 상담하는 사람의 자질이 문제가 될 것이다. 상담자도 개인적인 삶의 문제가 있고, 그 문제가 역(逆)전이의 방식 등을 통해서 드러난다면, 상담이나 심리치료 자체에 문제가 내포되어 있는 것이다. 그리고 상담이나 심리치료에서는 상담자의 의식 상태 이상의 치료는 어렵다고 한다. 상담자가 개인적인 의식상태의 한계를 항상 자각하고, 내담자를 향한 동체대비의 공감[57]의 계발과 자신의 몸과 마음에서 일어나는 현상에 대한 놓침 없는 마음챙김은 도움이 되리라고 생각한다. 실제로 서양의 많은 심리상담가, 정신과 의사는 마음챙김과 같은 불교의 수행을 통해 많은 도움을 받았다고 보고하고 있다(Germer, 2005).

미국의 심리학자이자 위빠사나 수행지도자인 잭 콘필드(Jack Kornfield)는 10여 년의 불교수행 경험이 있지만 여전히 관계의 문제가 남아 있는 자신을 보고 심리치료의 필요성을 자각하였고, 정신과 병원을 방문해서는 마음챙김 수행이 먼저 필요한 사람들은 환자보다는 의사나 간호사와 같이 환자들을 돌보는 사람들이라는 생각이 들었다고 한다(Kornfield, 1993). 우리는 잭 콘필드의 말에서 불교심리학과 현대심리학/심리치료의 상보적인 관계의 단서를 발견할 수 있다. 불교심리학의 한계인 관계문제와 자기치유 능력에 문제가 있는 사람들에 대한 상담 및 치료는 현대심리치료의 방법을 도입할 필요가 있고, 심리치료를 담당하는 상담가나 의사들은 불교의 가르침을 통해 자애와 지혜에 깊은 관심을 가질 필요가 있지 않나 생각해 본다.

57) 2006년 2월 25~26일에 있었던 불교와 상담을 주제로 한 불교상담개발원 워크숍에서 온마음 상담을 하고 있는 가톨릭 대학교의 윤호균 교수가 공감(共感; empathy)을 불교적인 의미로는 동체대비(同體大悲)로 볼 수 있다고 하여 인용한다.

참고문헌

거해스님 편역(2003). **법구경 1**, 서울: 샘이 깊은 물.

김재성(2006). 초기불교에서 오정심관(五停心觀)의 위치. **불교학연구**, 14, pp. 183-224.

김재성(2013). 선치료란 무엇인가: 불교학자의 입장에서. **한국불교상담학회지** 5(1).

김재성(2021). 코로나19 시대의 건강과 위빠사나 수행. **한국선학 59호**. p. 31.

권석만(1997). 인지치료의 관점에서 본 불교. **심리학의 문제연구**, 4, 279-321.

권석만(1998). 불교수행법에 대한 심리학적 고찰: 삼학을 중심으로. **심리학의 문제연구**, 5, 99-142.

냐나틸로카 스님 엮음(2024). **붓다의 말씀(4판)**. (김재성 옮김). 서울: 고요한소리.

대림스님 역(2004). **청정도론**. 초기불전연구원.

대림스님 역(2006). **앙굿따라 니까야(1권)**, 초기불전연구원.

Baer, R. A. (Ed.) (2006). *Mindfulness-based treatment approaches*. Academic Press.

Bodhi, B. (2005). *In the Buddha's words: An anthology of discourses from the Pāli* canon. Boston: Wisdom Publication.

Brazier, D. (2007). **선치료** *(Zen Therapy: Transcending the sorrow of the Human Mind)*. (김용환, 박종래, 한기연 공역). 서울: 학지사. (원저는 1995년에 출판).

Brazier, D. (2016). **감성붓다, 길: 목적이 있는 고귀한 삶** *(The Feeling Buddha: A Buddhist Psychology of Character)*. (허만항, 박철수 공역). 서울: 하늘북. 원저는 1997년에 출판).

Corsini, R. J., & Wedding, D. (2005). *Current psychotherapies* (7th ed.). Belmont, CA: Thomson/Brooks/Cole.

Corsini, R. J., & Wedding, D. (2011). **현대의 심리치료(6판)** *(Current psychotherapies* (6th ed.). (김정희 역). 서울: 학지사. (원저는 2004년에 출판).

Dala: Lama (2005). *The Universe in a Single Atom* New York: Morgan Road Book 5.

De Silva, P. (2005). *An introduction to Buddhist psychology* (4th ed.). New York: Palgrave Macmillan.

Evan Thompson Ed. (2001). *Between Ourselves: Second-person issues in the study of consciousness*. Thorverton: Imprint Academic.

Fulton, P. R., & Siegal, R. D. (2005). Buddhist and western psychology: Seeking common ground. In C. K. Germer, R. D. Siegel, & P. R. Fulton (Eds.), *Mindfulness and Psychotherapy* (pp. 28-53).

Germer, C. K. D., Siegal, R. D., & Fulton, P. R. (Eds.) (2005). *Mindfulness and psychotherapy*. New York: Guilford.

Goleman, D. (1997). Afflictive and nourishing emotions: Impacts on health. *In Healing emotions: Conversations with the Dalai Lama on mindfulness, emotions and health*. Shambhala: Boston & London, pp. 33-34.

Kornfield, J. (1993). *A Path with Heart*. New York: Bantam books, pp. 3-10.

Mark Epstein (2016). 붓다의 심리학 (*Thoughts without thinker*) (전현수 역). 서울: 학지사. (원저는 1995년에 출판).

Myers, D. G. (2004). *Psychology* (7th ed.). Worth Pub.

Punaji, M. (1978). Buddhism and a Psychotherapy. *Buddist Quarterly 10*, 2-3, pp. 44-52.

Seligman(1995). The effectiveness of psychotherapy: The consumer reports study. *American Psychologist, 50*(12), pp. 965-974.

Styron, C. W. (2005). Positive psychology: Awakening to the fullness of life. *In Mindfulness and Psychotherapy*.

Susan Blackmore (2018). *Consciousness: An introduction*. Oxford: Oxford Univ.

Watson, G. (1998). *The resonance of emptiness: A Buddhist inspiration for a contemporary psychotherapy*. London: RoutledgeCurson.

https://www.dhammawiki.com/index.php/Buddhism_as_a_Psychotherapy,_article_by_Madawela_Punnaji

https://www.youtube.com/watch?v=C9xgoQG_0oM 2018. 3. 26. 참조.

http://cafe.daum.net/itzi/VSrV/4 선치료 입문 배포 자료.

http://cafe.daum.net/itzi/il90/12

찾아보기

인명

내용

저자 소개

황임란(Hwang, Im Ran)

한국교원대학교 대학원 교육학과(교육심리 및 상담전공) 졸업, 교육학박사

전 순천향대학교 창의라이프대학원 상담 및 임상심리학과 대우교수

순천향대학교 창의라이프심리상담센터 센터장

캐나다 브리티시컬럼비아대학교(UBC) 대학원 상담심리학과 초빙교수

현 인간과 역사 너머-함께 하는 교육 공간 공동대표

한국상담학회 윤리위원회 윤리위원장

한국상담학회 초월영성상담학회 회장

〈자격증〉

한국상담학회 수련감독 전문상담사(초월영성상담, 심리치료상담)

캐나다 태평양 Satir가족치료학회 가족치료마스터

한국형 에니어그램전문가 슈퍼바이저

〈주요 저 · 역서〉

슈퍼바이저를 위한 슈퍼비전의 이론과 실제(공저, 학지사, 2024)

윤리사례 워크북(공저, 한국상담학회, 2023)

자아초월심리학 핸드북(공역, 학지사, 2020) 외 다수

박상규(Park, Sanggyu)

계명대학교 대학원 임상 및 상담전공 졸업(박사)

전 가톨릭꽃동네대학교 상담심리학과 교수

한국중독상담학회 회장

국무조정실 마약류 대책 민간위원

현 박상규심리상담연구소 소장

가톨릭꽃동네대학교 명예교수

한국상담학회 초월영성상담학회 종교위원장

〈자격증〉
정신건강임상심리사 1급
수련감독 전문상담사(중독상담)
범죄심리전문가

〈주요 저서〉
알코올 중독자의 회복과 성장(공저, 학지사, 2023)
마음챙김과 행복(학지사, 2022)
임상심리학(공저, 학지사, 2022) 외 다수

이정기(Lee, Jung Kee)
Chicago Theological Seminary, Theology and Psychology, Ph.D.
전 서울신학대학교 상담대학원 교수
한국영성과심리치료학회(창립) 회장
한국실존치료연구소(창립) 대표
현 American Association of Christian Counselors Charter member
한국교류분석상담학회 고문
한국상담학회 초월영성상담학회 종교위원장

〈자격증〉
한국기독교상담심리치료학회 상담감독
한국영성과심리치료학회 감독
한국청소년상담학회 수련감독

〈주요 저 · 역서〉
존재의 바다에 던진 그물(도서출판실존, 2012)
메타실존치료(공역, 학지사, 2020)
정신통합: 영혼의 심리학(공역, 씨아이알, 2016) 외 다수

김재성(Kim, Jae Sung)

서울대학교 철학과 및 동 대학원 석사

일본 동경대학교 대학원 남아시아문화연구과 인도불교 석사 및 박사과정 수료

전 서울불교대학원대학교 불교학과 전임강사

서울대학교 철학과 시간강사

천안 호두마을 위빠사나 센터 지도법사

현 능인대학원대학교 명상심리학과 부교수

자애통찰명상원(명상의 집 자애) 대표

한국상담학회 초월영성상담학회 종교위원장

〈자격증〉

국제선치료상담전문가

한국불교명상상담전문가 1급

〈주요 저 · 역서〉

붓다와 함께하는 초기불교산책 1, 2(한언, 2010)

자비과학 핸드북: 자비의 정의와 과학적 접근(공역, 학지사, 2023)

마음챙김과 심리치료(역, 학지사, 2012) 외 다수

자아초월영성상담의 실제
The Practice of Transpersonal Spiritual Counseling

2024년 12월 20일 1판 1쇄 인쇄
2024년 12월 30일 1판 1쇄 발행

지은이 • 황임란 · 박상규 · 이정기 · 김재성

펴낸이 • 김진환
펴낸곳 • ㈜학지사
04031 서울특별시 마포구 양화로 15길 20 마인드월드빌딩
대표전화 • 02-330-5114 팩스 • 02-324-2345
등록번호 • 제313-2006-000265호

홈페이지 • http://www.hakjisa.co.kr
인스타그램 • https://www.instagram.com/hakjisabook

ISBN 978-89-997-3292-8 93180

정가 18,000원